國立中央圖書館出版品預行編目資料

詞性標註破音字集解 / 劉秉南編著. -- 重排再版. -- 臺北市: 文史哲, 民82
10,200面 ; 21公分
ISBN 957-547-197-0(平裝) NT$ 120

1. 中國語言 - 聲韻

802.49　　82001437

詞性標註 破音字集解

編著者：劉秉南
出版者：文史哲出版社
登記證字號：行政院新聞局局版臺業字五三三七號
發行人：彭正雄
發行所：文史哲出版社
印刷者：文史哲出版社
台北市羅斯福路一段七十二巷四號
郵撥〇五一二八八一二彭正雄帳戶
電話：三五一一〇二八
實價新台幣二八〇元
中華民國八十二年三月重排再版

ISBN 957-547-197-0

劉秉南編著

詞性標註破音字集解

文史哲出版社印行

新版前言

本局編輯部

中國的文字，分爲形、音、義三部分。同一個字，往往有幾種讀音，顯示不同的意思。除此之外，即使意思不變，也有「語音」、「讀音」、「又讀」之分。在語文的學習上，增加不少困擾。如果對於破音字沒有確切的認識，則隨時都可能鬧笑話，即使是資深的國文教師，也不敢說他的讀音絕對正確。

劉秉南先生，致力語文工作多年，花費很大的精神，編著「破音字集解」一書，細心整理一千一百二十四個破音字，註明音、義、詞性，列舉簡明扼要的實例，以說明破音字的用法。自出版以來，迭獲佳評，爲各級學校和社會大衆廣泛採用。惟本書初版是十多年以前在南部排印，未留紙型，一再照相印刷，原版已不堪使用。本局特請編者重新校訂潤飾，另製新版發行，以饗讀者。

工具書之校對工作，自應格外謹慎，本局未敢疏忽，倘有未週之處，尚請不吝指教！

民國八十一年九月

本書特點

1. 本書收編破音字計一千一百二十四字，教師授課進修均足夠應用。

2. 注音正確，解釋詳盡，解釋部份約二十萬言，並多註明其出處，以作教學之依據。

3. 本書收編之破音字，各詞均標註詞性，以供參考。

4. 附有四角號碼及筆畫兩種檢字表，檢查格外方便。

5. 附有國語詞性例解表，俾讀者對詞性分析可藉此獲得清晰之觀念。

6. 將各破音字讀法，均造句舉例，俾讀者得以觸類旁通。

破音字集解序

前承張智良先生惠寄劉秉南先生所著之「破音字集解」樣張，囑爲作序。接書展誦，快得先覩！期自玩索有得，以資教學，而省翻檢之勞，將受其益，喜可知也！溯自孟子並用「樂樂」，說文叚借「令長」，「伐」之「長言」「短言」，「敗」之「敗人」「自敗」，施受不同，動靜異讀。漢唐以來，詳經事史，以及內典佛經，各有音義，破音分用，積久彌繁！而先賢所注，亦將有牴牾。顏氏家訓有言：「雖依古讀，不可行之於今」者，明示不可穿鑿也！

宋元以來，乃有賈昌朝之「羣經音辨」，劉鑑之「經史動靜字音」，以及民國十二年商務印書館所出版馬瀛之「破音字舉例」等，皆爲誦詩讀書，明辨破音字之要籍。

近年推行國語，融貫語文，而於文字之「讀音」「語音」「輕聲」「兒化」，各校教學，力求標準。值此需要，諸位先生競編稿本，爭欲出書。其送國語會審查，經愚爲之校訂者，已在十種以上。其不憚煩勞，編抄康熙字典、辭源、辭海、參以國語辭典；而於反切之「類隔」，濁母之「發送」，障礙重重，訖難明辨；其簡者，只就國音常用字彙索引，錄其頁碼之破音而已。就中曾經出版而便於應用者，祇有柯遜添先生之「破音字讀法及用法」與鄭惟埜先生之「多音字彙」兩書：前者依據國校全部國語課本，後者，則取材於「國音常用字彙」，皆摘其破音異讀之字，舉例說明，平實切用而已。

今見此一「集解」樣張，其有多項特點，匯聚解釋，包括衆長；尤於舉例部份，運用標準語詞，自然流利，讀之如見其人，歎爲得未曾有！爰爲之序。

中華民國四十九年國慶日　齊鐵恨於臺北宿舍

敬告全省中學師生書（代序）

臺灣省政府教育廳鑑於本省中小學校學生，對於破音字每多誤讀，教師教學時，對此亦多忽略。經以48.12.30.教語字第五〇七六號令飭各縣市國語會，隨時隨地設法改進。管見以爲改進方法，若僅憑輔導，則收效有限。良以輔導次數無多，改進機會自少，欲期收積極之效，非有適當之工具不爲功。蓋常用之破音字，約計一千有奇，在各課文中，穿插使用，俯拾卽是。尤其因詞性變換，則音義不同，設或念錯，不但傳爲笑柄，亦且貽誤後學。故敬事之人，遇有疑義，必查辭書，但一般辭書，又常此有彼無，解釋亦異。對於聲韻讀法，更未必一索卽得，以致時間精力，徒然虛耗。著者專業從事國語推行工作，十載有奇，每念及此，決心有以利衆，若干年來，隨時留意，片紙隻字，納入囊橐，近年偷暇，細心整理，計得破音字一千一百二十四，分注音義詞性，贅以解釋說明，不憚煩瑣，務期詳盡。解釋多錄自說文，康熙字典，辭源，辭海等書，注音則宗國語辭典，以期符合現代讀法。自知善美難盡，期能拋磚引玉。

本書按現代初高中文史課本，凡應圈破變讀之字詞，已大致包羅其中，有此一卷在手，遇有破音之字，讀音意義，皆可一查而解，另附有四角號碼及筆畫檢字表，查閱極爲方便。正如求魚蝦於湖海，當不如求諸肆，簡捷如意。辭書譬爲湖海，魚蝦譬爲破音字，本書譬爲魚肆，功用明矣。又附有詞性例解表，對於詞性之分析，更可觸類旁通。惟此一研究整理工作，僅歷時二載，草率倉卒，漏誤難免，尚祈方家匡正，藉爲再版時之修訂爲感！

劉秉南 敬啓

詞性標註破音字集解檢字表

（以筆畫為序，筆畫相同者，以聲韻符次序為序。）

〇一畫

一：二

〇二畫

八：一　乜：一　丁：一　了：一　几：二　九：二　七：二　入：二　乂：二

〇三畫

大：二　女：三　乞：三　叉：三　勺：三　上：四　子：四　三：四

万：四　亡：四　于：四

〇四畫

比：五　不：五　匹：五　片：五　仆：六　反：六　分：六　夫：六　父：六　歹：六　太：六　屯：七　內：七　六：七　勾：七　化：七　切：七

扎：八　爪：八　中：八　尺：八　仇：八　什：八　氏：九　少：九　日：九　夭：九　引：九　午：九　文：一　王：一〇　予：一〇

〇五畫

扒：一〇　白：一〇　北：一一　弁：一一　打：一一

氐：一一　他：一一　台：一二　叨：一二　凸：一二　它：一二　尼：一二　令：一二　卡：一二　可：一三　乎：一三　甲：一三　且：一三　丘：一四　句：一四　去：一四　穴：一四　只：一四　召：一五　占：一五　正：一五

石：一五　扔：一五　仔：一五　册：一六　凹：一六　瓦：一六

〇六畫

伐：一六　百：一六　妃：一六　帆：一七　份：一七　地：一七　多：一七　吐：一七　同：一七　肋：一七　各：一八　亘：一八　扛：一八　共：一八

合：一八　好：一八　汗：一九　件：一九　曲：一九　休：一九　先：二〇　行：二〇　血：二〇　宅：二〇　朱：二一　吃：二一　弛：二一　守：二一　肉：二一　任：二一　色：二二　衣：二二　曳：二二　她：二二　有：二二

羊：二二　汙：二三　艾：二三　犴：二三

〇七畫

吧：二三　把：二三　伯：二四　刨：二四　杓：二四　抛：二四　彷：二四　沒：二四　免：二四　牡：二五　佛：二五　否：二五　坊：二五　妨：二五　孚：二五　弟：二五

肚：二六　囤：二六　忒：二六　牠：二六　那：二六　尿：二七　忸：二七　卵：二七　弄：二七　告：二七　吏：二八　估：二八　谷：二八　何：二八　含：二八　亨：二九　圾：二九　夾：二九　角：二九　究：二九　見：三〇

○八畫

○九畫

詞性標註 破音字集解

【一】①一 ②一ˊ ③一ˋ

①念一，用於平序數時，讀陰平，如：一二八，九一八，一二三。單獨用讀陰平，如：一加一是二。用於一詞一句之尾讀陰平，如：三七二十一，合而爲一。用在「十」前「十」後讀陰平，如：五百五十一，三百一十六。(助)「吏呼一何怒」見杜甫詩。(形)統一，獨一，唯一。(名)「吾道一以貫之」見論語。「謂之一夫」獨夫也，見孟子。

②念一ˊ，用於去聲字之前讀陽平，如：(形)一切。(量)一個。

③念一ˋ，用於陰平，陽平，上聲之前，讀去聲，如：一般，一行，一想。

註：「一」字不是破音字，是個不規則的變調字，爲使讀者，在語言中用到「一」時，說出來能合乎口語習慣，故爾列入。

【八】①ㄅㄚ ②ㄅㄚˊ

註：讀法變調與「七」同。

【乜】①ㄇㄧㄝ ②ㄋㄧㄝˋ

①念ㄇㄧㄝ，如：(副)乜斜(1.斜視貌，2.斜行貌，3.謂眼瞇成一小縫)。

②念ㄋㄧㄝˋ，如：(名)姓乜。

(例)ㄋㄧㄝˋ先生乜ㄇㄧㄝ斜著眼看人。

【丁】①ㄉㄧㄥ ②ㄓㄥ

①念ㄉㄧㄥ，如：(名)丁香(花名)，園丁，壯丁，甲乙丙丁(天干的第四位干支時日等第的符號)，人丁(人口)，丁(姓)。(動)丁憂，丁囑(囑咐)。(形)丁倒(猶顚倒)，丁當，丁東。(名)三寸丁(形容矮人)。

②念ㄓㄥ，如：(副)丁丁(伐木的聲音)。

(例)三寸丁ㄉㄧㄥ，拿著斧頭丁丁ㄓㄥㄓㄥ地砍伐那棵大樹。

【了】①ㄌㄧㄠˇ ②·ㄌㄜ

①念ㄌㄧㄠˇ，如：(動)了事，了結，終了，了解，了了(1.明白清爽，2.調解糾紛)，了不了(上動下副)。(副)表「可能」或「成就」，如走得了，走不了，辦得了。表極點，如：不得了，了不得。

②念·ㄌㄜ，(助動)表完成結語詞

，如：完了，好了。
(例)不得了ㄌㄧㄠˇ的事情，也都了ㄌㄧㄠˇ了．ㄌㄜ。

【几】①ㄐㄧˇ ②ㄐㄧ

①念ㄐㄧˇ，如：(名)几案，几席，几山(在山東濰縣西南，以形如几字故名)。(副)几几(安重貌，如：「赤舄几几」見詩經)。

②念ㄐㄧ(語音)如：(名)茶几。

【九】①ㄐㄧㄡˇ ②ㄑㄧㄡˊ ③ㄐㄧㄡ

①念ㄐㄧㄡˇ，如：(形)九牛一毛，費了九牛二虎之力，九死一生。(名)九九歌(算法名)。數(ㄕㄨˇ)九(從冬至節第二天算起，每九天算是一九)。九一八，九一四(西藥名)。

②念ㄑㄧㄡˊ，如：(名)九侯，(殷紂時三公之一，餘二者爲西伯昌，鄂侯，見史記)九侯城(位於洛陽縣西南五十里，殷置)。

③念ㄐㄧㄡ，如：同鳩「禹親自操橐耜，而九雜天下之川」見莊子。又同糾，「桓公九合諸侯，不以兵車」見論語。

【七】①ㄑㄧ ②ㄑㄧˊ

①念ㄑㄧ，獨用或用在陰平，陽平，上聲前及詞尾讀陰平，如：喪家七天一祭，叫一七。七天，七年，七秒，三九二十七。

②念ㄑㄧˊ，用在去聲前，讀陽平，如：七魄，七下，七套，七步。

註：同「一」字。

【入】①ㄖㄨˋ ②ㄖㄨˇ

①念ㄖㄨˋ，如：(名)平、上、去、入(語言聲調之一)。(動)出入，收入，入門(兒)(謂已得門徑)。入股(謂投資加入公司股份)。入迷(謂專注於某種事務，而沈迷不舍)。入席(猶入座)，入情入理。

②念ㄖㄨˇ，如：(動)入錢(暗中以財物與人)，薦入，入手(即將手伸入也)。
(例)他進入ㄖㄨˋ門口時，暗中把錢入ㄖㄨˇ在我腰包兒裏。

【乂】①ㄧˋ ②ㄞˋ

①念ㄧˋ，如：(動)「有能俾乂」治理也，見書經。(名)「俊乂在官」喻才德過人，見書經。(動)「區宇乂安，方面靜息」，喻承平無事，見陸倕文。

②念ㄞˋ，如：(動)「屢懲乂而不改」懲戒也，見劉向九嘆。

【大】①ㄉㄚˋ ②ㄉㄞˋ ③ㄊㄞˋ

①念ㄉㄚˋ，如：(形)大雪，大雨，大作，大札，大哥。(名)大西洋，大襟(長便服衣襟)，大小。(姓)

②念ㄉㄞˋ，如：(名)大夫，醫生也

，又古官名。大同，山西省地名。
③念ㄊㄞˋ（通太），如：大上皇。「子入大廟每事問」見論語。「大甲曰」見大學。泰山亦作大山（見莊子齊物論）。
（例）大ㄉㄞ夫的架子，大ㄉㄚˋ得像大ㄊㄞˋ上皇。

【女】①ㄋㄩˇ ②ㄋㄩˋ ③ㄖㄨˇ
①念ㄋㄩˇ，如：（名）女人，少女，婦女，女婿，女皇。
②念ㄋㄩˋ，如：（動）嫁女念ㄋㄩˋ。
③念ㄖㄨˇ（通汝）（代），如：吾語ㄩˋ女，見禮樂及論語，孝經。「今女畫」見論語雍也。
（例）女ㄖㄨˇ君子也，吾願以女ㄋㄩˇ女ㄋㄩˋ女ㄖㄨˇ。
例解：你是好人，我把女兒嫁給你。

【乞】①ㄑㄧˇ ②ㄑㄧˋ
①念ㄑㄧˇ，如：（名）姓乞，乞兒，乞丐。（動）乞食，乞憐，乞兒，乞假，乞休，乞命，乞巧（陰曆七月七日牛郎織女二星相會之期，舊俗婦女陳瓜果於庭中向之乞巧）。乞鄰（轉借之意，見論語「孰謂微生高直，或取醯焉，乞諸其鄰而與之」章）。
②念ㄑㄧˋ，如：（動）謝安謂甥羊曇曰：「以墅乞汝」（見晉書，與人以物之謂）。
（例）乞ㄑㄧˋ汝是給你的意思，不是向你乞ㄑㄧˇ討。

【叉】①ㄔㄚ ②ㄔㄚˊ ③ㄔㄚˇ
①念ㄔㄚ，如：（動）交叉，叉手，叉麻雀（滬地方言，用竹牌作賭博），叉魚。（名）刀叉，叉子，叉火棍，魚叉，畫叉（物之歧頭者）。
②念ㄔㄚˊ，如：（動）叉車（後車因與前車相錯，梗塞不得進）。一塊骨頭叉在嗓子裏。
③念ㄔㄚˇ，如：（形）叉趼（兩歧之意）。（動）叉腿。（名）袴叉兒。
（例）他嗓子裏叉ㄔㄚˊ了骨頭，手裏拿著叉ㄔㄚ火棍，叉ㄔㄚˇ著腿在大門口站著，一句話也說不出來。

【勺】①ㄕㄠˊ ②ㄕㄨㄛˋ
①念ㄕㄠˊ，語音，如：（量）一勺（升的百分之一）同杓，如：（名）大勺，小勺，炒勺（即炒菜鍋，有把兒者稱勺）。
②念ㄕㄨㄛˋ，讀音，如（名）勺，樂名，周公所作，「誦詩舞勺」，見禮記。
註：入聲字原屬ㄛ（或ㄨㄛ）ㄠ二韻的，有時可以對轉，如：烙，珞，絡，落，酪，本是入聲藥韻，今讀爲ㄌㄨㄛˋ，但語音讀爲ㄌㄠˋ。「著」字本是入聲藥韻，今讀ㄓㄨㄛˊ，語音讀ㄓㄠˊ，勺，杓，芍，三字本是入聲藥韻，今讀ㄕㄨㄛˋ，語音讀ㄕㄠˊ。「若」字本是入聲藥韻，讀ㄖㄨㄛˋ，語音讀爲ㄧㄠˋ。「鑿」字本是入聲藥韻，今讀ㄗㄨㄛˊ，語音

讀ㄗㄠˋ。

【上】①ㄕㄤˋ ②ㄕㄤˇ ③·ㄕㄤ

①ㄕㄤˋ，如：（名）上將，上司，上海，上文，皇上（皇帝）。（動）上班，上任，上油（加添油），上當（猶言受騙）。（形）上次，上等。（介）上這兒來。

②念ㄕㄤˇ，如：（名）上聲（國音第三聲）。

③念·ㄕㄤ，輕聲，如：（名）表方位，身上，手上，房上，樹上。

（例）書上·ㄕㄤ有兩個上ㄕㄤˇ聲字，下一個雖仍是讀上ㄕㄤˇ聲，而上ㄕㄤˋ面的那一個字，就只念後半上ㄕㄤˇ了，聽起來和陽平調相似，所以有人說，上ㄕㄤˇ加上ㄕㄤˇ，前ㄕㄤˇ變陽平。

【子】①ㄗˇ ②·ㄗ

①念ㄗˇ，如：（名）子時，子女，孔子，孟子（古時有學問有道德之人稱「子」），內子，外子，子婿。（代）如「子亦有異聞乎」。（見論語）。

②念·ㄗ，如：（助）桌子，椅子，筷子，鼻子，老子（即父親）。

（例）老子ㄗˇ這個人，傳說就是老聃、李耳，他兒子·ㄗ叫他老子·ㄗ，可與一般人稱他為老子ㄗˇ的讀法不同。

【三】①ㄙㄢ ②ㄙㄢˋ ③ㄙㄚ

①念ㄙㄢ，如：（形）三朋四友，三長兩短。（名）三民主義，三角板，三國，三角形。（副）再三，三番五次（謂屢次）。

②念ㄙㄢˋ，如：（副）三思（仔細想的意思，見論語：「三思而後行」）。

③念ㄙㄚ（通仨），如：三人。

（例）三ㄙㄚ人三ㄙㄢˋ思之後，每人拿三ㄙㄢ個。

【万】①ㄨㄢˋ ②ㄇㄛˋ

①念ㄨㄢˋ，如：（副）千万，万一，（名）一万，（「萬」字的簡寫）。

②念ㄇㄛˋ，如：（名）万俟（複姓）。

（例）万ㄇㄛˋ俟先生是百万ㄨㄢˋ富翁。

【亡】①ㄨㄤˊ ②ㄨˊ

①念ㄨㄤˊ，如：（動）亡命，逃亡，亡國，流亡，傷亡，死亡。（名）亡男，亡夫，亡女，未亡人。

②念ㄨˊ（通無）如：「不如諸夏之亡也」（見論語），亡賴漢。

（例）他因流亡ㄨㄤˊ在外，常喟然嘆曰，人皆有家我獨亡ㄨˊ。

【于】①ㄩˊ ②ㄒㄩ

①念ㄩˊ，如：（名）姓于。（動）于歸（見詩經），予翼以于（往也，見書經），晝爾于茅（見詩經，取也），于耜（整理耕具，見詩經）

。（形）于思（ㄙㄞ）（多鬚貌，語見左傳）。（副）于于（1.行貌，「于于焉而來矣」見韓愈文。2.其覺于于（見莊子．無知貌）。（介）通「於」。

②念ㄒㄩ，如：（嘆）于嗟麟兮（見詩經）。通「吁」。

【比】 ①ㄅㄧˇ ②ㄅㄧˋ ③ㄆㄧˊ

①念ㄅㄧˇ，如：（名）比利時（國名、譯音），比目魚，比翼鳥。（動）比較，比擬，比畫（以手作勢，模擬其狀態），比賽。（介）我比你高，物價比以前貴些。（連）比如。

②念ㄅㄧˋ，如：（動）朋比爲奸（依附）。（副）比鄰。（近鄰也）比來，比比（猶頻頻），比年（近年，每年）。

③念ㄆㄧˊ，如：臯比（虎皮，宋張載嘗坐虎皮講易，沿爲講座之稱）。

（例）俄魔毛匪，朋比ㄅㄧˋ爲奸，怎能和我們相比ㄅㄧˇ呢？

【不】 ①ㄅㄨˋ ②．ㄅㄨ ③ㄅㄨ ④ㄈㄡˇ ⑤ㄈㄡ ⑥ㄈㄨ ⑦ㄅㄨˊ

①念ㄅㄨˋ，如：（副）不妨，不以爲然，不得了，不敢當，不堪回首。（名）不名數，不倒翁。

②念．ㄅㄨ（輕聲）如：（副）了不得，做不好，吃不動，合不來。

③念ㄅㄨ，如：（名）不不鐙兒，（玻璃製玩具）。

④念ㄈㄡˇ（通否）如：「公卿有可以防其未然救其已然者不」見漢書于定國傳。

⑤念ㄈㄡ（未定之詞）如：「未知從今去，當復如此不」見陶潛詩。

⑥念ㄈㄨ，如：華不注（山名，在山東省歷城縣）。

⑦念ㄅㄨˊ，如：（副）不要，不必，不二價，不見天日。（名）不列顛（譯音）。

註：不字讀法，有去聲，陽平，輕聲之別。單用讀去聲，連用在去聲前讀陽平，餘仍讀去聲，在「使不得」等詞讀輕聲。

例：不ㄅㄨˋ好，我不ㄅㄨˊ要，他說不ㄅㄨˋ行，這眞是了不．ㄅㄨ得了。

【匹】 ①ㄆㄧˇ ②ㄆㄧ

①念ㄆㄧˇ，如：（名）計算布帛的單位，例「一匹布」，布匹（通疋）。（動）匹配，（形）匹敵（配稱悉合之意），匹偶，匹夫之勇。

②念ㄆㄧ，如：（名）計算馬的單位，例「一匹馬」。（形）單槍匹馬（不假助於人之意）。

（例）十四ㄆㄧˇ布，換一匹ㄆㄧ馬。

【片】 ①ㄆㄧㄢˋ ②ㄆㄧㄢ

①念ㄆㄧㄢˋ，如：（名）木片，名片，影片。（形）片刻，片時，片言，片面，片紙隻字，片甲不留。（動）片肉（切成薄片）。

②念ㄆㄧㄢ，如：唱片，相片，拉洋片。

(例)片ㄆㄧㄢˋ刻的工夫，就把像片ㄆㄧㄢ洗好了。

【仆】①ㄆㄨ　②ㄈㄨˋ

①念ㄆㄨ，如：(動)仆臥，跌倒伏在地上。

②念ㄈㄨˋ又讀。

【反】①ㄈㄢˇ　②ㄈㄢ　③ㄈㄢˋ

①念ㄈㄢˇ，如：(形)反面。(動)反璧(語本左傳，歸還也)，反哺，反叛，反目，反復，反對，反顧，反常，反省，自反，造反，反悔，舉一反三。

②念ㄈㄢ，如：(動)平反(謂昭雪冤案)。

③念ㄈㄢˋ(形)反反(順習貌，又愼重之意，「威儀反反」見詩經)。

【分】①ㄈㄣ　②ㄈㄣˋ

①念ㄈㄣ，如：(量)一分錢，一分鐘，公分。(動)分開，分離，分析，分心，分娩，分贓，分享。

①念ㄈㄣˋ，如：(名)名分，職分，本分，部分，位分。(同份)

(例)兩個人分ㄈㄣ，一人一分ㄈㄣˋ。

【夫】①ㄈㄨ　②ㄈㄨˊ　③·ㄈㄨ

①念ㄈㄨ，如：(名)夫人，夫婦，夫妻，夫役，武夫，夫子(稱師曰夫子)，孔夫子。

②念ㄈㄨˊ，如：(助)今夫天，今夫地，今夫山，今夫水，見中庸。文言文的發語詞，如：「夫天地者萬物之逆旅」。(名)吳王夫差，人名。

③念·ㄈㄨ(輕聲)，如：(名)大ㄉㄞˋ夫，丈夫，工夫。

(例)吳王夫ㄈㄨˊ差，有三位夫ㄈㄨ人。

【父】①ㄈㄨˋ　②ㄈㄨˇ

①念ㄈㄨˋ，如：(名)父親，伯父，父老，父母，父執(父之友)，父母官(古時稱縣長)。

②念ㄈㄨˇ通甫，如：(名)漁父，樵父，田父(野老之通稱)，祈父，宏父(官名)，武父，城父(地名)，梁父杜父(山名)，宰父，主父，皇父(姓氏)。

(例)宰父ㄈㄨˇ先生從他祖父ㄈㄨˋ時候，就在城父ㄈㄨˇ落戶了。

【歹】①ㄉㄞˇ　②ㄜˋ

①念ㄉㄞˇ，如：(形)歹人(壞人)，歹意(惡意)，歹毒(狠毒)。(名)好歹(卽好壞)。

②念ㄜˋ(同歺)(殘骨)。

【太】①ㄊㄞˋ　②ㄊㄨㄟ

①念ㄊㄞˋ，如：(名)太太，太陽，太原(山西省會)，太監，皇太后，太子，太阿倒持(太阿劍名，喻授人權柄，自失其主)。(姓氏)

。(形)太平。

②念ㄊㄨㄟ，如：(副)太好，太不像，(北方語音)。

(例)晒太ㄊㄞˋ陽，可太ㄊㄨㄟ好了。

【屯】①ㄊㄨㄣˊ　②ㄓㄨㄣ　③ㄔㄨㄣˊ

①念ㄊㄨㄣˊ，如：(名)屯子，屯堡。(動)屯積(囤積)，屯聚，屯糧，屯墾(開墾荒田)，屯紮。

②念ㄓㄨㄣ，如：(形)屯躓(言困頓之甚也)，屯難(言時運艱難也)。

③念ㄔㄨㄣˊ，如：(名)屯留(山西省縣名)。

(例)我們那一旅兵，曾在屯ㄔㄨㄣˊ留縣，屯ㄊㄨㄣˊ紮過。

【內】①ㄋㄟˋ　②ㄋㄚˋ　③ㄖㄨㄟˋ

①念ㄋㄟˋ，如：(名)內人，內子(夫對外稱妻)，內政部，內兄(妻之兄)，內姪(妻之侄)，內地，內容，內外，內心，內患。(動)親近謂內，「內君子，而外小人」，(見易經)。

②念ㄋㄚˋ(動)(同納)，如：出內員，「若己推而內之溝中」見孟子。

③念ㄖㄨㄟˋ，通「枘」刻木端以入孔者也(攷工記)，調其鑿內而合之。

(例)內ㄋㄟˋ弟在內ㄋㄟˋ政部任出內ㄋㄚˋ員。

【六】①ㄌㄧㄡˋ　②ㄌㄨˋ

①念ㄌㄧㄡˋ(語音)，如：(名)六國，六君子，六親，(形)六件事，六個字。

②念ㄌㄨˋ(讀音)，如：(名)六安(安徽縣名，山名)，六合，六位(君、臣、父、子、夫、婦)，六德(知、仁、聖、義、忠、和)。

(例)六ㄌㄨˋ位的意思，並不是六(ㄌㄧㄡˋ)位先生。

【勾】①ㄍㄡ　②ㄍㄡˋ

①念ㄍㄡ，如：(動)勾銷，勾引，勾結，勾通，勾搭，勾串，勾留。(形)拐勾．ㄍㄡ(形容彎曲)。

②念ㄍㄡˋ，如：(名)勾當(辦紅白喜事)。

(例)這是甚麼勾ㄍㄡˋ當？乾脆就一筆勾ㄍㄡ銷了吧。

【化】①ㄏㄨㄚˋ　②ㄏㄨㄚ

①念ㄏㄨㄚˋ，如：(動)變化，感化，募化，化緣，化身，化裝，溶化。(名)化石，文化，化學。

②念ㄏㄨㄚ，如：(動)化錢，化費。(名)化子．ㄗ(乞丐)(同花)。

(例)他爲研究化ㄏㄨㄚˋ學，可化ㄏㄨㄚ錢不少。

【切】①ㄑㄧㄝ　②ㄑㄧㄝˋ

①念ㄑㄧㄝ，如：(動)切脈，診脈也。切齒，憤怒而牙齒交錯也。(形)親切，貼近也。迫切，情急也

。（代）一切。（副）切切私語，喻親切細語。切不可為，切勿自誤。（名）反切（舊拼音法）。

②念ㄑㄧㄝ，如：（動）切斷，切軸，車軸折斷也。切磋琢磨，原為治玉之語，借意謂相互研究。（名）切糕，即糯米糕。切麪，用刀切的麪條兒。

（例）咬牙切ㄑㄧㄝˋ齒的把毛賊東的腦袋切ㄑㄧㄝ下來。

【扎】①ㄓㄚ　②ㄓㄚˊ　③ㄓㄚˇ

①念ㄓㄚ，如：（動）扎營，扎花兒，扎手，扎刺，扎心（中有隱諱）。（形）扎手舞腳（謂舉止張揚）。扎腦門兒（額部廣闊）。

②念ㄓㄚˊ，如：（動）掙扎。（形）扎手（謂寒氣刺骨，如：「這塊冰涼得扎手」。（名）信扎，同劄。

③念ㄓㄚˇ，如：扎住（止住）。

（例）就此扎ㄓㄚˇ住扎ㄓㄚ營，要把共匪打得無法掙扎ㄓㄚˊ。

【爪】①ㄓㄠˇ　②ㄓㄨㄚˇ

①念ㄓㄠˇ讀音，如：（名）龍爪，虎爪，雞爪黃連（國藥名），爪牙（喻依附權勢作惡之徒），鷹爪力（國術中一種氣功名），爪士，「祈父予王之爪士」喻武勇之臣，見詩經。爪哇（南洋羣島之一大島）。

②念ㄓㄨㄚˇ，語音，如：爪子。

註：爪ㄓㄠˇ字凡加子時皆讀為ㄓㄨㄚˇ，如：雞爪子，狗爪子。

【中】①ㄓㄨㄥ　②ㄓㄨㄥˋ

①念ㄓㄨㄥ，如：（名）中華民國，中央，中心，中原，當中，中庸（書名），中間，中人，中保，中姿（謂中等姿容），中材。

②念ㄓㄨㄥˋ，如：（動）打中，中風，中的，中用（謂合用），猜中，中計。

（例）一箭射中ㄓㄨㄥˋ中ㄓㄨㄥ心點，樂的像中ㄓㄨㄥˋ獎一樣。

【尺】①ㄔˇ　②ㄔˊ　③ㄔㄜ

①念ㄔˇ，如：（名）一尺，公尺（長度的單位），尺牘，尺翰，尺素，尺書。

②念ㄔˊ，如：（形）尺寸（1.猶言節度，2.謂衣服之長短）。

③念ㄔㄜ，如：（名）工尺（中國舊樂譜上表示聲調的符號）。

（例）一尺ㄔˇ多長的琴，尺ㄔˊ寸雖不大，彈起來工尺ㄔㄜ字兒很清楚。

【仇】①ㄔㄡˊ　②ㄑㄧㄡˊ

①念ㄔㄡˊ，如：（名）仇人，仇敵。（動）仇恨，仇視。

②念ㄑㄧㄡˊ（姓氏）。

（例）仇ㄑㄧㄡˊ先生仇ㄔㄡˊ恨共匪。

【什】①ㄕˊ　②ㄕㄜˊ

①念ㄕˊ，如：（名）什長（古軍制，十人為什），篇什（詩篇之稱），什物，什器（常用之器具，其數非

一，故云）。（形）什様，什錦（與十字同）。

②念ㄕㄜˊ（同「甚」麼）。

（例）什ㄕˊ錦火鍋兒是什ㄕㄜˊ麼東西作的。

【氏】①ㄕˋ ②ㄓ

①念ㄕˋ，如：（名）李氏，張氏，神農氏，伏羲氏，太史氏（世襲的專業官名）。

②念ㄓ，如：大月氏ㄓ（西域國名），閼氏（匈奴首長之妻）。

（例）大月氏ㄓ人民的姓氏ㄕˋ和我們不同。

註：大月氏國語辭典註爲ㄉㄚˋㄩㄝˋㄓ，照金壺字考註爲ㄉㄚˋㄖㄡˋㄓ。或因認爲「月」是「肉」字變寫，而不認爲是日月之月。

【少】①ㄕㄠˇ ②ㄕㄠˋ

①念ㄕㄠˇ，如：（形）多少，少數，少許。（副）少頃，少時。（動）少之（輕視不滿之意，「素習和蘇秦皆少之」）見史記。

②念ㄕㄠˋ，（形）少年，少女，老少，少像（謂容顏近似少年人），少時。（名）少尉，少校，少將。

（例）年少ㄕㄠˋ的人，竟然當上了少ㄕㄠˋ將，眞是少ㄕㄠˇ見。

【日】①ㄖˋ ②ㄇㄧˋ

①念ㄖˋ，如：（名）日頭，日月，日光，日曆，日記，日報，日本。（形）日薄西山（喻年老不能久存），日不暇給（事多而時日不足之謂，見史記），日暮途窮（喻窮無所歸）。（副）每日，日日，今日。

②念ㄇㄧˋ，如：金日磾（人名，漢武帝時人）。

（例）漢武帝時，車騎將軍金日ㄇㄧˋ磾，每日ㄖˋ上朝。

【夭】①ㄧㄠ ②ㄧㄠˇ ③ㄠˇ

①念ㄧㄠ，如：（形）夭夭如也（見論語，顏色和悅貌），桃之夭夭（美麗可愛，見詩經），夭嬌（自得貌），夭邪（不正也）。（名）夭厲（災疫）。

②念ㄧㄠˇ，如：（動）夭折（早死），夭遏（抑止）。

③念ㄠˇ，如：（名）澤不伐夭（見國語，草木之稚者曰夭），禽獸之稚者亦曰「夭」。

【引】①ㄧㄣˇ ②ㄧㄣˋ

①念ㄧㄣˇ，如：（名）一引（十丈），引擎，引號，引力（力學名詞）。（動）引導，引領，引證，引伸，引滿（開弓），引火，引退（告退，多指辭官言），引見（介紹相見）。

②念ㄧㄣˋ，如：發引（出殯時靈柩出堂）。

（例）發引ㄧㄣˋ時，由他引ㄧㄣˇ路。

【午】①ㄨˇ ②．ㄏㄨㄛ

①念ㄨˇ，如：（名）午時，端午，午門，中午，下午。（形）旁午（事物繁雜的意思）。

②念．ㄏㄨㄛ，如：（名）晌午。

（例）晌午．ㄏㄨㄛ就是中午ㄨˇ。

【文】①ㄨㄣˊ ②ㄨㄣˋ

①念ㄨㄣˊ，如：（名）文武，文章，散文，駢文，文人，文廟（孔子廟），文憑，文法，文化，文明，文選，文獻，文具，文學。（姓）。（形）文雅，文靜，文貌（猶言禮貌），文弱。

②念ㄨㄣˋ，如：（動）文過（掩飾其過），「小人之過也必文」（論語）。文飾（華飾，掩飾）。

（例）文ㄨㄣˊ人不能用文ㄨㄣˋ章自文ㄨㄣˋ其過。

【王】①ㄨㄤˊ ②ㄨㄤˋ

①念ㄨㄤˊ，如：（名）國王，帝王，君王，親王（君主時代其皇族為王者），郡王，王父（祖父之尊稱），王蛇（即蟒），（姓）王安石，王昭君。

②念ㄨㄤˋ，如：（動）王天下（得天下），王此大邦（君臨之意），以德行仁者王（孟子）。（形）（同旺）興盛之意，如：「神雖王，不善也」（見莊子）。

③又「玉」字旁之簡寫。

（例）毛匪是殺人魔王ㄨㄤˊ，豈能王ㄨㄤˋ天下。

【予】①ㄩˊ ②ㄩˇ

①念ㄩˊ（代）即我（同余），如：予一人（古天子自稱之詞）。

②念ㄩˇ（同與）（動）給予，予假（允准休假）。

（例）此物給予ㄩˇ予ㄩˊ可乎？

【扒】①ㄅㄚ ②ㄆㄚˊ

①念ㄅㄚ，如：（動）扒皮（剝皮），扒衣服，扒拉．ㄌㄚ（撥弄），扒著．ㄓㄜ（攀著）。

②念ㄆㄚˊ，如：（名）扒手（竊賊），扒山虎（花名），扒糕（食品）。（動）扒高兒（同爬）。

（例）扒ㄅㄚ著車門兒的那個人，就是扒ㄆㄚˊ手。

【白】①ㄅㄞˊ ②ㄅㄛˊ

①念ㄅㄞˊ，如：（形）白色，潔白，坦白（名詞又副詞）。（動）表白，告白，自白，白眼。（副）白費心思，白著急，白忙，白吃白喝，白給。（名）白話文，白蓮教，白糖，賓白（戲曲道白，對話曰賓，自語曰白）。（姓）。

②念ㄅㄛˊ（讀音），如：（名）白門（南京之別稱），白蘭地（酒名），白癡。不知東方之既白（赤壁賦）。（動）搶白，責備也。

（例）白ㄅㄞˊ居易，座上客常滿，往來無ㄅㄛˊ丁。

註：賓白者，北曲以兩人對話曰賓，

一人自語曰白，故今之戲劇中，凡不用唱腔之話語，仍稱之爲道白。

【北】①ㄅㄟˇ ②ㄅㄛˋ ③ㄅㄟˋ

①念ㄅㄟˇ（語音），如：（名）東南西北，北風，北方，北平，北美洲，北半球。（動）敗北（敗走），候雁北（向北行）。

②念ㄅㄛˋ（讀音），如：（動）士無反北之心（見史記，背叛也）。姓）北宮（複姓）。

③念ㄅㄟˋ，分異也，如：分北三苗（見書經）。

（例）北ㄅㄛˋ宮先生來到臺北ㄅㄟˇ。

【弁】①ㄅㄧㄢˋ ②ㄆㄢˊ

①念ㄅㄧㄢˋ，如：（名）馬弁（武官隨員），弁言（書本開首的序文），弁冕（古時禮帽），弁經（素冠），弁韓（古國名，在今朝鮮東南部）。

②念ㄆㄢˊ，如：（名）小弁，詩經篇名。

【打】①ㄉㄚˇ ②ㄉㄚˊ

①念ㄉㄚˇ，如：（動）打鼓，打仗，打靶，打架，打扮（裝飾），打發，打燈謎，打賭，打哆嗦（打戰），打盹兒（小睡），打鐵，打破紀錄，打價兒（還價），打家刼舍，打成一片（合在一起），打招呼（知會），打算。（介）從也，如「打那兒來」。

②念ㄉㄚˊ（量），如：一打（十二個爲一打）。

（例）你爲什麼又買一打ㄉㄚˊ？你簡直是找打ㄉㄚˇ。

【氐】①ㄉㄧ ②ㄉㄧˇ

①念ㄉㄧ，如：（名）古西戎部落名。星名，二十八宿之一。

②念ㄉㄧˇ（名）（通抵）大抵，（同柢）尹氐大師，維周之氐（見詩經，言爲根本之臣）。

【他】①ㄊㄚ ②ㄊㄨㄛ

①念ㄊㄚ，如：（代）第三人稱代名詞，你我他。（名）他人，他物，他日，他處，他鄉。

②念ㄊㄨㄛ（讀音），如：其他。

（例）他ㄊㄚ們是賣國漢奸，除殺之外無他ㄊㄨㄛ。

【台】①ㄊㄞˊ ②ㄧˊ ③ㄊㄞ

①念ㄊㄞˊ，如：（名）三台（星宿名），台灣，台甫，台端，台命，台光，台鑒，台銜，台柱子（謂戲班中之重要角色，引伸爲團體中之主腦）。（同臺）。

②念ㄧˊ，如：（代）台小子（自謙語，見書經）。

③念ㄊㄞ，如：台州（浙江省舊府名）。

（例）台ㄧˊ小子曾經在台ㄊㄞ州給台ㄊㄞˊ端請安，你怎麼忘了？

【叨】①ㄊㄠ ②ㄉㄠ
①念ㄊㄠ，如：（動）叨光（借光），叨擾（打擾），叨教（請教），叨沓（貪而怠緩）。
②念ㄉㄠ，如：（副）叨叨（申斥），叨嘮（多言），叨念著，叨登（叨蹬1翻撿，2.宣揚事實或舊事重提）。
（例）叨ㄊㄠ在知己，你不討厭我叨ㄉㄠ嘮吧？

【凸】①ㄊㄨˊ ②ㄉㄧㄝˊ ③ㄍㄨˇ
①念ㄊㄨˊ，如：（形）凸面，凸鏡，凸出，凹凸不平。
②念ㄉㄧㄝˊ（又讀①），（動）挺胸凸肚。
③念ㄍㄨˇ，如：（動）凸起（亦書作鼓）。
（例）他是長的挺胸凸ㄉㄧㄝˊ肚，不是把肚子故意凸ㄍㄨˇ起來。

【它】①ㄊㄨㄛ ②ㄊㄜ ③ㄊㄚ
①念ㄊㄨㄛ，（形）「或敢有它志」異也，非也，見禮記。同牠，讀音。
②念ㄊㄜ，又讀。
③念ㄊㄚ，語音。
註：ㄊㄚ，國語辭典註為又讀，但口語習慣，稱物的第三身，一律讀作ㄊㄚ，故本書姑註為語音。

【尼】①ㄋㄧˊ ②ㄋㄧˇ
①念ㄋㄧˊ，如：（名）尼姑（女僧），尼寺，尼庵，尼父ㄈㄨˇ（孔子），尼古丁，尼不楚，尼泊爾，仲尼（孔子字）。
②念ㄋㄧˇ，如：「止或尼之」見孟子（止也）。

【令】①ㄌㄧㄥˋ ②ㄌㄧㄥˊ ③ㄌㄧㄢˊ
①念ㄌㄧㄥˋ，如：（名）法令，命令，節令，縣令，令尹（官名）。（形）令尊，令兄，令德，美德也。（動）發令，命令，「皆令入學」，使也，見漢書。
②念ㄌㄧㄥˊ，如：（量）一令紙，五百張叫一令。（形）令丁，同零丁。令利，同伶俐。（名）令令，纓環聲。脊令，鳥名。令丁，古國名。令狐，複姓。
③念ㄌㄧㄢˊ，如：（名）令支，（國語，管子大匡，呂氏春秋）地名，或作「離枝」，見管子輕重戊。（離枝見史記齊世家）。

【卡】①ㄎㄚˇ ②ㄑㄧㄚˇ ③ㄑㄧㄚˊ
①念ㄎㄚˇ，如：（名）卡車，卡片，卡路里（譯音，熱量單位名），卡通片（卡通二字係譯音），卡癶（ㄎㄚˇ・ㄅㄛ）襠。
②念ㄑㄧㄚˇ，如：（名）卡子，（1收捐稅之地，2.箝物之器），釐卡（徵收釐金之所）。（動）卡住了、

。（喉間有異物堵塞）。
③念ㄑㄧㄚˊ，如：（動）卡在中間。（夾在中間，無法上下進退也）。（例）馬路新聞，有一段消息說：毛賊東，吃東西卡ㄑㄧㄚˇ了嗓子，到醫院去求治，在中途被兩輛卡ㄎㄚˇ車ㄑㄧㄚˊ在中間，給軋死了。
註：ㄍㄎㄏ與ㄐㄑㄒ原為一聲之分歧，故破音字中ㄍㄎㄏ與ㄐㄑㄒ聲常常相通，如：給ㄐㄧˇ，ㄍㄟˇ。更ㄍㄥ，ㄐㄧㄥ。耕ㄍㄥ，ㄐㄧㄥ。各地方言中，如：頸ㄐㄧㄥˇ，ㄍㄥˇ。項ㄒㄧㄤˋ，ㄏㄤˋ。巷ㄒㄧㄤˋ，ㄏㄤˋ。街ㄐㄧㄝ，ㄍㄞ等可見一斑。

【可】①ㄎㄜˇ ②ㄎㄜˋ
①念ㄎㄜˇ，如：（動）許可，（助動）可以，（形容性述說詞），可惜，可氣，可心，可意。（連）可是。（助）你可知道，可曾？可不？可不是？
②念ㄎㄜˋ，如：（名）可汗（古西域國君稱號），可敦（可汗之妻）。（例）可ㄎㄜˋ汗ㄏㄢˊ說可ㄎㄜˇ以了。
註：可巧原是恰巧的轉音。

【乎】①ㄏㄨ ②ㄏㄨˊ ③·ㄏㄨ
①念ㄏㄨ，如：（助）嗎，如學而時習之不亦說乎。（嘆）知我者，其天乎！欺天乎！（見論語）。叫人之助詞，如童子乎。於乎（嗚呼），郁郁乎文哉！（見論語）。（介）於，如：出乎爾者，反乎爾者也（見孟子），合乎。（副）幾乎。
②念ㄏㄨˊ（又讀）。
③讀·ㄏㄨ（輕聲），如：滿不在乎。（例）他滿口的之乎ㄏㄨ者也，滿不在乎·ㄏㄨ。
註：古通「于」字「孝乎惟孝，友于兄弟」，或作「孝于惟孝，友于兄弟」。

【甲】①ㄐㄧㄚˇ ②ㄐㄧㄚˋ ③·ㄐㄧㄚ ·ㄐㄧㄣ
①念ㄐㄧㄚˇ，如：（名）甲子，甲乙丙丁，龜甲，保險馬甲（兵士所穿之護身衣服），盔甲，一甲（十戶），甲板，甲骨文，裝甲，甲蟲，甲等。（代）某甲。（動）甲於全國（超出羣類者謂甲）。（姓）。
②念ㄐㄧㄚˋ，如：（名）甲魚（烏龜）。
③念·ㄐㄧㄚ ·ㄐㄧㄣ，如：（名）指甲（可變「ㄓ·ㄐㄧㄚ」或「ㄓ·ㄐㄧㄣ」）。
（例）甲ㄐㄧㄚˇ子時，捉到一個甲ㄐㄧㄚˋ魚。

【且】①ㄑㄧㄝˇ ②ㄐㄩ ③ㄑㄩˋ
①念ㄑㄧㄝˇ，如：（副）暫且，姑且，且坐一息，苟且了事，且能，且慢。（連）而且，高且大，大且長，且說且走，且說，且夫（承接連詞）。
②念ㄐㄩ，如：（名）且月（舊六月）。（形）既且（既往）。（助）

語餘聲。如「匪我思且」（見詩經）。
③念ㄑㄩˋ，如：萋且（敬愼貌）。
（例）他不但萋且ㄑㄩˋ從事，而且ㄑㄧㄝˇ好學。

【丘】①ㄑㄧㄡ　②ㄇㄡˇ
①念ㄑㄧㄡ，如：（名）丘八，軍人之代稱，因兵字可拆成丘八二字。姓氏。孔丘，孔子名丘。
②念ㄇㄡˇ，某也，如：（名）孔丘。
註：古禮子不言父名，民不言君名，士不言聖人之名，以示崇敬也。故孔「丘」孟「軻」皆讀ㄇㄡˇ，且於寫君王、聖人之名時少寫一筆，丘寫爲𠀉，以避聖諱也。今之敎界先輩，仍多有讀爲ㄇㄡˇ者，係遵古禮，也不爲錯也。非破音字，故國語辭典，未收此代音。

【句】①ㄐㄩˋ　②ㄍㄡ　③ㄍㄡˇ（同「勾」）　④ㄐㄩ
①念ㄐㄩˋ，如：（名）句讀，句號，句子，句容（江蘇省縣名）。
②念ㄍㄡ，如：（名）句兵（兵刃端之有鈎者，見周禮考工記），句廉（謂岸曲之棱，見漢書），句踐（春秋越王），句龍（複姓）（同勾）。
③念ㄍㄡˇ，如：（名）句當。（動）句不著太高了。
④念ㄐㄩ通「拘」，如句票。
（例）這句ㄐㄩ話是越王句ㄍㄡ踐說的。
註：「勾」「句」二字形原不同，而書中或緣抄錄之誤，或因刻工之誤，或因木版年久剝落，遂使二字不分，且ㄐㄍ二聲本可相通，而ㄩ、ㄡ（魚侯）二韻又可近轉，於是「句」亦讀如「勾」矣。

【去】①ㄑㄩˋ　②ㄑㄩˇ　③ㄑㄩ
①念ㄑㄩˋ，如：（動）你來我去，去國（離國），去掉，除去。（形）去年。（名）去聲。去疾（複姓）。
②念ㄑㄩˇ，如：（動）「去喪無所不佩」，除也，見論語。「處女相與語，欲去之」，遣去也，見國策。「紡焉以度而去之」藏也，見左傳。
③念ㄑㄩ，如：（動）同驅，「千乘三去」見左傳。「鳥鼠攸去」見詩經。

【穴】①ㄒㄩㄝˋ　②ㄒㄩㄝˊ
①念ㄒㄩㄝˋ，如：（名）穴蟲（鼠之別名），穴氏（官名，見周禮）。（副）穴居，營窟而居，「上古穴居而野處」見後漢書，穴見（喻所見不廣）。
②念ㄒㄩㄝˊ，如：（名）穴道，（人身之要害處）。

【只】①ㄓˇ　②ㄓ
①念ㄓˇ，如：（副）只會，只得，只見，只有，只怕，只管。（助）語尾助詞，如「母也天只」見詩經。
②念ㄓ（通隻），如：（名）一只，

只身。
（例）只ㄓˇ好買一只ㄓ吧！

【召】①ㄓㄠˋ ②ㄕㄠˋ

①念ㄓㄠˋ，如：（動）召見，召開，召集，召募，召禍，召租（猶招租）。（名）蒙謂廟曰召。

②念ㄕㄠˋ，如：（名）地名，在今陝西岐山縣。姓氏。召南，詩經篇名。召陵，春秋楚地，在今河南省郾城縣東。

（例）召ㄕㄠˋ經理在國際貿易上，獲得最好榮譽，這次也蒙ㄇㄥˊ召ㄓㄠˋ見。

【占】①ㄓㄢˋ ②ㄓㄢ

①念ㄓㄢˋ，如：（動）占領，强占，覇占，占據，占有。（今作「佔」字）。

②念ㄓㄢ，如：（動）占卦，占卜，占拜（瞻視拜起）。

（例）占ㄓㄢˋ個地方兒占ㄓㄢ卦。

【正】①ㄓㄥˋ ②ㄓㄥ ③ㄓㄥˇ

①念ㄓㄥˋ，如：（形）正面，正中，正直，端正。（名）正電（學術上的符號，本位爲正，對待的位爲負），正理，正課（謂賦稅），正義，正經，正心（大學八條目之一），正顏厲色（嚴重之態度），正犯。（動）校正，訂正，正音（謂矯正其讀音之誤）。（副）立正，正襟（正衣襟以示莊肅），正是，正好，正巧，正趕上，正該。（名）正妻（嫡妻），正比例。

②念ㄓㄥ，如：（名）正月，正旦，新正。

③念ㄓㄥˇ（同整）。

（例）去年正ㄓㄥ月借一百元正ㄓㄥˇ，到現在正ㄓㄥˋ好是一正ㄓㄥˇ年了。

註：正月讀ㄓㄥ月，傳云，因秦始皇名政，故讀ㄓㄥ。

【石】①ㄕˊ ②ㄉㄢˋ

①念ㄕˊ，如：（名）石頭，寶石，玉石，石板，石灰，石榴，石版，石印，藥石（古時用石針治病叫石）。（姓）。

②念ㄉㄢˋ，如：（量）一石（量名，十斗叫一石，同石）。

（例）這桶石ㄕˊ油和這石ㄉㄢˋ糧食的價錢相等。

【扔】①ㄖㄥˇ ②ㄖㄥ ③ㄖㄥˋ

①念ㄖㄥˇ，如：（動）扔出去，扔棄，扔掉，扔崩（棄置不顧之意，如「扔兒崩一走，就完了事了」見紅樓夢）。

②念ㄖㄥ（又讀）。

③念ㄖㄥˋ强，牽引，見廣韻。「竄伏扔輪」見馬融文，扔，摧也。

【仔】①ㄗ ②ㄗㄞˇ ③ㄗˇ

①念ㄗ，如：（名）仔肩（責任）。

（形）仔密。

②念ㄗㄞˇ，如：（名）豬仔，牛仔（粵語稱獸類之小者）正寫爲崽。

③念ㄗ（又讀）如：（形）仔細。

（例）一個豬仔ㄗㄞˇ兒，換了十尺布，這布很仔ㄗ密，可見織工仔ㄗ細。

【冊】①ㄘㄜˋ　②ㄔㄞˇ

①念ㄘㄜˋ，如：（名）簿冊，一冊，冊子。（動）冊立（舊制立皇后之禮），冊正（扶正）。

②念ㄔㄞˇ，如：（名）樣冊子。（保存繡花兒樣子的簿冊）。

（例）用這冊ㄘㄜˋ書，當樣冊ㄔㄞˇ子吧。

【凹】①ㄠ　②ㄨㄚ　③ㄨㄚˋ　④ㄧㄠ

①念ㄠ，如：（形）凹地，凹鏡，凹處。（名）凹板。

②念ㄨㄚ（語音）如：（名）山凹。

③念ㄨㄚˋ（形）凹心臉兒，凹窩兒。

④念ㄧㄠ（又讀）。

（例）那個匪諜的特徵，是凹ㄨㄚˋ心臉兒，他帶著一架凹ㄧㄠ鏡，隱藏在山凹ㄨㄚ裏了，咱去捉他。

【瓦】①ㄨㄚˇ　②ㄨㄚˋ

①念ㄨㄚˇ，如：（名）磚瓦，瓦匠。（動）瓦解，瓦全，弄瓦。

②念ㄨㄚˋ，如：（動）瓦ㄨㄚˋ瓦ㄨㄚˇ（瓦匠敷瓦於屋頂）。（名）瓦刀（瓦匠所用之工具，用以砸斷磚塊）。

（例）瓦ㄨㄚˇ匠在屋頂瓦ㄨㄚˋ瓦ㄨㄚˇ。

【伐】①ㄈㄚ　②ㄈㄚˊ

①念ㄈㄚ，如：（動）征伐，伐木（1砍伐樹木，2詩小雅篇名），伐鼓（擊鼓也）。伐冰，伐冰之家不畜牛羊（大學）（古卿大夫以上，喪祭用冰曰伐冰）。伐善，願無伐善，無施勞（見論語，矜誇己之善）。（名）步伐，且旌君伐（見左傳，功也）。伐柯（今喻媒人）。

②念ㄈㄚˊ（又讀）。

【百】①ㄅㄛˊ　②ㄅㄞˇ　③ㄅㄞˊ　④ㄅㄛˋ

①念ㄅㄛˊ讀音，如：（名）百靈廟（地名在蒙古）。（形）百感交集，百孔千瘡，百戰百勝。

②念ㄅㄞˇ語音，如：（名）百分數，百度表，百度法，百科全書，百貨公司，百家鎖兒，百合花，百日咳，老百姓。

③念ㄅㄞˊ，如：（名）百靈鳥。

④念ㄅㄛˋ讀音，如：（名）百家姓。

註：除讀成語外，一律讀語音。

【妃】①ㄈㄟ　②ㄆㄟˋ

①念ㄈㄟ，如：（名）妃子，妃嬪，貴妃，天子之妃曰后（妃，匹偶也，見禮記）。（形）妃色（淡紅色）。

②念ㄆㄟˋ，如：(名)妃耦(同配偶)。

(例)天子，諸侯，太子之妃ㄆㄟˋ耦，皆曰妃ㄈㄟ。

【帆】①ㄈㄢˊ　②ㄈㄢ

①念ㄈㄢˊ，如：(名)帆船，帆檣(船桅)。

②念ㄈㄢ，如：(名)帆布(麻棉製堅固之粗布，可作船蓬等用)。

(例)船帆ㄈㄢˊ是用帆ㄈㄢ布做的。

【份】①ㄈㄣˋ　②ㄅㄧㄣ

①念ㄈㄣˋ，如：(名)一份，份子，一份報，一份禮(同分)。

②念ㄅㄧㄣ，如：(形)古彬字，見說文，份文質備也。與斌同。

【地】①ㄉㄧˋ　②·ㄉㄜ

①念ㄉㄧˋ，如：(名)地球，地方，地域，地主，地租，地位，質地，黑地白字，地方自治，地平線，地理，地頭蛇(喻地方强覇無賴之人)。

②念·ㄉㄜ，如：(副)忽地，慢慢地走，急忙地走開，明白地說。

(例)到這個地ㄉㄧˋ步了，你還不快快兒地·ㄉㄜ進攻嗎？

【多】①ㄉㄨㄛ　②ㄉㄨㄛˊ

①念ㄉㄨㄛ，如：(副)多餘，多心。(動)帝以此多之(見漢書，稱美之意)，多事(爲不必爲之事)。(形)多才多藝，多情，多方，多時，許多，多嘴(譏多言)，多虧(猶言幸虧)。

②念ㄉㄨㄛˊ，如：(副)多麼，多好，多大，多咱(猶言幾時)。

(例)多ㄉㄨㄛ生幾個兒子，多ㄉㄨㄛˊ麼好哇。

【吐】①ㄊㄨˇ　②ㄊㄨˋ

①念ㄊㄨˇ，如：(名)吐谷渾ㄊㄨˇㄩˋㄏㄨㄣˊ(古國名)，吐魯番(新疆省縣名)，吐綏雞(火雞)。(動)吐痰，吐實，吐氣(謂快意)，談吐(口才)。

②念ㄊㄨˋ，如：(動)嘔吐，吐血。(名)吐沫·ㄇㄛ(卽唾沫)。

(例)共匪把我打得嘔吐ㄊㄨˋ，我還是堅不吐ㄊㄨˇ實。

註：由口出，可以控制，念ㄊㄨˇ。由胃出，不能控制，念ㄊㄨˋ。

【同】①ㄊㄨㄥˊ　②ㄊㄨㄥˋ

①念ㄊㄨㄥˊ，如：(形)同志，同業，(同樣之意)。(名)合同，契據也。同學，同事，(表一塊之意)。(副)會同(表一起)。(連)蘇俄同共匪是主奴關係。

②念ㄊㄨㄥˋ，如：(名)胡同(同衚衕)，大胡同(北平街名)。

【肋】①ㄌㄜˋ　②ㄌㄟˋ

①念ㄌㄜˋ，如：(名)肋膜，肋骨。

②念ㄌㄟˋ(語音)，如：(名)肋巴

骨，肋條（・ㄊㄧㄠ），肋窩。

【各】①ㄍㄜˋ　②ㄍㄜˊ　③ㄍㄜˇ

①念ㄍㄜˋ，如：（形）各種，各位，各界，各項，各處，各別，各不相謀（彼此不相參預），各式各樣（謂多種不同之樣式種類）。

②念ㄍㄜˊ（又讀），如：（代）各人（謂自己），各自（各人自己）。

③念ㄍㄜˇ，如：（代）自各兒（自稱）。

（例）各ㄍㄜˋ位不要各ㄍㄜˊ自為政，這話不是我自各ㄍㄜˇ兒說的。

【亘】①ㄍㄣˋ　②ㄍㄥˋ　③ㄒㄩㄢ

①念ㄍㄣˋ，如：（動）緜亘，（連續不絕也）同亙。姓氏。

②念ㄍㄥˋ又讀。

③念ㄒㄩㄢ，宣本字，說文註，此為亘布之亘，凡經典中，本字皆此字，今統改用宣字。

【扛】①ㄍㄤ　②ㄎㄤˊ

①念ㄍㄤ，如：（動）兩手對舉大物曰扛。兩人共舉一物曰扛。扛鼎（如「力能扛鼎」見史記項羽本記，謂大力。）

②念ㄎㄤˊ，如：（動）扛東西，扛夫，扛不動，扛起來，扛槍，（肩負也）。

（例）扛ㄍㄤ鼎是用雙手舉起，不是把鼎扛ㄎㄤˊ起來。

【共】①ㄍㄨㄥˋ　②ㄍㄨㄥ　③ㄍㄨㄥˇ

①念ㄍㄨㄥˋ，如：（動）禍福共之，公同擔負也。與朋友共，見論語。（副）共同，總共，共居，共業，共棲。（名）共和，國體名，如共和政體。（形）共有，公共。

②念ㄍㄨㄥ，通恭，如：（名）共工，水官名。

③念ㄍㄨㄥˇ通拱。

（例）孔子給他的弟子共ㄍㄨㄥˋ同授課，如「居北辰而衆星共ㄍㄨㄥˇ之」。見論語。

註：共和，原讀ㄍㄨㄥㄏㄜˊ，語本史紀，周厲王出奔後，周公、召公二相執政，號曰ㄍㄨㄥㄏㄜˊ。喻恭順和睦相處也。今皆讀為ㄍㄨㄥˋㄏㄜˊ。

【合】①ㄏㄜˊ　②ㄍㄜˇ

①念ㄏㄜˊ，如：（名）合同，合約，合作社，合衆國（北美合衆國之簡稱）。（動）集合，符合，合法，合股，配合，合作，合夥，合力，合唱，合家，合羣，合式，合適，合時，合意，交合，苟合，合理，合法，合不著。

②念ㄍㄜˇ，如：（量）量名（一升的十分之一）。

（例）一升合ㄏㄜˊ十合ㄍㄜˇ。

【好】①ㄏㄠˇ　②ㄏㄠˋ　③・ㄏㄠ

①念ㄏㄠˇ，如：（動）相好。（形）

好人好事，好天兒（晴朗之天），好漢，好心，好意，好好先生（謂與人無忤者），好音（好消息）。（名）好兒（恩惠，如言人家對咱們有過好兒）。（副）做好，好久，好遠，好深，好幾，好半天。

②念ㄏㄠˋ，如：（動）愛好，好讀書，好喝酒，好奇心，好辯，好事（謂喜造事端），好勝，好色（謂喜美色），好高騖遠，好花（言喜揮霍）。

③念・ㄏㄠ（輕聲）如：嗜好。

（例）好ㄏㄠˋ穿好ㄏㄠˇ衣服，是嗜好・ㄏㄠ。

【汗】①ㄏㄢˋ ②ㄏㄢˊ

①念ㄏㄢˋ，如：（名）汗水，汗顏（因心中慚愧而出汗），汗青（言史策），汗流浹背。（動）汗血（謂勞力，如「汗血競時」見後漢書，今語多作血汗），汗牛充棟（喻書籍之多），汗馬功勞。（形）汗漫（1.謂放浪不羈，2.水大貌，3.泛而不實之意）。

②念ㄏㄢˊ，如：（名）可汗（突厥、回紇諸族稱其國君爲可汗）。

（例）可ㄎㄜˋ汗ㄏㄢˊ出汗ㄏㄢˋ了。

【件】①ㄐㄧㄢˋ ②ㄐㄧㄢˇ

①念ㄐㄧㄢˋ，如：（量）一件公文，兩件事，三件衣服，四件行李，件件（每件）。（名）大八件兒（點心名）。

②念ㄐㄧㄢˇ，如：什件（飾件，木器上的銅鐵或燒磁等飾物叫飾件）。

（例）這件ㄐㄧㄢˋ行李是箱子，小心拿，別把什件ㄐㄧㄢˇ兒碰壞嘍。

【曲】①ㄑㄩ ②ㄑㄩˇ

①念ㄑㄩ，如：（形）彎曲，曲折，曲直（喻是非），曲謹（謂謹於細微），曲解（作不正當的解釋）。（名）委曲（有理不能申而內心不甘），曲江（1.廣東縣名，2.即錢塘江），曲阜，姓曲，曲線，河曲。

②念ㄑㄩˇ，如：（名）歌曲，曲本，曲調。（形）曲高和寡。曲終奏雅（喻結局之精彩，本於史記）。

（例）曲ㄑㄩ先生爲人曲ㄑㄩˇ高和寡，受盡了委曲ㄑㄩ。

【休】①ㄒㄧㄡ ②ㄒㄧㄡˇ ③ㄒㄩˇ

①念ㄒㄧㄡ，如：（動）休息，罷休，休止，休兵（猶言息兵），休假，休學，休養，休妻（謂出妻）。（名）休戚（言喜與憂），休咎（猶吉凶），休徵（猶言吉兆，見書經）。（副）休想，休怪，休要（不要也）。

②念ㄒㄧㄡˇ，如：（名）休屠（古地名，今甘肅武威縣北）。

③念ㄒㄩˇ（通煦）。

（例）在休ㄒㄧㄡˇ屠ㄔㄨˊ休ㄒㄧㄡ息・ㄒㄧ。

【先】①ㄒㄧㄢ ②ㄒㄧㄢˋ ③ㄒㄧㄢˇ

①念ㄒㄧㄢ，如：（副）先前，先後，先是。（名）先生，先輩，先賢，祖先，先人，先父，先君，先鋒，先天，先見，先進，先憂後樂。

②念ㄒㄧㄢˋ，如：（動）疾行先長者（見孟子，當後而前曰先），所惡於前毋以先後（見大學，先後，率領後人也）。天先乎地，君先乎臣（見禮記，率導也）。（名）先後（即妯娌）。

③念ㄒㄧㄢˇ，先馬（官名）同「洗馬」。

（例）先後，是兄弟妻相謂之通稱，關中及太原一帶，都呼爲先ㄒㄧㄢˋ後，北方俗稱之爲妯娌，並不是一先ㄒㄧㄢ一後的意思。

【行】①ㄒㄧㄥˊ ②ㄒㄧㄥˋ ③ㄏㄤˊ ④ㄏㄤˋ

①念ㄒㄧㄥˊ，如：（動）行走，步行，行動，行事，行不行，行不通，行騙，行賄，行刼，行乞，行兇，行善。（名）行蹤，行政院，行書，行李，行頭（謂演戲用之衣物等），五行（金、木、水、火、土），行年（經歷）。

②念ㄒㄧㄥˋ，如：（名）品行，德行，操行，行短（行爲卑鄙，見水滸傳），行爲（又讀）。

③念ㄏㄤˊ，如：（名）行棧，商行，米行，銀行，同行，行家，行情，行業，兄弟排行，行列，行伍，太行山。

④念ㄏㄤˋ，如：行行如也（強健貌，見論語）。某種物品分列成排，一排亦曰一行ㄏㄤˊ。樹行子。

（例）在銀行ㄏㄤˊ作事，品行ㄒㄧㄥˋ要好，還非得內行ㄏㄤˊ不行ㄒㄧㄥˊ。

【血】①ㄒㄩㄝˋ ②ㄒㄧㄝˇ

①念ㄒㄩㄝˋ（讀音），如：（名）血液，血漿，血球，血壓，血親，血統，血族，血本（謂辛苦積聚之資本），血汗（喻工作所用之勞力），血肉橫飛，血書，血案，血口噴人，血性（義烈之性）。（副）血戰，血誠（猶言至誠）。

②念ㄒㄧㄝˇ（語音），如：（動）流血，頭破血出。（形）血淋淋（滴血淋漓的樣子），血活（˙ㄏㄨㄛ）（故示嚴重之意，如「這點小事，讓你說得這麼血活」）。

（例）血ㄒㄩㄝˋ管破裂，就流血ㄒㄧㄝˇ了。

註：眼未見者，多稱ㄒㄩㄝˋ，眼能見者多稱ㄒㄧㄝˇ。

【宅】①ㄓㄜˊ ②ㄓㄞˊ

①念ㄓㄜˊ，如：（名）宅第，住宅，宅相（謂甥），亦惟助王宅天命（宅，定也，見書經）。（動）宅心仁厚。

②念ㄓㄞˊ（語音），如：（名）宅門

兒（稱富貴之家），宅裏（僕役稱其主家），宅院（猶宅第）。

【朱】①ㄓㄨ ②ㄕㄨˊ

①念ㄓㄨ，如：（名）姓朱，朱砂（硃砂）。（形）朱紅（淡紅色），朱門（喻豪富之家，如「朱門酒肉臭」，見杜甫詩），朱唇皓齒。（副）朱朱（呼雞聲）。

②念ㄕㄨˊ，如：（名）朱提（ㄕˊ）（古縣名，今四川宜賓縣西南，山出銀，後因稱銀曰朱提）。

（例）朱ㄕㄨˊ提ㄕˊ，是白銀的別名，不是朱ㄓㄨ先生提著。

【吃】①ㄔ ②ㄐㄧˊ

①念ㄔ（同喫），如：（動）吃飯，吃水果，吃糧（當兵），吃官司（受訟），吃苦，吃虧，吃錢（受賄），吃緊（謂急切），吃不消（受不了），吃香（謂到處受人歡迎之意），吃醋（喻妒忌），吃素（素食）。（副）吃吃（笑的聲音）。

②念ㄐㄧˊ，如：（動）口吃（說話不流利，常帶重疊的聲音）。

（例）吃ㄔ飯時，一說話就口吃ㄐㄧˊ。

【弛】①ㄕˇ ②ㄔˊ

①念ㄕˇ，如：（動）弛弓（謂弓釋弦），弛廢（廢棄），弛禁（開放禁令），弛張（謂緊張與弛緩）（本禮記語），解弛（鬆懈，怠緩，見漢書），鬆弛。

②念ㄔˊ（又讀）。

【守】①ㄕㄡˇ ②ㄕㄡˋ ③·ㄕㄡ

①念ㄕㄡˇ，如：（名）太守（古官名）。（動）看守，保守，守分（安守本分），守寡（謂夫死不嫁），守候，守歲（除夕通夜不眠謂守歲），守土，守著。（名）守財奴（有財而吝嗇之稱）。

②念ㄕㄡˋ，如：巡守（與狩通）。

③念·ㄕㄡ，如：操守（節操），把守（把握也）。

（例）巡守ㄕㄡˋ狩獵，竟守ㄕㄡˇ株待兔。

【肉】①ㄖㄡˋ ②ㄖㄨˋ

①念ㄖㄡˋ（語音），如：（名）牛肉，豬肉，果肉，肉痛（猶言肉跳，吳語不忍割捨之意）。（形）肉眼（謂平凡，或鄙俗之眼光），肉感（肉體誘惑的感覺），肉瓤（瓜果肉不脆之謂），肉麻，肉頭·ㄊㄡ（柔軟之意）。

②念ㄖㄨˋ（讀音），如：三月不知肉味（見論語）。

【任】①ㄖㄣˋ ②ㄖㄣˊ ③·ㄖㄣ

①念ㄖㄣˋ，如：（名）主任，責任，任務，赴任，上任，卸任，就任，委任職，薦任職。（動）信任，任用，任命，任勞，任便，任憑（聽其自由之意），任天（謂一切聽諸天命），任性。

②念ㄖㄣˋ，如：（動）衆怒難任（見左傳，抵擋也），仲氏任只（見詩經，信實也），我任我輩（見詩經，負擔也），滿鬢清霜殘雪思難任（見李後主詞，堪、勝也）。（姓）。

③念·ㄖㄣ，如：「責任」可讀輕聲。

（例）任ㄖㄣˊ先生升任ㄖㄣˋ主任ㄖㄣˋ，很負責任·ㄖㄣ。

【色】①ㄙㄜˋ ②ㄕㄞˇ ③·ㄕㄞ

①念ㄙㄜˋ（讀音），如：（名）顏色，色彩，神色，姿色，一色（物一種）。（動）作色，色喜（謂喜形於面）。物色（訪求）。（形）色色（種種之意）。

②念ㄕㄞˇ（語音），如：落色（退顏色），色子（即骰子，賭具），色花兒（卑視人的形容詞）。

③念·ㄕㄞ，如：顏色（顏料之通稱）。

（例）這塊布是什麼顏色·ㄕㄞ染的，顏色ㄙㄜˋ很鮮，就是落色ㄕㄞˇ。

註：「色」字本讀爲ㄕㄜˋ，有男子性慾衝動之意，故用此字時，變聲爲ㄙㄜˋ或轉韻爲ㄕㄞˇ。

【衣】①ㄧ ②ㄧˋ

①念ㄧ，如：（名）衣服，衣裳，衣料兒，襯衣，大衣，衣鉢眞傳（今汎謂一切師弟之傳授，如云某人承某人衣鉢）。

②念ㄧˋ，如：（動）衣ㄧˋ衣，衣被（覆蓋之意，如「衣被蒼生」見歐陽修文），衣錦還鄉（謂富貴而歸故鄉），「以衣衣ㄧˋ之」見漢書，「衣輕裘」見論語。

（例）天雨ㄩˋ雨，我衣ㄧˋ衣。

【曳】①ㄧˋ ②ㄧㄝˋ

①念ㄧˋ，如：（名）曳光彈，夜間擲之，能發巨光，飛機探索敵情時用之。（動）曳踵（緩行如曳，足不舉踵），曳白（繕寫試卷跳頁）。

②念ㄧㄝˋ（語音）。

【她】①ㄧ ②ㄊㄚ

①念ㄧ（讀音）對女性第三身稱。

②念ㄊㄚ（口語）。

註：國音標準彙編注一，未收ㄊㄚ音，但從口語習慣，近皆讀ㄊㄚ。

【有】①ㄧㄡˇ ②ㄧㄡˋ

①念ㄧㄡˇ，如：（動）有沒有，我有三枝鉛筆，有不是（謂犯過失）。（副）有謝，有勞，有請，有等。

②念ㄧㄡˋ（通又）。

（例）吾十有ㄧㄡˋ五，而志於學，論語裏有ㄧㄡˇ這麼一句話。

【羊】①ㄧㄤˊ ②ㄒㄧㄤˊ

①念ㄧㄤˊ，如：（名）山羊，綿羊。（形）羊腸小路（曲折很多的小路）。（姓）羊，公羊，羊舌（複姓）。

②念ㄒㄧㄤˊ（通祥）如吉羊。

(例)游牧民族，女兒出嫁，要送肥羊ㄧㄤˊ表示吉羊ㄒㄧㄤˊ。

【汙】①ㄨ ②ㄨˋ ③ㄨㄚ ④ㄩ ⑤ㄩˊ

①念ㄨ，如：本作汚(形)汙水(1.濁水，2.水不流亦曰汙水)。汙點(1.衣物不潔之處，2.人之言行不當，而貽終身之羞者)。汙吏(見孟子)，汙垢，汙穢，(動)汙辱。

②念ㄨˋ，如：(動)薄汙我私(見詩經，去垢也)。汙衊(造謗誣人毀其非實，如「汙衊宗室」見漢書)。

③念ㄨㄚ，如：(名)汙池(儲水之池)。

④念ㄩ(通紆)曲也。如：「盡而不汙」(見左傳)。

⑤念ㄩˊ，如：(名)汙水(水名，河南臨漳縣西，今湮)。

【艾】①ㄞˋ ②ㄧˋ

①念ㄞˋ，如：(名)艾葉，姓艾，艾酒。(形)艾年(五十)，少艾(美好也，「知好色，則慕少艾」(見孟子)，方興未艾，夜未艾(見詩經，盡，久)，憂未艾也(見左傳，絕，止)。(動)保艾爾後(養也，見詩經)。(副)艾艾(口吃貌)。

②念ㄧˋ(通乂)，如：(名)艾如張(ㄧˋㄦˊㄓㄤ)(漢鐃歌名)，艾安(治平無事)。通刈，穫也，如「一年不艾，而百姓飢」。見穀梁傳。

(例)艾ㄞˋ先生說，「艾ㄧˋ如張」是漢鐃歌十八曲之一。不是姓艾ㄞˋ叫如張。

【犴】①ㄢˋ ②ㄏㄢˋ

①念ㄢˋ，如：(名)犴圄(ㄩˇ)(猶囹圄，如「漢德初明，犴圄用簡」見宋書)。

②念ㄏㄢˋ，如：(名)犴圄(又讀)，牢犴(牢獄)。(名)胡地野犬，黑喙善守。

【吧】①ㄅㄚ ②·ㄅㄚ

①念ㄅㄚ，如：(名)酒吧(譯音)，吧噠棍兒(數尺之棒)，啞吧。(動)吧嗒嘴兒(口合開有聲)。(副)吧吧(多言貌)，吧兒吧兒的(說話清脆流利)，結結吧吧(說話口吃)。

②念·ㄅㄚ，如：(助)好吧，去吧，來吧。

(例)到酒吧ㄅㄚ去說吧·ㄅㄚ。

【把】①ㄅㄚˇ ②ㄅㄚˋ ③ㄅㄞˋ

①念ㄅㄚˇ，如：(量)一把兒(一束)。(名)把兒頭(香會首領)，把式(武術)，把握。(動)把風(搶刼或賭博時，派人在外偵伺)，把卷(展卷於手)，把盞(即把酒)，把捉(即執捕)。(形)把滑(牢固)，把牢(可靠)。(副)把做(當做)。(介)我把毛匪打死了。

②念ㄅㄚˋ，如：（名）把兒（物之柄），刀把兒，壺把兒。

③念ㄅㄞˇ，口語與①介詞之義同。（例）刀把ㄅㄚˇ兒在我手裏，一定把ㄅㄚˇ（ㄅㄞˇ）毛匪殺死。

【伯】①ㄅㄛˊ　②ㄅㄚˋ　③ㄅㄞˇ

①念ㄅㄛˊ，如：（名）伯父，伯母，伯，仲，叔，季（兄弟長幼次序），公，侯，伯，子，男（古時官爵），伯樂（古善相馬者）。（姓）伯益。（舜臣）

②念ㄅㄚˋ同霸，如：五伯，伯圖。

③念ㄅㄞˇ，如：（名）大伯子（稱夫之兄）。

【刨】①ㄅㄠˋ　②ㄆㄠˊ

①念ㄅㄠˋ同鉋，如：（名）刨子（木匠工具），刨花兒（刨落之木片）。

②念ㄆㄠˊ，如：（動）刨個坑兒把毛匪活埋嘍。刨根兒（追究底細）。

【杓】①ㄅㄧㄠ　②ㄕㄠˊ

①念ㄅㄧㄠ，如：（名）斗杓（北斗星之柄）。

②念ㄕㄠˊ同勺，如：（名）水杓（取水具）。

【拋】①ㄆㄠ　②ㄆㄧㄝ　③ㄆㄧㄝˇ

①念ㄆㄠ，如：（動）拋棄，拋頭露面，拋磚引玉，拋售，甩賣也。

②念ㄆㄧㄝ，如：拋下了，（生前遺物或子女，都可說是拋下的）。

③念ㄆㄧㄝˇ，如：拋東西，（同撇，投擲也）拋開。

【彷】①ㄆㄤˊ　②ㄈㄤˇ

①念ㄆㄤˊ，如：（副）彷徨（心意不定），彷徉（猶徘徊）。

②念ㄈㄤˇ同仿，如：（副）彷彿。

【沒】①ㄇㄛˋ　②ㄇㄟˊ

①念ㄇㄛˋ，如：（動）沈沒，覆沒，隱沒，泯沒，吞沒，沒沒（1.沈溺之意，2.埋沒之意，如沒沒而無聞），沒落，日沒西山，沒收，沒齒，沒世（謂終身）。（副）沒奈何（無可如何）。

②念ㄇㄟˊ，如：（動）沒錢，沒命（謂不顧性命），沒出息（謂不上進），沒臉（丟臉），沒骨氣，沒法子，沒門兒（無希望）。沒主意（ㄇㄟˊ ㄓㄨˇ ·ㄧ 無主見）。（副）沒來，沒見。（助）來了沒有，（連）如：這枝筆沒那枝好。

（例）共匪吞沒ㄇㄛˋ人民財產，早晚他會沒ㄇㄟˊ命。

【免】①ㄇㄧㄢˇ　②ㄨㄣˋ

①念ㄇㄧㄢˇ，如：（動）免除，免役，免疫，免費，免難，免職，免戰，免禮，免言。（副）難免，幸而免。

②念ㄨㄣˋ，如：（動）袒免（喪禮，露左臂曰袒，去冠括髮曰免）。

(例)古禮同高祖之從兄弟，死而冕ㄇㄧㄢˇ穿孝服，袒免ㄨㄣˋ以示哀意。

【牡】①ㄇㄨˇ ②ㄇㄡˇ

①念ㄇㄨˇ，如：(名)牡牛(公牛)，牡丹(花名)，牡蠣(海中軟體動物)，牡桂(桂之一種)，門牡(戶鑰)，牡丹江(在吉林省境內)。

②念ㄇㄡˇ(又讀)。

【佛】①ㄈㄛˊ ②ㄈㄨˊ ③ㄅㄧˋ

①念ㄈㄛˊ，如：(名)佛教，活佛，佛爺，佛經，佛事(謂誦經拜懺)，佛手(鮮果名)，佛郎(法國錢幣單位名)。(形)佛口蛇心(喻所言甚善，而心則惡毒)，佛眼相看(謂好意看待，見兒女英雄傳「你快快說出實話，我還佛眼相看」)。

②念ㄈㄨˊ(通彿)，如：仿佛。

③念ㄅㄧˋ，如：佛肸(ㄒㄧˋ)(春秋魯國人)。(通弼，輔也)如佛時仔肩(見詩經)。

(例)佛ㄅㄧˋ肸這個人，從表面上看，仿佛ㄈㄨˊ是個好人，其實是個叛徒。

【否】①ㄈㄡˇ ②ㄆㄧˇ

①念ㄈㄡˇ，如：(副)否定，否決，否認，否則，是否。(助)汝知之否，(猶麼，疑問意之助詞)。

②念ㄆㄧˇ，如：(形)否運。(名)藏否(善惡)，否極泰來(謂惡運至極轉爲佳運)。

(例)否ㄆㄧˇ極泰來，這句話是否ㄈㄡˇ你說的？

【坊】①ㄈㄤ ②ㄈㄤˊ

①念ㄈㄤ，如：(名)作ㄗㄨㄛ坊，茶坊，染坊，街坊(以上坊字可讀輕聲)，節孝坊。

②念ㄈㄤˊ(動)(與防通)。障也，如君子禮以坊德，刑以坊淫，命以坊欲，見禮坊記。

【妨】①ㄈㄤˊ ②ㄈㄤ

①念ㄈㄤˊ，如：(動)妨害，防止，妨礙。

②念ㄈㄤ(又讀)何妨。

【孚】①ㄈㄨˊ ②ㄈㄨ

①念ㄈㄨˊ，如：(動)孚衆望，孚佑(信而佑之，見書經)。(名)孚遠(新疆省縣名)。

②念ㄈㄨ(同孵)，如：(動)孚乳(謂鳥孵卵，見禮記)。

【弟】①ㄉㄧˋ ②ㄊㄧˋ ③˙ㄉㄧ

①念ㄉㄧˋ，如：(名)弟兄，弟子，弟婦。

②念ㄊㄧˋ，如：(動)「入則孝，出則弟」。「孝弟也者，其爲人之本與」(論語)。(名)善事兄長或兄弟相善曰弟，同悌，見論語。

③念˙ㄉㄧ，如：弟弟˙ㄉㄧ，兄弟

·ㄉㄧ。

(例)六弟ㄉㄧˋ是我最小的弟ㄉㄧˋ弟·ㄉㄧ，他很知孝弟ㄊㄧˋ。

【肚】①ㄉㄨˋ　②ㄉㄨˇ

①念ㄉㄨˋ，如：(名)肚子，肚皮，肚臍兒(腹面中央)。

②念ㄉㄨˇ，如(名)：牛肚子，豬肚子，肚兒(獸類之胃俗稱ㄉㄨˇ)。

(例)豬肚ㄉㄨˇ兒，羊肚ㄉㄨˇ兒都長在豬羊的肚ㄉㄨˋ子裏。

【囤】①ㄉㄨㄣˋ　②ㄊㄨㄣˊ

①念ㄉㄨㄣˋ，如：(名)：米囤，糧食囤(北方多以蘆席用麻繩縫連圍成圓形盛糧食叫ㄉㄨㄣˋ)。

②念ㄊㄨㄣˊ，如：(動)囤糧，囤積居奇。

(例)現在的農家，家家的米囤ㄉㄨㄣˋ裏都囤ㄊㄨㄣˊ積著不少的米。

【忒】①ㄊㄜˋ　②ㄊㄜ

①念ㄊㄜˋ，如：(動)享祀不忒(見詩經，差誤也)，昊天不忒(見詩經，變更也)，差忒。(副)忒煞(同殺)(猶言過甚也)。

②念ㄊㄜ，如：(副)忒楞，(表聲)，忒兒的(振翅疾飛聲)。(動)忒兒摟(吸，如忒兒摟麪條兒)(又如忒兒摟鼻涕)。

【牠】①ㄊㄨㄛ　②ㄊㄜ　③ㄊㄚ

①念ㄊㄨㄛ，如：(代)事物之他稱(同佗)。

②念ㄊㄜ(又讀)。

③念ㄊㄚ(又讀)。今語體文用以代中性之第三人稱。口語指禽獸用時，都讀ㄊㄚ。

【那】①ㄋㄚˋ　②ㄋㄟˋ　③·ㄋㄜ　④ㄋㄚˇ　⑤ㄋㄟˇ　⑥ㄋㄚ　⑦ㄋㄨㄛˊ　⑧ㄋㄨㄛˋ　⑨·ㄋㄚ

①念ㄋㄚˋ，如：(代)(表指定時用)那裏，那些，那個，那邊。(連)那就。

②念ㄋㄟˋ(那ㄋㄚˋ一之合音)(代)那年，那天，那個(單數遠指)。

③念·ㄋㄜ，如：(連)那麼。

④念ㄋㄚˇ(同哪，詢問詞)如疑問。(代)那裏，那些，那個，那邊。(副)那裏(1.表示反詰，2.謙虛語)。

⑤念ㄋㄟˇ(那ㄋㄚˇ一之合音)疑問(代)那年，那天，那個(單數詢問)。

⑥念ㄋㄚ，如：姓那。

⑦念ㄋㄨㄛˊ，如：(動)受福不那(見詩經，多也)，有那其居(見詩經，安貌)。(名)刹那(佛語短促之時間)那威(即挪威地名)。(形)阿那(柔弱貌)(同婀娜)(又同挪)。

⑧念ㄋㄨㄛˋ，本「奈何」二字的合音，如：(助)公是韓伯休那(見後漢書)，飛騰無那故人何(無那作

無奈解，見杜甫詩）。
⑨念・ㄋㄚ：如（助）費您的神那，問足下願那不願，（同哪）（見西廂記）。
（例）那（ㄋㄚˋ）邊姓那（ㄋㄚˇ）的那（ㄋㄟˋ）個人，那（ㄋㄟˇ）年到那（ㄋㄨㄛˊ）威？那（・ㄋㄜ）麼你怎麼沒同去那（・ㄋㄚ）？你說新人那（ㄋㄨㄛˊ）步過高堂，這高堂可在那（ㄋㄚˇ）兒那（・ㄋㄜ）。

【尿】①ㄋㄧㄠˋ ②ㄙㄨㄟ
①念ㄋㄧㄠˋ，如：（名）尿素，尿道，尿池。（同溺）（動）尿床。
念ㄙㄨㄟ，如：（名）小便，專做名詞用，尿脬（卽膀胱）。（副）尿流屁滾。
（例）這孩子因爲尿ㄋㄧㄠˋ炕，被他媽打得屁滾尿ㄙㄨㄟ流。

【忸】①ㄋㄩˋ ②ㄋㄧㄡˇ 本作「恧」
①念ㄋㄩˋ，如：（形）忸怩（讀音）。「顏厚有忸怩」（書五子之歌）。
②念ㄋㄧㄡˇ語音，如：（形）忸怩（慚愧貌）。（同狃）如：（動）忸忕（ㄋㄧㄡˇ ㄕˋ）（猶言習慣）。「虜兵臨境，忸忕小利，遂欲深入」後漢書馮異傳。忸怩作態（故意造作）。

【卵】①ㄌㄨㄢˇ ②ㄌㄨㄛˇ ③ㄌㄢˇ
①念ㄌㄨㄢˇ，如：（名）雞卵，卵形，卵生，卵石，卵子（卵生動物之子）。（形）卵翼（喻養育庇護）。
②念ㄌㄨㄛˇ（又讀）。
③念ㄌㄢˇ，如：（名）卵子・ㄗ（俗稱睪丸）。

【弄】①ㄌㄨㄥˋ ②ㄋㄨㄥˋ ③ㄋㄥˋ ④ㄋㄡˋ
①念ㄌㄨㄥˋ，如：（動）戲弄，玩弄，侮弄，弄筆（謂舞弄筆墨，顚倒是非），弄法（謂舞弊），弄權（謂私竊政權以作威福），弄璋（得子），弄瓦（得女），搔首弄姿（謂故作姿態見後漢書）。（名）嬲弄（元曲中之一種），梅花三弄（曲譜名）。
②念ㄋㄨㄥˋ（語音），如：（動）弄壞了，弄假成眞，弄巧成拙，弄菜，弄飯。
③念ㄋㄥˋ（又讀）。
④念ㄋㄡˋ（又讀）。
（例）你再玩弄ㄋㄨㄥˋ就弄ㄋㄨㄥˋ壞了。

【告】①ㄍㄠˋ ②ㄍㄨˋ
①念ㄍㄠˋ，如：（名）布告，告白，告示。（動）報告，告訴，告狀，告別，告便（兒）（告人以短時之暫離或謂如厠），告坐（猶言謝坐），告罪（交際上自謙不合理之詞），告饒（兒）（求恕），告密，告假。

②念ㄍㄨˋ，如：忠告（謂竭忠規勸）
，「忠告而善導之」，告朔「子貢
欲去告朔之餼羊」（見論語）。
（例）我告ㄍㄠˋ訴你吧，要忠告ㄍㄨˋ
而善導之。

【更】①ㄍㄥ ②ㄐㄧㄥ ③ㄍㄥˋ

①念ㄍㄥ，如：（動）更正，變更，
更動，更姓，更改，更新，更衣，
更換，更事（經歷世事）。（名）
更夫（打更巡夜之人），五更（一
夜分五更）。
②念ㄐㄧㄥ（語音），如：（名）一
更天。（動）打更（守夜防盜）。
③念ㄍㄥˋ，如：（副）更好，更兼，
更動，更生（猶重生）。
（例）到三更ㄐㄧㄥ天了，更ㄍㄥ換
一件厚衣服，就更ㄍㄥˋ好了。

【估】①ㄍㄨ ②ㄍㄨˇ ③ㄍㄨˋ

①念ㄍㄨ，如：（動）估價，估計，
估量，估堆兒（合攏而估價），估
家，估客（販貨之人）。
②念ㄍㄨˇ（又讀）。
③念ㄍㄨˋ，如：（名）估衣（出售之
舊衣）。
（例）估ㄍㄨ堆兒買了幾件估ㄍㄨˋ衣。

【谷】①ㄍㄨˇ ②ㄩˋ ③ㄌㄨˋ

①念ㄍㄨˇ，如：（名）山谷，深谷，
姓谷，谷那（複姓）。（形）進退
維谷（窮也，見詩經）。
②念ㄩˋ，如：（名）吐谷渾（隋，唐
時西域國名）。
③念ㄌㄨˋ，如：（名）谷蠡，漢時匈
奴官名，見史記。
註：ㄨˋ、ㄩˋ二韻本可對轉，如：女ㄋㄩˇ
，ㄖㄨˇ。於ㄩ，於戲ㄨ ㄏㄨ。「
孝乎維孝，友于兄弟」，亦作「孝
于維孝，友于兄弟」。余，予，即
是「吾」。

【何】①ㄏㄜˊ ②ㄏㄜˋ

①念ㄏㄜˊ，如：（副）如何。（形）
何人，何處，何事，何故，何妨（
無礙之謂），何苦，何堪，何敢。
姓（連）與其……何如，尚且……
何況。（代）客何好（甚麼）。
②念ㄏㄜˋ（通荷），如：何校滅耳（
見易經）。
（例）何ㄏㄜˋ校是古時說罪人頸上帶
枷，不是說何ㄏㄜˊ處學校。

【含】①ㄏㄢˊ ②ㄏㄢˋ ③ㄏㄣˊ

①念ㄏㄢˊ通函，如：（動）包含，含
笑，含怒，含蓄（包容也），含胡
（糊）（不明瞭或謂作事不切實）
。含飴弄孫（年老自求恬適，見後
漢書）。（名）含光（劍名），含
橤（蚌之別名），含元殿（唐宮殿
名），含生草，含笑花，含羞草（
以上三者皆植物名）。
②念ㄏㄢˋ，如：（動）含珠（人死以
珠玉實口）。
③念ㄏㄣˊ（㈠語音）或作唅（將物銜
於口中曰含）。

(例)老師含ㄏㄢˊ笑對學生說，不要把鋼筆擱嘴裏含ㄏㄣˊ著。

【亨】①ㄏㄥ ②ㄏㄥˊ ③ㄆㄥ ④ㄒㄧㄤˇ

①念ㄏㄥ，如：(形)亨通(通達順利)，亨途(平易之道路)，亨衢(交通之大道)。(名)亨人(古官名)。

②念ㄏㄥˊ(又讀)。

③念ㄆㄥ(同烹)。

④念ㄒㄧㄤˇ，宴也，如：「公用亨于天下」。(見易經)

【圾】①ㄐㄧˊ ②ㄙㄜˋ

①念ㄐㄧˊ同岌，危也，如：(動)「殆哉！圾乎天下」見莊子。

②念ㄙㄜˋ(名)拉ㄌㄜˋ圾。(本吳語，穢物與塵土混積之稱)。

【夾】①ㄐㄧㄚˊ ②ㄐㄧㄚ ③ㄐㄧㄚˋ ④ㄐㄧㄢ

①念ㄐㄧㄚˊ，如：(形)夾七夾八(含糊混雜之意)。(動)夾帶，夾擊，夾攻，夾注(排在文句中的註解)，夾雜。(名)夾褲，夾襖。

②念ㄐㄧㄚ(又讀)，如：(名)夾子，書夾，夾剪，夾板船(大帆船)，報夾，信夾。(動)夾起來，夾著，夾物。

③念ㄐㄧㄚˋ，如：(名)夾竹桃(花木名)。(形)夾生(煮物半生不熟之謂)。

④念ㄐㄧㄢ，如：(動)夾菜，夾著吃(以箸夾菜也)。

(例)夾ㄐㄧㄚˊ襖夾ㄐㄧㄚˋ在夾ㄐㄧㄚˋ竹桃上。

註：夾念ㄐㄧㄢ，係ㄚ轉ㄢ韻，又如插念ㄑㄧㄢ。例如「婦女頭上插ㄑㄧㄢ上一朵花」。這是北平的一種文雅讀法。因吃飯時說夾菜，戴花說插花，若讀本音，則不雅，故轉於ㄢ韻。

【角】①ㄐㄧㄠˇ ②ㄐㄩㄝˊ ③ㄌㄨˋ ④˙ㄐㄧㄠ ˙ㄐㄧㄡ

①念ㄐㄧㄠˇ(語音)如：(名)角膜(眼球表面之膜)，角度，牛角，牆角，直角，三角板。(動)角力，角逐。

②念ㄐㄩㄝˊ(讀音)。

③念ㄌㄨˋ，如角里(複姓)。

④念˙ㄐㄧㄠ，˙ㄐㄧㄡ，如「犄角」(可讀輕音犄角˙ㄐㄧㄡ˙ㄐㄧㄠ或讀變音˙ㄐㄧㄡ)。

(例)這隻鹿角ㄐㄧㄠˇ是角ㄌㄨˋ里先生的，你把它當作羊犄角˙ㄐㄧㄠ˙ㄐㄧㄡ了。

註：角落二字本是牆隅之意，原有旮ㄍㄚˊ旯ㄌㄚˊ二字，現在人多不習用，反取角落二字，按滬地方音讀法以期吻合。

【究】①ㄐㄧㄡˋ ②ㄐㄧㄡ ③˙ㄐㄧㄡ

①念ㄐㄧㄡˋ，如：（名）學究（指對於我國的舊學雖有研究，而不通達時務的人）。（動）研究，究詰，究辦，究問。（副）究有，究竟。

②念ㄐㄧㄡ（又讀）。

③念·ㄐㄧㄡ，如：（動）研究，考究，講究。

（例）你這麼考究·ㄐㄧㄡ，究ㄐㄧㄡˋ竟爲什麼哪？

【見】①ㄐㄧㄢˋ　②ㄒㄧㄢˋ　③·ㄐㄧㄢ

①念ㄐㄧㄢˋ，如：（動）會見，拜見（被動性助動詞），見笑，見怪，見責，見罪，見外（謂視爲外人而疏遠之）。（名）意見，見解，愚見，見識。

②念ㄒㄧㄢˋ同現，如：見錢，見在，發見。（動）從者見之。天下有道則見。子路慍見曰。（皆見論語）

③念·ㄐㄧㄢ，如：看見，意見，碰見，聽見。

（例）我和你見ㄐㄧㄢˋ面之前，就看見·ㄐㄧㄢ這家商店，寫著見ㄒㄧㄢˋ錢交易，這算是我發見ㄒㄧㄢˋ的。

註：古以見字代現字。

【車】①ㄐㄩ（讀音）　②ㄔㄜ（語音）

①念ㄐㄩ，如：（名）車馬砲，車裂（古之酷刑），大車無輗，小車無軏（見論語）。出無車（馮驩語）。（形）拚命對車，學富五車。

②念ㄔㄜ，如：（名）汽車，火車，牛車，自行車，車票，車頭（火車之機車）。（動）車水（謂農人以水車取水灌田）。（形）車載斗量（極言甚多），車轂轆話（謂一語反覆說之不已）。

（例）坐在火車ㄔㄜ裏下象棋，我先出車ㄐㄩ。

【均】①ㄐㄩㄣ　②ㄩㄣˋ

①念ㄐㄩㄣ，如：（動）平均，均等，均派，均攤，均勻，均一。（副）均好，均是，均可。（名）酒量名「令官作酒，以二千五百石爲一均」見漢書。樂器名，「冬夏至，陳八音，聽五均」見漢書。

②念ㄩㄣˋ（同韻）「音均不恒」，見成公綏賦。

【沏】①ㄑㄧ　②ㄑㄩ

①念ㄑㄧ，如：（動）沏茶（泡茶）。

②念ㄑㄩ，如：（動）沏油（置花椒香油中，加熱，注菜肴上曰沏油），把香火沏了（燃燒物浸水中使之熄滅曰沏）。

（例）先把香火沏ㄑㄩ了，再沏ㄑㄧ一壺來。

【芎】①ㄑㄩㄥ　②ㄑㄩㄥˊ　③ㄒㄩㄥ

①念ㄑㄩㄥ，如：（名）芎藭（ㄑㄩㄥ ㄑㄩㄥˊ）（植物名，根可入藥）。

②念ㄑㄩㄥˊ（又讀）。

③念ㄒㄩㄥ，如：（名）川芎（產於四川之芎藭）。

【些】①ㄒㄧㄝ ②ㄙㄨㄛˋ

①念ㄒㄧㄝ，如：（代）這些，那些。（副）多些，少些，方便些。（形）些微，些須，些許（皆少許之意）。

②念ㄙㄨㄛˋ，語末助詞，如：「何爲四方些」見楚辭，後世哀輓之文，有用些字者，則仿楚辭之體。

【邪】①ㄒㄧㄝˊ ②ㄧㄝˊ ③ㄩˊ ④ㄒㄩˊ ⑤ㄒㄧㄚ

①念ㄒㄧㄝˊ，如：（形）邪說，邪教邪心，邪路，邪計，邪道，邪門兒（謂出于意外之情事），邪行（·ㄒㄧㄥ）（厲害古怪）。（名）風邪，妖邪，邪魔鬼怪。

②念ㄧㄝˊ，如：（歎）邪呼（衆聲相應），邪許（衆人同致力時之呼聲）。（助）同耶（表疑問）「羽豈其苗裔邪」見史記。「吾以女爲聖人邪」見莊子。（名）琅邪（1.山名，在山東省，2.郡名，秦置，今山東諸城縣，3.臺名，在琅邪山上，秦始皇刻石記功處）。

③念ㄩˊ，如：（名）邪贏（猶言贏餘，如「邪贏優而足恃」見張衡賦）歸邪於終（見史記，邪，餘分也，終，閏月也）。

④念ㄒㄩˊ同徐，如：「其虛其邪」見詩經。

⑤念ㄒㄧㄚˊ，ㄒㄧㄝˊ之又讀。

註：邪許，見淮南子道應，轉爲邪軤ㄏㄨ見文子徵明，轉爲邪謣ㄩˊ見呂覽淫辭商注，轉爲輿謣，見類篇及呂氏春秋淫辭，轉爲聶許見莊子大宗師，（聶乃「牙」訛，牙卽邪之少耳）轉爲杭唷（杭唷是近時之表聲字）。

【折】①ㄓㄜˊ ②ㄕㄜˊ ③ㄓㄜ

①念ㄓㄜˊ，如：（動）折斷，折枝，折[illegible]，折價，折錢，折賣，折服（屈服之意），折中，折腰（謂拜），折福（謂享用過甚，恐削減福分之意），折衝（謂拒敵）。

②念ㄕㄜˊ（語音），如：（動）折了（斷了），折本兒（猶言賠本），折耗（虧耗之意）。

③念ㄓㄜ，如：（動）折出來（倒出來），折騰（1.翻騰，2.謂揮霍，如「他把百萬家當都折騰完了」）。（名）折籮（歛集筵後殘膳之菜肴）。

（例）還折ㄓㄜ騰哪，都折ㄕㄜˊ了，這樣非打折ㄓㄜˊ扣不能賣了。

【佔】①ㄓㄢˋ ②ㄓㄢ

①念ㄓㄢˋ，如：（動）佔便宜，佔上風，佔地步，佔腳步兒（謂自佔立場，預爲進退之地），（同占）佔據，佔領，佔有。

②念ㄓㄢ（同覘，覗也）。如：呻其佔畢（見禮記，畢，簡也）。

【抓】①ㄓㄨㄚ ②ㄓㄠ ③ㄔㄨㄚˇ

①念ㄓㄨㄚ，如：(動)抓癢，抓一把糖，抓藥(買藥)，抓賭，抓碴兒(藉口)，抓瞎(倉皇失措)，抓大頭，抓鬮兒。

②念ㄓㄠ(讀音)。

③念ㄔㄨㄚˇ，如：(動)抓子兒(小兒遊戲之一種，置果核或石子之類於手，反覆擲接之，謂之抓子兒)。(例)這個小女孩兒一手抓ㄔㄨㄚˇ子兒，一手抓ㄓㄨㄚ癢，眞有本事(·ㄕ)。

【杈】①ㄔㄚ ②ㄔㄚˋ

①念ㄔㄚ，如：(名)魚杈(捕魚之具)，杈桿兒(俗譏稱妓女保護人)，杈子(北方農具)。

②念ㄔㄚˋ語音，如：(名)樹杈子(木之歧出者)。(動)劈ㄆㄧˇ杈(兩腿平分落地，武功之一種)。

【岔】①ㄔㄚˋ ②ㄔㄚˊ

①念ㄔㄚˋ，如：(名)岔子，岔道，岔路兒，岔兒(陶瓦之碎片)。(動)岔換(排遣)，岔氣(忽然胸氣不順，而感疼痛之病)，岔眼(視覺錯亂也)。

②念ㄔㄚˊ(同碴)。

【沈】①ㄔㄣˊ ②ㄕㄣˇ ③ㄔㄣˋ

①念ㄔㄣˊ(通沉)，如：(形)沈思，沈悶，沈重，沈痛，深沈，沈疾。(動)沈沒，沈溺，沈迷，沈毅(深沈而勇決)，沈澱，沈不住氣。

②念ㄕㄣˇ，如：(姓)沈先生。

③念ㄔㄣˋ，如：(動)沈船，沈底兒(國語詞典，未收此音)。

(例)沈ㄕㄣˇ先生沈ㄔㄣˊ默寡言。

註：俗將ㄔㄣˊ、ㄔㄣˋ寫作沉，姓氏寫作沈，以示有別。

【呈】①ㄔㄥˊ ②ㄔㄥˇ

①念ㄔㄥˊ，如：(名)呈子(舊稱狀紙)，呈文。(動)呈報，呈露，見也，「延頸秀項皓質呈露」曹植賦。呈現，呈遞，呈請，呈准。

②念ㄔㄥˇ(通逞)快意也，如「而殺人以呈」見左傳。

【吹】①ㄔㄨㄟ ②ㄔㄨㄟˋ

①念ㄔㄨㄟ，如：(動)吹簫，吹笛，吹牛，吹噓(謂稱揚，關說)，吹風兒(故意揚言也)，吹呼(叱責之)。(形)吹毛求疵(本韓非子語)，吹灰之力(極言其輕易)，吹鬍子瞪眼(聲色疾厲貌)。

②念ㄔㄨㄟˋ，如：(名)鼓吹(古時官府的樂隊)。

(例)鼓吹ㄔㄨㄟˋ是漢樂ㄩㄝˋ並不是鼓舞吹ㄔㄨㄟ噓。

【杉】①ㄕㄢ ②ㄕㄚ

①念ㄕㄢ，如：(名)杉樹，杉木，杉木江(在雲南)，杉嶺(介江西

福建之間），杉鷄（鳥名）。
②念ㄕㄚ（語音），如：（名）杉蒿（杉木竿子）。
（例）杉ㄕㄢ嶺上出產杉ㄕㄚ蒿ㄍㄠ嗎？

【芍】①ㄕㄠˊ ②ㄕㄨㄛˋ
①念ㄕㄠˊ，如：（名）芍藥（植物名），芍陂（水名，在安徽省）。
②念ㄕㄨㄛˋ（讀音）。

【身】①ㄕㄣ ②ㄐㄩㄢ
①念ㄕㄣ，如：（名）身體，身段，身心，身世，前身，身孕，船身，樹身，身分。（副）身歷其境，身受。（名）身敗名裂，身家清白，身正不怕影兒斜（謂行爲端正，不畏人言）。（代）「身是張翼德」我也，見三國誌。
②念ㄐㄩㄢ，如：（名）身毒（我國古時印度之譯音，今作「印度」）。
（例）在身ㄐㄩㄢ毒時，身ㄕㄣ心都很愉快。

【妊】①ㄖㄣˋ ②ㄖㄣˊ
①念ㄖㄣˋ，如：（動）妊娠（孕也）。
②念ㄖㄣˊ（又讀）。

【姊】①ㄗˇ ②ㄐㄧㄝˇ ③·ㄐㄧㄝ
①念ㄗˇ（讀音），如：（名）姊妹花，姊歸鳥（杜鵑之異稱），姊歸縣（屈原之故里，同秭，今湖北省秭歸鄉）。
②念ㄐㄧㄝˇ，如：（名）姊妹，姊夫，姊兒倆（同姐，語音）。
③念·ㄐㄧㄝ，如：（姊姊·ㄐㄧㄝ）。
（例）這對姊ㄗˇ妹花都是桌球健將，姊ㄐㄧㄝˇ姊·ㄐㄧㄝ在姊ㄗˇ歸縣買一隻姊ㄗˇ歸鳥。

【足】①ㄗㄨˊ ②ㄐㄩˋ
①念ㄗㄨˊ，如：（名）兩足，手足（兄弟），足下（對朋友之尊稱），（動）滿足。（副）足夠，足吃，足喝，吃足了，逛足了，裝足了，足見。（助）足以，不足。
②念ㄐㄩˋ，如：足恭（過於謙恭，如「巧言令色足恭」見論語）。
（例）對人足ㄐㄩˋ恭，不足ㄗㄨˊ取法。

【作】①ㄗㄨㄛˋ ②ㄗㄨㄛ ③ㄗㄨㄛˊ
①念ㄗㄨㄛˋ，如：（動）作工，作事，作夢，作孽，作弊，作陪（爲陪客），作客（謂旅居在外），作禮（猶言行禮），作威作福（見書經），作文，振作，創作。
②念ㄗㄨㄛ，如：（動）作揖，作死，作癟子（受困窘被譴責），自作自受。（名）木作，水泥作，瓦作，作坊。
③念ㄗㄨㄛˊ，如：（動）作踐（糟蹋），作興（1.抬擧之意，2.索興，3.謂慣例所許，4.或許）。（名）

作料（烹調食物之材料）。
（例）作ㄗㄨㄛˋ木器的作ㄗㄨㄛ坊，作ㄗㄨㄛ菜也知道放ㄗㄨㄛˊ料兒。

【囱】①ㄘㄨㄥ ②ㄔㄨㄤ
①念ㄘㄨㄥ，如：（名）煙囱。
②念ㄔㄨㄤ（通窗）。
（例）煙囱ㄘㄨㄥ不能靠囱ㄔㄨㄤ戶。

【伺】①ㄙˋ ②ㄘˋ
①念ㄙˋ，如：（動）窺伺，伺探，伺諜，伺候（偵候），伺便（乘便也），伺隙（乘隙也）。
②念ㄘˋ，如：（動）伺候·ㄏㄡ。
（例）他伺ㄘˋ候·ㄏㄡ人很好，豈知他是伺ㄙˋ探軍情的匪諜。

【呀】①ㄧㄚ ②ㄒㄧㄚ
①念ㄧㄚ，如：（副）呀的一聲。（嘆）啊呀。（助）來呀，去呀，誰呀？
②念ㄒㄧㄚ，如：（形）呀然（空大貌），呀豁（空洞貌），呀呷（波濤吞吐貌）。
註：在ㄧ、ㄩ、ㄚ、ㄜ、ㄝ、ㄞ、ㄟ各韻下之助詞用呀。

【言】①ㄧㄢˊ ②ㄧㄣˊ
①念ㄧㄢˊ，如：（名）語言，方言，一言，言行，言論，姓言。（動）言語·ㄩ，言過其實。（連）駕言出遊（見詩經，猶而）。（虛）言告，言歸（見詩經，猶乃）。
②念ㄧㄣˊ，如：（形）言言（同誾誾）（和悅而靜），「崇墉言言」（見詩經，高大也）。

【巫】①ㄨˊ ②ㄨ
①念ㄨˊ，如：（名）女巫（替人禱告治病之人），巫婆兒，巫峽（三峽之一），巫山（四川省縣名），又姓氏。（動）巫蠱（巫者以呪詛之術爲蠱以害人）。
②念ㄨ（語音）姓氏，如「巫焦巴弓」見百家姓。

【吾】①ㄨˊ ②ㄩˊ
①念ㄨˊ，如：（代）吾人，吾輩，吾兄，吾儕，吾黨。（副）伊吾（讀書聲），支吾。
②念ㄩˊ，如：（名）吾吾（不敢自親之貌，見國語）。

【我】①ㄨㄛˇ ②ㄜˇ ③ㄇˇ
①念ㄨㄛˇ（語音），如：（代）我們，我家，我的。
②念ㄜˇ讀音，如：（代）我輩，我曹，自稱其國曰我，如「齊師伐我」（見春秋），我見（謂個人私見）。
③念ㄇˇ，如：我們。（北平口語）
（例）我ㄨㄛˇ們要有有我ㄜˇ無敵的決心。

【沃】①ㄨㄛˋ ②ㄨˋ
①念ㄨㄛˋ，如：（形）肥沃，沃土，

沃野，沃饒，(謂肥潤豐厚)。(動)沃田(灌溉)，沃果兒(雞卵去殼，入滾水中微煮之，謂之沃果兒)。
②念ㄨ(又讀)。

【尾】①ㄨㄟˇ ②ㄧˇ
①念ㄨㄟˇ，如：(量)一尾魚。(名)魚尾，牛尾，交尾(禽或飛蛾交配)。(副)尾隨。(形)末尾，尾數，尾大不掉(語見左傳，喻下强上弱，不掉猶言不振也，今言其下勢大不受指揮調度，每曰尾大不掉)。(姓)尾生(人，古信士)(卽微生)。
②念ㄧˇ(語音)，如：(名)尾巴，馬尾兒。
(例)尾ㄨㄟˇ生，或謂卽微生高，並不是從尾ㄧˇ巴上生的。
註：按尾生卽微生，微生是其姓，高是其名，魯人，傳與女子朔於橋下，待之不至，遇水而死。見國策燕策，及莊子盜跖篇，及淮南氾論，說林並載此事。又「孰謂微生高直」見論語作微生。

【忘】①ㄨㄤˋ ②ㄨㄤˊ
①念ㄨㄤˋ，如：(動)忘記，忘卻，忘懷，忘掉，忘本，忘其所以，忘形，忘舊，忘恩負義，忘年交(謂不拘年歲行輩而相交爲友)。
②念ㄨㄤˊ(讀音)，如：(名)忘八(亦做「王八」罵人之詞，謂人忘去八德也)。忘憂物(1.謂酒，2.萱草)。(形)忘筌(喻成功忘其憑藉，語本莊子)。(副)忘言(超於言語迹象之外，本莊子「得意而忘言」)。
(例)毛賊東這個忘ㄨㄤˊ八蛋，竟得意忘ㄨㄤˋ形。

【余】①ㄩˊ ②ㄒㄩˊ ③ㄊㄨˊ
①念ㄩˊ，如：(代)我，(名)姓余，余月(陰曆四月之別名)，余車(輦之別稱)。
②念ㄒㄩˊ，如：(名)余吾(1.水名，今河套西境，2.鎮名，山西屯留縣西北)。(同徐徐，遲緩也)。
③念ㄊㄨˊ，如：(名)檮余山，見史記，在蒙古沙漠以北。

【呆】①ㄞˊ ②ㄉㄞ
①念ㄞˊ，如：(名)呆子。(形)呆板，呆笨，呆若木雞，呆瞪瞪(癡呆不語貌)，呆老漢(謂癡愚年高之男子)。(同獃)
②念ㄉㄞ(又讀)。

【泊】①ㄅㄛˊ ②ㄆㄛˋ
①念ㄅㄛˊ，如：(名)湖泊。(動)停泊(停船)。(形)漂泊(行蹤不定)。
②念ㄆㄛˋ(又讀)。

【佰】①ㄅㄛˊ ②ㄅㄞˇ ③ㄇㄛˋ
④ㄅㄛˋ(又讀)

①念ㄅㄛˊ，讀音（同百）如：佰人之長。
②念ㄅㄞˇ，語音。
③念ㄇㄛˋ，如：（名）佰錢。（百錢也）
（例）古時幣制，一佰（ㄅㄞˇ）錢，叫一佰（ㄇㄛˋ）。

【杷】①ㄆㄚˊ ②˙ㄆㄚ ③˙ㄅㄚ
①念ㄆㄚˊ（讀音）如：（名）枇杷。
②念˙ㄆㄚ又讀枇杷。
③念˙ㄅㄚ（語音）枇杷。

【拍】①ㄆㄞ ②ㄆㄛˋ
①念ㄆㄞ（語音），如：（動）拍手，拍球，拍賣，拍照，拍馬屁，拍桌子。（名）節拍。
②念ㄆㄛˋ（讀音），如：（名）拍爾咪忝酸（即軟脂酸）。（動）拍浮（泅水，如「少年恃其善拍浮，解衣赴水」，見樂善錄）。
（例）他拍ㄆㄛˋ浮姿勢很好，大家拍ㄆㄞ手。

【泡】①ㄆㄠˋ ②ㄆㄠ
①念ㄆㄠˋ，如：（動）泡飯，泡菜（又爲名詞）。（名）水泡（1.流水之泡，2.肉皮受水火燙傷起的泡）
②念ㄆㄠ，如：（形）地質或物之鬆者叫泡。

【拚】①ㄆㄢˋ ②ㄈㄣˋ ③ㄈㄢ
①念ㄆㄢˋ，如：（動）拚命，謂不顧性命以爲之。拚棄，拋棄也。
②念ㄈㄣˋ，如：（名）拚箕，掃除用具。（動）「掃席前曰拚」見禮記。
③念ㄈㄢ同翻，如：（副）「拚飛維鳥」見禮記。
註：拚命拼命義同，拼字國語辭典註解「猶拚」，故俗多將拚命讀爲ㄆ一ㄣ命，拚拼二字之區別，拚者有二人相搏之意，而拼者乃綴合遠合也。又拚箕一詞，國語辭典注爲ㄈㄣˋ ㄐ一，註釋爲「掃除所用之器」。編者認爲ㄈㄣˋ ㄐ一應寫作畚箕，見國語辭典，ㄅㄈ二聲可以相通，故畚箕亦可讀作ㄈㄣˇ ㄐ一。

【披】①ㄆ一 ②ㄆㄟ
①念ㄆ一，如：（動）披蔴帶孝（子女服親喪）「吾其披髮左衽矣」見論語。披甲（著甲也，古時作戰，披甲胄以護身）。披紅（身披紅綢，以表喜慶榮譽，今入伍者多用之），披露（發表），披閱（展開閱讀），披瀝（表示忠誠），（動）披靡（1.亂散2.潰散）。
②念ㄆㄟ又讀，如披片ㄆ一ㄢˋ兒，乞丐避寒遮體，只是一塊布片兒，無袖可穿，故謂之披ㄆㄟ。披偏衫，和尚用袈裟，無袖，亦曰披。

【陂】①ㄆ一ˊ ②ㄆㄛ
①念ㄆ一ˊ，如：（名）陂山（在廣東番禺縣），陂池，蓄水之處（勿漉陂池）陂亦池也，見禮記。山旁曰

陂，見說文。
②念ㄆㄛ，如：（形）地勢不平貌「陂陀漢陵」見李華含元殿賦。寬廣貌：「罷池陂陁」見文選。

【抹】①ㄇㄛˇ ②ㄇㄛˋ

①念ㄇㄛˇ，如：（動）抹殺，抹桌子，抹一鼻子灰（欲討好而結果反落無趣之意）。抹零兒（付價時免付零數之謂）。抹粉，亂塗亂抹，抹脖子（自刎）。（名）抹布，抹子。
②念ㄇㄛˋ，如：（動）抹頭（猶言轉身），拐彎抹角，抹灰，抹牆。（例）抹（ㄇㄛˋ）子，是瓦匠塗抹（ㄇㄛˇ）灰牆的工具。

【氓】①ㄇㄥˊ ②ㄇㄤˊ

①念ㄇㄥˊ，如：（名）人民也，「自他歸往之民則謂之氓」見說文。
②念ㄇㄤˊ，如：（名）流氓，（限用於流氓一詞念ㄇㄤˊ）。

【宓】①ㄇㄧˋ ②ㄈㄨˊ

①念ㄇㄧˋ，如：（名）姓宓。（形）安靜（說文段注，宓字經典多作密）。
②念ㄈㄨˊ通伏，如：（名）姓宓，宓不齊（孔子弟子），宓妃（女神，相傳爲伏羲氏女，溺死洛水，遂爲洛水之神）。
註：漢書，古今人表，第一等上上，「帝宓羲氏」注「宓音伏字本作虙，其音同耳」。或謂古無輕唇音，意即今之「ㄈ」古音多用「ㄅㄆㄇ」等聲，故今屬於「ㄈ」聲之字，每多與ㄅㄆㄇ等聲相通或同意。如：「庖犧」史記三皇紀補。「包犧」易繫辭。「炮犧」漢書律曆志下。「伏犧」法言問道。「伏羲」白虎通三皇。「伏戲」荀子成相。莊子大宗師。莊子田子方。「虙戲」漢書司馬遷傳。「虙羲」管子封禪。「宓戲」史記趙世家。

【命】①ㄇㄧㄥˋ ②ㄇㄢˋ

①念ㄇㄧㄥˋ，如：（名）命令，生命，命運，性命。
②念ㄇㄢˋ同慢，如：「舉而不能先命也」見禮記。
註：命讀ㄇㄢˋ，國語辭典未收。

【姆】①ㄇㄨˇ ②ㆬ ③ㄧㄇ

①念ㄇㄨˇ，如：（名）保姆，姆姆（俗稱夫之嫂）。
②念ㆬ，如：（名）姆媽（中南部方言，呼母爲姆媽）。
③念ㄧㄇ「西文ㄧm譯音字如Dum dum bullet 譯爲「達姆達姆彈」。

【法】①ㄈㄚˇ ②ㄈㄚˊ ③ㄈㄚ ④ㄈㄚˋ

①念ㄈㄚˇ，如：（名）方法，法規，法律，法院，法令，佛法，法事，法官，法名，法號，法寶。

②念ㄈㄚˊ，如：（名）法子，法碼兒（同砝碼兒）。
③念ㄈㄚ，如：（名）沒法兒，想個法兒。
④念ㄈㄚˋ，如：（名）法蘭西，法國，法文，法郎，法蘭克林。
（例）我不懂法ㄈㄚˋ國法ㄈㄚˇ律，你叫我想法ㄈㄚˊ子，我也沒法ㄈㄚ兒。（註）法寶，法名：法號等詞，北平口語習慣多讀爲去聲。

【非】①ㄈㄟ　②ㄈㄟˇ

①念ㄈㄟ，如：（名）非洲，是非，文過飾非，爲非作歹，想入非非。
（形）非分。（副）非常，非得。
（連）非但。非……即……。
②念ㄈㄟˇ通誹，如「非謗不治」，見漢書。
（例）毛匪造謠，非ㄈㄟˇ謗我們　領袖，我非ㄈㄟ殺死他不可。

【枋】①ㄈㄤ　②ㄅㄧㄥˋ

①念ㄈㄤ，如：（名）枋頭（古地名，今河南省境），蘇枋（植物名，可作紅色染料）。
②念ㄅㄧㄥˋ，如：（動）枋國（同柄）（當國之意）周禮「掌王八枋之法」。
註：八枋者，乃「爵，祿，予，置，生，奪，廢，誅」是也。

【肪】①ㄈㄤˊ　②ㄈㄤ

①念ㄈㄤˊ，如：（名）脂肪。
②念ㄈㄤ（又讀）。

【放】①ㄈㄤˋ　②ㄈㄤˇ　③ㄈㄤ

①念ㄈㄤˋ，如：（動）放縱，放任，放下，放手，放假，外放，放牛，放羊，放浪，放蕩，放火，放爆竹，放棄，放心，放肆，開放，百花怒放。
②念ㄈㄤˇ，如：（動）「放於利而行」，依也，見論語。「放乎四海」，至也，見孟子。通仿如：（名）放勳，放齊，二者皆人名。
③念ㄈㄤ通方，如：「不放舟（併船也）不避風，則不可涉也」，見荀子。

【拂】①ㄈㄨˊ　②ㄅㄧˋ　③ㄈㄨˋ

①念ㄈㄨˊ，如：（動）拂拭，拂面，拂衣（振衣），拂袖，拂耳，拂意。（名）拂塵（俗稱蠅甩兒，去塵或驅蚊蠅之工具），拂曉（黎明）。
②念ㄅㄧˋ（同弼）輔也，如「拂士」，輔弼之賢士也，「入則無法家拂士」見孟子告子篇。
③念ㄈㄨˋ（通咈）違逆也，如詩「四方以無拂」。禮「是謂拂人之性」。

【佛】①ㄈㄨˊ　②ㄈㄟˋ　③ㄆㄟˋ

①念ㄈㄨˊ，如：（動）佛鬱（意不舒），楚詞「心佛鬱而內傷」。漢書「太后佛鬱泣血」。嗔貌，莊子「則佛然作色」。
②念ㄈㄟˋ，如：（副）佛然（忿貌）

。「士彿慣以爭先」勇躍貌，見班固語。
③念ㄆㄟˋ，悖也，如：「五家之文彿異」，見史記。

【底】①ㄉㄧˇ ②．ㄉㄜ

①念ㄉㄧˇ，如：（名）壺底，井底，底稿，底册，底本，底子（基礎，根基，草稿），鞋底，底蘊，底細，白底黑字。（動）底定。（名）靡所底止（見詩經，終也，至也），（形）年底，月底。（代）底事，底處。
②念．ㄉㄜ，如：（介）我底鉛筆，他底新書。（用的，在兩個名詞或代詞之間，表下爲上之所有時用底）。
（例）我底．ㄉㄜ計劃是年底ㄉㄧˇ反攻。

【坻】①ㄉㄧˇ ②ㄔˊ ③ㄓˇ

①念ㄉㄧˇ，如：（名）寶坻（河北省縣名）。
②念ㄔˊ，如：（名）「宛在水中坻」（水中高地，見詩經。）
③念ㄓˇ，如：（動）「若泯棄之，物乃坻伏」，（謂止而潛伏也，見左傳）。

【抵】①ㄉㄧˇ ②ㄉㄧˋ ③ㄓˇ

①念ㄉㄧˇ，如：（動）抵抗，抵觸，抵制，抵賴，抵擋，抵當（抵押），抵銷，抵罪，抵死。（副）大抵。
②念ㄉㄧˋ，如：（動）抵不住，抵償，抵命（償命）。
③念ㄓˇ，如：（動）抵掌（擊掌）（同抵）。
（例）要他抵ㄉㄧˇ償，他還抵ㄉㄧˇ抗，經過大抵ㄉㄧˇ如此。

【的】①ㄉㄧˋ ②ㄉㄧˊ ③．ㄉㄜ

①念ㄉㄧˋ，如：（名）鵠的，目的。（形）的的（昭著貌，如「明月的的寒潭中」（見宋之問詩）。（副）眞的（猶言的確），「恐所遣或非眞的」見三國志。
②念ㄉㄧˊ，如：（副）的確，的當。的然而日亡（中庸）。
③念．ㄉㄜ，如：（介）我的，你的，他的，來的人是誰？打虎的武松。（形）紅的花。（代）賣花兒的，耕田的，（副）慢慢的走，活活潑潑的，是的，這是値得注意的。
（例）他的．ㄉㄜ箭法的ㄉㄧˊ確好，一次竟能箭射中的ㄉㄧˋ。
註：按「的當」一詞，本爲恰當之意，似應做適當，因「適」字有ㄉㄧˊ之讀法，子曰，君子之於天下也，無適ㄉㄧˊ也，無莫也，義之與比。見論語里仁。又「的」，「底」，「地」，「得」，皆可讀．ㄉㄜ，但用法不同。玆將各字用法，分註如下：「的」用在形容詞（句）之下，名詞（句）代名詞（句）之上。如：紅的花。剛從這裏走過的那個人。「底」用在兩名詞（句）或

代詞（句）之間，表其下爲上之所有。如：我底書。咱們底 領袖。

「地」用在副詞（句）之下，動詞，形容詞，或其他副詞之上。如：很快地跑。血一樣地紅。「得」用動詞（句）之下，補足語之上。如：說得清楚。

【帖】①ㄊㄧㄝ　②ㄊㄧㄝˇ　③ㄊㄧㄝˋ

①念ㄊㄧㄝ，如：（動）帖伏（馴伏），帖服。（副）妥帖，帖耳（馴伏貌）。

②念ㄊㄧㄝˇ，如：（名）請帖，柬帖，帖子，試帖，帖木兒（蒙古人之尊稱，元代諸帝多稱之）。

③念ㄊㄧㄝˋ，如：（名）碑帖，字帖。（動）臨帖。

（例）他辦事仔細妥帖ㄊㄧㄝ，寫個請帖ㄊㄧㄝˇ還要看字帖ㄊㄧㄝˋ哪。

【拓】①ㄊㄨㄛˋ　②ㄊㄚˋ

①念ㄊㄨㄛˋ，如：（動）拓殖，開闢殖民地也。開拓，拓地，拓邊。（形）落拓，散漫無檢也，不拘謹也，「素字處道，少落拓，有大志，不拘小節」。見北史楊素傳。（名）拓拔，北魏姓。拓提（1四方也，2寺院之異名，3稱僧爲拓提）。

②念ㄊㄚˋ，如：（動）拓碑（同榻）（用紙墨拓取碑文，藉作習字之用）。拓本（在碑上拓下來的帖本）。

（例）拓ㄊㄨㄛˋ提（和尚）要想拓ㄊㄚˋ帖，可眞方便。

【呢】①ㄋㄧˊ　②·ㄋㄜ

①念ㄋㄧˊ，如：（名）呢子（毛織物通稱），呢絨，呢帽。（副）呢喃（燕語）。

②念·ㄋㄜ，如：（助）布呢？大呢？小呢？他怎能不回家去呢？

（例）這頂呢ㄋㄧˊ帽，是你的呢·ㄋㄜ？是他的呢·ㄋㄜ？

【泥】①ㄋㄧˊ　②ㄋㄧˇ　③ㄋㄧˋ

①念ㄋㄧˊ，如：（名）泥土，汚泥，印泥，棗泥，泥人兒，泥娃娃。（動）泥首（頓首至地），泥牆（塗飾）。（形）拖泥帶水，爛醉如泥，泥船渡河（語本三慧經，喻世之險，如乘泥船以渡河），泥多佛大（喻附益者衆則成就者宏，語本傳燈錄，蓋宋時俚語）。

②念ㄋㄧˇ，如：（副形）零露泥泥（見詩經，露濃貌），維葉泥泥（見詩經，柔澤貌）。

③念ㄋㄧˋ，如：（動）拘泥，泥古，泥飲（執意招飲之意，杜甫有遭田父泥飲詩），泥酒（耽飲之意）。

（例）請寫個佈施·ㄕ罷（向佛寺所捐之款），泥ㄋㄧˋ多佛大，別拘泥ㄋㄧˋ，多也好，少也好，各了ㄌㄧㄠˇ心願。

【拈】①ㄋㄧㄢˊ　②ㄋㄧㄢˇ

①念ㄋㄧㄢˊ，如：（動）拈取，拈香（以指捏香）拈鬮（如抽籤），拈弄（把弄），拈花惹草。
②念ㄋㄧㄢˇ（同捻）以指相搓。如：（動）拈線（古時紡車未發明前，縫衣線，是用手拈的）。
（例）拈ㄋㄧㄢˊ香是向神前進香，不是把香拈ㄋㄧㄢˇ碎嘍。

【帑】①ㄋㄨˊ ②ㄊㄤˇ

①念ㄋㄨˊ，如：（名）妻帑（通孥）。
②念ㄊㄤˇ，如：（名）國帑，府帑，帑藏（公款曰帑，帑藏ㄗㄤˋ，是存公款的府庫）。
（例）他挪用公帑ㄊㄤˇ，私贍妻帑ㄋㄨˊ，卻犯了監守自盜的罪。

【拉】①ㄌㄚ ②ㄌㄚˇ ③ㄌㄚˊ ④·ㄌㄚ

①念ㄌㄚ，如：（動）拉車，拉攏，拉下臉，拉拉扯扯，拉飢荒（謂拖欠債務），拉架（勸解互毆之事），拉屎。（名）阿拉伯，拉丁，拉薩（西藏地名）。
②念ㄌㄚˇ，如：（形）拉忽（謂疎神）。
③念ㄌㄚˊ，如：（形）拉遢（不整潔）「剌達」「邋遢」意同。
④念·ㄌㄚ，如：（形）奓拉（下垂貌）。
（例）說他生性拉（ㄌㄚˇ）忽，衣服那麼拉（ㄌㄚˊ）遢，他奓拉（·ㄌㄚ）著臉，拉（ㄌㄚ）著車走了。
按ㄌㄚˊ是束字旁兒，ㄘˋ是束字旁兒，右方都從「刀」。

【來】①ㄌㄞˊ ②ㄌㄞˋ ③·ㄌㄞ

①念ㄌㄞˊ，如：（動）來了，來回，來去，來往，來勢，來歷，寒來暑往，來得及，來不及，再來一個，來要兒（卽賭博）。（形）來年，來月，將來，來的人。（助動）開口來說話，你同誰吵來？拿著禮物來賀喜，我來問你。「嘗以語我來」見莊子。「曷歸乎來」見孟子。（複合動詞）起來，走進來，透出來。（副）尺來長，十來個，兩個來月。（名）姓氏。來賓，來服（卽蘿蔔），來其（卽豆腐）。
②念ㄌㄞˋ同徠，如：以廣招來。「勞之來之」見孟子。
③念·ㄌㄞ，如：（動）來來·ㄌㄞ猶言試試。（副）出來，進來，上來，下來。
（例）商店爲了以廣招來ㄌㄞˋ，凡來ㄌㄞˊ的顧客，都送紀念品，所以進來·ㄌㄞ的人很多。

【兩】①ㄌㄧㄤˇ ②ㄌㄧㄤˋ

①念ㄌㄧㄤˇ，如：（名）斤兩，一兩。（數）兩個，兩端，兩旁，兩面。（形）兩全其美，兩敗俱傷，三心兩意。
②念ㄌㄧㄤˋ同輛，如：「戎車三百兩」，見書經。

(例)門口兒有四輛四輪大馬車,你愛拉那ㄋㄚˇ兩ㄌㄧㄤˇ兩ㄌㄧㄤˋ,你拉那ㄋㄚˇ兩ㄌㄧㄤˇ兩ㄌㄧㄤ。

【疙】①ㄍㄜ ②ㄑㄧˋ

①念ㄍㄜ,如:(名)疙瘩(俗謂皮膚小腫突起成塊),疙瘩兒湯(麵食一種),疙渣兒(痂ㄐㄧㄚ)。

②念ㄑㄧˋ(形)癡也。

【岡】①ㄍㄤ ②ㄍㄤˇ

①念ㄍㄤ,如:(名)山岡,岡山(臺灣省南部地名),岡陵(丘陵)。

②念ㄍㄤˇ(又讀)。

【刮】①ㄍㄨㄚ ②ㄎㄚ

①念ㄍㄨㄚ,如:(動)刮地皮,刮臉,刮削,刮打(敲擊),刮風(同颳風),刮目相待,刮摩。

②念ㄎㄚ,如:(動)刮吃(用刀平削,以去表面上所附之物,曰刮吃(·ㄔ),如:「把桌面上的漆都刮吃下去」)。

(例)刮ㄍㄨㄚ地皮,是說貪官以非法手段聚斂民財,並不是刮ㄎㄚ吃·ㄔ地皮。

【供】①ㄍㄨㄥ ②ㄍㄨㄥˋ ③·ㄍㄨㄥ

①念ㄍㄨㄥ,如:(動)供給,供應,供認,供求,供狀,供不上,供過於求。

②念ㄍㄨㄥˋ,如:(動)供奉,供養,供職,供佛,供獻。(名)供桌(兒),供花兒(敬佛的花)。供尖兒(即蜜供上端,敬佛的一種麵製蜜糖食品。)燒香上供。

③念·ㄍㄨㄥ,如:口供。

(例)忙了一天做的蜜供ㄍㄨㄥˋ,供ㄍㄨㄥ不上半天兒賣的。

【刻】①ㄎㄜˋ ②ㄎㄜ

①念ㄎㄜˋ,如:(名)一刻(十五分鐘),時刻,刻下。(副)刻苦,深刻。(形)刻薄,刻毒。(動)刻骨(喻深切不能忘),刻舟求劍(喻固執不通,見呂氏春秋),刻畫無鹽(「刻畫無鹽,唐突西施」見晉書,謂以醜婦比美人,喻擬非其倫)。

②念ㄎㄜ,如:(動)刻字,(又讀)雕刻。

(例)一刻ㄎㄜˋ鐘,立刻ㄎㄜˋ可以刻ㄎㄜ一個圖章。

【肯】①ㄎㄣˇ ②ㄎㄥˇ

①念ㄎㄣˇ,如:(動)肯求,肯定。(名)肯綮ㄑㄧㄥˋ(肋肉結處,今喻緊要之點)。

②念ㄎㄥˇ(又讀)。

【空】①ㄎㄨㄥ ②ㄎㄨㄥˋ

①念ㄎㄨㄥ,如:(名)天空,太空,空氣,空間,空心菜(即蕹菜),空箏,空竹。(形)空手,空架子,空洞,空談,空論,空想,空

虛，空谷足音（語本莊子，今以喻難得之人物或言論）。（副）空走一趟（徒然）。

②念ㄎㄨㄥˋ，如：（動）空位，空格。（名）空白，虧空，空閒，空地，空屋，空城計（國劇名）。

（例）最好是早起，趁著空ㄎㄨㄥˋ氣好，空ㄎㄨㄥ著肚子到外面散步。

【呵】①ㄏㄜ ②ㄛ

①念ㄏㄜ，如：（名）呵欠（人疲倦時張口呼氣也）。（歎）呵呵（笑聲）。（歎）呵！有這麼多人哪，表驚歎。（動）呵斥，怒斥也。呵凍，呼氣取暖也。

②念ㄛ，助詞，表驚歎。

註：啊！呵！呵！語氣舒張就讀如ㄚ，稍稍斂抑就讀成ㄛ，其實表心情之聲，中外古今，大體一致，原不隨時代而生變遷，更不因地域而大差異。可是字的寫法不一，調亦有低昂，如ㄛ單用拉長讀陰平，則專表覺悟，ㄛ！原來是你阿。並且ㄛ ㄏㄛ！今寫作「哦呵」。即古文的「於乎」「於戲」「烏乎」「嗚呼」「烏虖」「嗚嘑」「歍歑」。

【和】①ㄏㄜˊ ②ㄏㄜˋ ③ㄏㄨㄛˋ ④ㄏㄢˋ ⑤·ㄏㄨㄛ ⑥ㄏㄨˊ ⑦ㄏㄨㄛˊ ⑧ㄏㄞˋ

①念ㄏㄜˊ，如：（名）和數，和服，和文（日文之別名），和氏璧，和尚（僧也），和平。（形）和睦，和和氣氣，溫和，和風，和暖。

②念ㄏㄜˋ，如：（動）唱和，附和，和詩，和韻（謂用原韻和他人之詩），「而後和之」（論語）。

③念ㄏㄨㄛˋ，如：（動）和麪，和弄，攙和，攪和（强詞奪理，也叫攪和）。

④念ㄏㄢˋ，如：（連）我和你（北平語音）。

⑤念·ㄏㄨㄛ，如：（形）暖和（北平語音），軟和，溫和。

⑥念ㄏㄨˊ，如：自摸嵌張兒我和了，打麻雀牌用語。（本爲吳語）

⑦念ㄏㄨㄛˊ，①之讀音。和麪，和泥，又可讀爲ㄏㄨㄛˊ麪ㄏㄨㄛˊ泥。

⑧念ㄏㄞˋ，見註解。

（例）我和ㄏㄢˋ你，和ㄏㄜˊ好如初了，等天兒暖和·ㄏㄨㄛ，和ㄏㄨㄛˊ點泥咱倆一唱一和ㄏㄜˋ的作工吧。

註：和字用於連詞如「這個和那個」原讀爲ㄏㄞˋ，後因和ㄏㄞˋ與害音同，用於「我和ㄏㄞˋ你」時，其意易被誤會爲「我害你」，此言不雅，故轉ㄞˋ爲ㄢˋ，於是有ㄏㄢˋ之一念，猶如「還」之可以讀ㄏㄞˊ，蓋ㄞ、ㄢ二韻本可對轉也。

【咎】①ㄐㄧㄡˋ ②ㄍㄠ

①念ㄐㄧㄡˋ，如：（名）咎戾（罪過），咎徵（天災之徵驗），咎由自取（自取之災禍）。（動）既往不咎（見論語，歸罪）。

②念ㄍㄠ（同皐），如：（名）咎繇

（卽皇陶，古人名）。

【京】 ①ㄐㄧㄥ ②ㄩㄢˊ

①念ㄐㄧㄥ，如：（名）京城，京都，京畿，京劇（今稱平劇），一千萬曰京。（形）京師（卽國都，京者大也，師者衆也。見公羊傳）。（副）京京（憂思不去也，見詩經「憂心京京」）。

②念ㄩㄢˊ（通原），如：（名）九京（春秋晉國卿大夫墓地，在今山西省絳縣。）

【居】 ①ㄐㄩ ②ㄐㄧ ③ㄑㄩ

①念ㄐㄩ，如：（動）居積，居住，居心，居多，居間，居官，居中，居安資深（語本孟子，謂學有心得）。（副）居然。（姓）。

②念ㄐㄧ，如：（助）何居，我未之前聞也（見禮記）。誰居，其孟椒乎（見左傳）。

③念ㄑㄩ，如：（名）康居，西域國名，漢—唐，在今新疆北部及蘇俄中亞之一部地方。

（例）何居ㄐㄧ？在文言文裏的意思，同語體文「哪個？」意思一樣，不是問你居ㄐㄩ住何處。

註：今人居處的「居」古人作「尻」，今人蹲踞的「踞」古人作「居」。

【拘】 ①ㄐㄩ ②ㄐㄩˇ

①念ㄐㄩ，如：（動）拘捕，拘拿，拘束，拘禮，拘謹，拘執，拘泥，不拘多少。

②念ㄐㄩˇ，如：（動）拘著（謂拘於禮法而不大方）。

（例）自己人不必拘ㄐㄩ禮，別這麼拘ㄐㄩˇ著不吃不喝的。

【卷】 ①ㄐㄩㄢˇ ②ㄐㄩㄢˋ ③ㄑㄩㄢˊ ④ㄍㄨㄣˇ

①念ㄐㄩㄢˇ（通捲），如：（動）卷起來，卷袖子，卷土重來，卷舌（謂不言），卷人（罵人）。「卷之則退藏於密」（中庸），「則可卷而懷之」（論語）。

②念ㄐㄩㄢˋ，如：（名）卷子，考卷，卷宗，案卷，一卷。

③念ㄑㄩㄢˊ，如：（形）卷曲，卷髮（謂曲髮以爲飾，如「卷髮如蠆」見詩經），卷卷（同拳拳）。（名）一卷石之多（中庸）。

④念ㄍㄨㄣˇ通衮，如：「三公一命卷」見禮王制。「君卷冕立于阼」見禮記，祭統。

（例）卷ㄑㄩㄢˊ著腿兒，彎著腰兒，手拿一卷ㄐㄩㄢˋ書，卷ㄐㄩㄢˇ起來了。

【妻】 ①ㄑㄧ ②ㄑㄧˋ

①念ㄑㄧ，如：（名）妻子，夫妻，娶妻，妻妾。

②念ㄑㄧˋ，（動）（謂嫁女於人）如：可妻也。以其子妻之（論語）。

（例）孔子說：公冶長，可妻ㄑㄧˋ也，以女妻ㄑㄧˋ汝爲妻ㄑㄧ。

【奇】 ①ㄑㄧˊ ②ㄐㄧ

①念ㄑㄧˊ，如：(形)奇怪，希奇，新奇，出奇，奇形怪狀，奇蹟，奇珍，奇人奇遇，奇異，奇才，奇觀，奇男子。

②念ㄐㄧ，如：(名)奇數，有奇，運蹇謂奇。(名)奇車ㄐㄩ，(獵車之屬)。

(例)怎麼算出奇ㄐㄧ數來了，眞奇ㄑㄧˊ怪。

【其】 ①ㄑㄧˊ ②ㄐㄧ ③ㄐㄧˋ

①念ㄑㄧˊ，如：(代)其妻，其才，知我者其天乎(論語)，其人，如「藏之名山，傳之其人」(見史記)。(形)其餘，其實，其次，其他，才難不其然乎(猶殆，見論語)，其始播百穀(見詩經，將也)。(副)一之謂甚，其可再乎(通「豈」)(見左傳)。(助)北風其涼，雨雪其雱(見詩經)。

②念ㄐㄧ，如：(助)夜如何其？夜未央(見詩經)。(名)酈食其(漢高陽人)。

③念ㄐㄧˋ，如：(助)彼其之子，舍命不渝(見詩經)。

(例)酈食(一ˋ)其ㄐㄧ說ㄕㄨㄟˋ齊王，齊王痛恨其ㄑㄧˊ賣己，遂將其ㄑㄧˊ烹之。

【怯】 ①ㄑㄧㄝˋ ㄑㄩㄝˋ

①念ㄑㄧㄝˋ，如：(動)畏怯。(形)怯弱，懦怯，怯八邑(譏稱外鄉鄙陋之人)，怯頭怯腦，怯愣兒，怯杓，怯生生的，露怯。

②念ㄑㄩㄝˋ(語音)。

【青】 ①ㄑㄧㄥ ②ㄐㄧㄥ

①念ㄑㄧㄥ，如：(名)青色，青島(在山東)，青海，汗青(稱史書)，殺青(古時著書，初稿寫於帶皮之竹板上，曰汗青，定稿後去竹皮而書曰殺青，今定稿曰殺青)。卵青，姓青。(形)年青，青菜，青眼，青睞，青樓(今稱妓院)，青春，青天白日。

②念ㄐㄧㄥ，如：(形)青青(茂盛貌，見詩經「若之華，其葉青青」)，(同「菁」)。

【昔】 ①ㄒㄧˊ ②ㄘㄨㄛˋ

①念ㄒㄧˊ，如：(副)往昔，昔日，昔時。(名)一昔，昔行(夜行，見莊子「昔行不知所如」)。(又同腊，乾肉也)。

②念ㄘㄨㄛˋ(通錯，雜亂)。

【泄】 ①ㄒㄧㄝˋ ②ㄧˋ

①念ㄒㄧㄝˋ，如：(動)泄露(走露)，發泄，泄漏，泄憤，泄恨。(名)泄痢，泄瀉，(腸病)。姓泄。

②念ㄧˋ，如：(副)泄泄(舒徐貌，見詩經)。(形)「桑者泄泄兮」多人貌，見詩經。(動)「泄泄其羽」振翼也(見詩經)。

【枝】①ㄓ ②ㄑㄧˊ

①念ㄓ，如：（量）一枝筆，一枝花。（名）樹枝，枝葉，枝節，枝棲（喻得一地位以求生）。（形）枝水（支流），枝葉（喻子孫）。（動）枝梧（抵拒，如「諸將慴服，無敢枝梧」見史記）。

②念ㄑㄧˊ，如：（名）枝指（謂歧生之手指）。

（例）一個樹桄ㄍㄨㄤˋ子生了六個樹枝ㄓ，好像枝ㄑㄧˊ指。

註：樹木主幹上的支幹叫樹桄子。

【知】①ㄓ ②ㄓˋ ③ㄐㄧˋ

①念ㄓ，如：（動）知道，知悉，知過，通知，知會，知止（謂適可而止，如「知止不殆」見老子）。知恥，（謂有羞惡之心，如「知恥近乎勇」見中庸）。知足，「知己知彼，百戰百勝」見孫子。（名）相知，知己，知音，知心，知遇，知難行易（國父之基本學說）。「知行合一」（明王守仁所倡之學說）。知覺，知識，知縣，知府（舊時官名）。「知命之年」（即五十歲，「五十而知天命」見論語）。知客，知賓。

②念ㄓˋ同智，如：知，仁，勇。大知若愚，「知者過之」見中庸。「知者樂水」，「邦有道則知」，見論語。

③念ㄐㄧˋ，如：（名）知了兒（蟬之別名）按蟬北平俗稱知了兒（ㄐㄧˋㄋㄧㄠˇㄦ）而不讀（ㄓㄌㄧㄠˇㄦ），因守溫字母中之「知」母，並不讀如今之注音符號之「ㄓ」，讀為ㄓ而近ㄐㄧ間的音，國劇中的讀法似近之，今北平人讀知鳥兒之「知」為舌面音ㄐㄧˋ，不讀舌尖後翹舌音「ㄓ」，至於「了」讀為ㄋㄧㄠˇ，是本於ㄋ，ㄌ兩聲相通，亦非錯誤。

（例）知ㄓ者不惑，這句話你不知ㄓ道是誰說的嗎？

註：古時「智」字通用「知」字，如「知之為知之，不知為不知，是知ㄓˋ（智）也。」字雖同一，而讀時應分別清楚。

【治】①ㄓˋ ②ㄔˊ

①念ㄓˋ，如：（動）治理，治病，治家，治國，自治，懲治，治罪。（名）治權（政府治理國家之權），治安，政治。

②念ㄔˊ讀音，他動詞（或稱外動詞）。

註：「治」字自動應讀為ㄓˋ，他動應讀為ㄔˊ，如：齊家治ㄔˊ國平天下；家齊國治ㄓˋ天下平。持家之ㄔˊ應寫作「治」，俗作持，地方自治亦應讀作自ㄔˊ，但今已多不作此區別。

【咋】①ㄓㄚˊ ②ㄗㄜˋ

①念ㄓㄚˊ，如：（副）桓子咋謂林楚曰（見左傳，猝也，暫也）。

②念ㄗㄜˋ，如：（副）大聲。（動）咋舌（謂嚼舌，驚懼悔恨之詞）。

【招】①ㄓㄠ ②ㄕㄠˋ ③ㄑㄧㄠˊ

①念ㄓㄠ，如：（動）招呼，招手，招待，招考，招生，招兵，招惹，招怨，招供，招認，招致，招笑兒，招貓逗狗，招親，招贅，招人（傳染）。（名）蒙古廟曰召，亦作招。姓氏。

②念ㄕㄠˋ（同韶），如：九招之樂（見史記）。

③念ㄑㄧㄠˊ，如：揭也。（動）「好盡言以招人過」（國語）「有虞氏招仁義以撓天下」（莊子）。

【枕】①ㄓㄣˇ ②ㄓㄣˋ

①念ㄓㄣˇ，如：（名）枕頭，枕木。

②念ㄓㄣˋ，如：（動）枕戈待旦，曲肱而枕之（見論語）。相與枕藉ㄐㄧㄝˋ死（見漢書）。

（例）拿枕ㄓㄣˇ木枕ㄓㄣˋ著當枕ㄓㄣˇ頭，也算高枕ㄓㄣˇ無憂。

【怔】①ㄓㄥ ②ㄌㄥˋ

①念ㄓㄥ，如：（副）怔忪（驚懼貌），「怔營惶怖」（惶恐不安之貌，見後漢書）。（名）怔忡（病名，亦曰心悸）。

②念ㄌㄥˋ（同愣），（形）如：怔頭瞌腦（呆板）。（副）怔說，怔辦（不加考慮）。

【卓】①ㄓㄨㄛˊ ②ㄓㄨㄛ

①念ㄓㄨㄛˊ，如：（形）卓見，卓識，卓絕。（副）卓然，卓卓，卓爾。（名）姓卓。

②念ㄓㄨㄛ（同桌）。

【拙】①ㄓㄨㄛˊ ②ㄓㄨㄞ

①念ㄓㄨㄛˊ，如：（形）愚拙，拙笨。（名）拙見，拙著，皆自謙語。

②念ㄓㄨㄞ，如：（名）拙爪兒。「莫笑鳩巢計拙（叶ㄞ韻）見元曲，馬致遠雙調夜行船。安徽方音亦讀ㄓㄨㄞ。（國語辭典未收）。

【呫】①ㄔㄜˋ ②ㄓㄢ

①念ㄔㄜˋ，如：（動）呫血之盟（穀梁傳，今本作歃血，嘗也）。（形）呫呫（小貌），呫嚅，呫囁（附耳小語聲）。

②念ㄓㄢ，如：（名）呫嗶（謂讀書而不能通其蘊奧，由「佔畢」誤傳而成。

【拆】①ㄔㄞ ②ㄔㄜˋ

①念ㄔㄞ（語音）（動）拆除，拆毀，拆散，拆穿，拆壞，拆台（破壞成局）。（名）拆白黨。

②念ㄔㄜˋ，如：（動）拆字（亦稱測字），甲拆（裂開，如「雷雨作而百果草木皆甲拆」（見易經）。

（例）冒充拆ㄔㄜˋ字先生，結果被人拆ㄔㄞ穿了。

【長】①ㄔㄤˊ ②ㄓㄤˇ ③ㄓㄤˋ

①念ㄔㄤˊ，如：（形）長久，長遠，長川（連續不斷之意），長逝，長眠，長壽，長舌（謂多言陷人，語本詩經「婦有長舌，維厲之階」））。（名）長城，長安（陝西省會），長恨歌，長生果，長短，長處。

②念ㄓㄤˇ，如：（動）生長，長大，長高，長進，長瘡。（形）長上，長官，長輩，長者，長親。（名）校長，院長，局長，縣長，長男，長子，長孫。

③念ㄓㄤˋ，如：（名）長物（謂多餘之物，如「平生無長物」見世說）。（假）院長ㄓㄤˇ說他近來有長ㄔㄤˊ足的進步。

【炊】①ㄔㄨㄟ　②ㄔㄨㄟˋ

①念ㄔㄨㄟ，如：（動）炊事。（名）炊人（厨夫），炊煙，炊火（人煙）。

②念ㄔㄨㄟˋ，如：（動）炊累「而萬物炊累焉」（游塵自動之形狀，語本莊子）。

【始】①ㄕˇ　②ㄕˋ

①念ㄕˇ，如：（動）開始，起始。（名）始終，始末，始業式，始願，始祖，始春（謂立春之日，如「皆歸始春」見素問），秦始皇。

②念ㄕˋ讀音，如：（助）未始，方始。（例）他說他始ㄕˇ終如一，我看未始ㄕˋ如此。

註：廣韻、集韻裏的「始」字，僅念ㄕˇ，不過古人（羣經音辨）有認爲名詞形容詞做上聲讀，如：「日食于三始ㄕˇ」見漢書。「是爲四始ㄕˇ」見毛詩序。「君子愼始ㄕˇ」見禮記。（形）始ㄕˇ祖。（動）如：「君子念始ㄕˋ之者也」（禮）「湯一征自葛始ㄕˋ」見孟子。（副）「始ㄕˋ可與言詩矣」，「始ㄕˋ作翕如也」見論語。可是陸德明釋文裏都沒有特別標注，似不破音，亦可見唐以前「始」字無二音，而今也多不圈破只念ㄕˇ一音，但國語辭典謂語助詞如「未始」，「方始」……等之讀爲ㄕˋ，如「蟬始ㄕˋ鳴」，「桃始ㄕˋ華」或依毛晃等之意而定也。

【使】①ㄕˇ　②ㄕˋ　③．ㄕ

①念ㄕˇ，如：（動）使喚，使用，使民以時（論語）。（副）使不得（不堪使用或不可行之意）。（動）使勁兒（猶言用力），使性子（發作脾氣），行使。（連）假使，設使。（名）使女（婢也）。

②念ㄕˋ，如：（名）大使，公使，來使，大使館，使者出（論語）。（動）出使，使於四方（論語）。

③念．ㄕ，如：（動）差使。

（例）假使ㄕˇ你作了公使ㄕˋ，這個差使．ㄕ不錯吧。

註：國語辭典註「出使」「奉使命者之稱，如：來使，公使，大使」之又讀，卽於上述兩種場合，既可讀上聲，又可讀去聲，二者皆可，不

固執某一念爲是，某一念爲非也。按說文通訓定聲，及經籍纂詁，均標本字，有「紙」「寘」兩韻。

【舍】①ㄕㄜˋ ②ㄕㄜˇ ③ㄕ

①念ㄕㄜˋ，如：（名）宿舍，舍監，學校中監管宿舍之職員。（形）自謙語，如：舍下（自宅），舍親，舍弟。

②念ㄕㄜˇ同捨，如：（動）舍不開，難離難舍。「不舍晝夜」「舍瑟而作」見論語。「舍我穡事，而割正夏」見書經湯誓。「舍我其誰」見孟子公孫丑下。

③念ㄕ同釋，如「春入學，舍菜，合舞」，見周禮。

（例）我舍ㄕㄜˇ不得離開宿舍ㄕㄜˋ。

註：舍ㄕㄜˋ舍ㄕㄜˇ古字通用，其後另製「捨」字，以示區別，但仍有沿古習慣寫法而不加區分者，但於讀時應分別清楚，名詞爲ㄕㄜˋ，動詞爲ㄕㄜˇ。

【姍】①ㄕㄢ ②ㄒㄧㄢ

①念ㄕㄢ，如：（動）姍笑（譏笑）。（副）姍姍（行貌，多指婦人，如「何姍姍其來遲」見漢書，外戚傳）。

②念ㄒㄧㄢ（姍姍之又讀）。

【刷】①ㄕㄨㄚ ②ㄕㄨㄚˋ

①念ㄕㄨㄚ，如：（名）刷子，毛刷，牙刷。（動）刷牙，洗刷，印刷，刷除，刷括（籌措）如「難道不收拾個鋪蓋，不刷括個路費」見醒世姻緣傳。刷新（猶言革新）。（形）刷刷（狀聲之詞，如「刷刷似食葉，春蠶散滿箔」見元曲選）。刷刺刺（砂土磨擦聲，如「刷刺刺慢空幃日飛來」見明人小說）。

②念ㄕㄨㄚˋ，如：（形）刷白（色青白）。（動）刷選（挑選，見元曲）。

（例）這牆壁粉刷ㄕㄨㄚ的刷ㄕㄨㄚˋ白。

【卒】①ㄗㄨˊ ②ㄘㄨˋ

①念ㄗㄨˊ，如：（名）士卒，走卒，卒乘（謂軍隊）。（副）卒能成事。「有始有卒者」（卒，終也，見論語子張篇）。（動）生卒（生死也），卒業（猶畢業）。

②念ㄘㄨˋ（同猝），如：（副）倉卒，卒卒（匆遽貌，如「卒卒無須臾之暇」見漢書），卒乍（倉卒），卒不及防。（名）卒倒（爲腦貧血或充血之病，猝然頭眩而傾跌，故名）。

【采】①ㄘㄞˇ ②ㄘㄞˋ

①念ㄘㄞˇ，如：（名）采色，文采（帛之有采色者）。（動）采辦（同「採辦」），采集，采摭ㄓˊ（拾取之意，如「采摭英華」見文心雕龍），采戲，喝采，采薪之憂（自言有疾之謙詞，本孟子「有采薪之憂

」猶言有病不能采薪也，意同「負薪」）。

②念ㄘㄞˋ，如：（名）采地，采邑（古卿大夫所封食之地，采官也，因官食地，故曰采地，采邑，見漢書）。通菜，如：「春入學，舍ㄕˋ采合舞」（周禮）。

【押】①ㄧㄚ ②ㄧㄚˊ

①念ㄧㄚ，如：（動）拘押，扣押，抵押，押解ㄐㄧㄝˋ，押送，押運「中書舍入以六員分押」（見唐書，管也，按也）。

②念ㄧㄚˊ，如：（動）簽押，畫押，押縫或押尾（謂題名於文書契約之末尾，或兩紙縫間（見東觀餘論）。

（例）叫這個匪諜，在供詞上畫個押ㄧㄚˊ，把他押ㄧㄚ起來。

【軋】①ㄧㄚˋ ②ㄍㄚˊ

①念ㄧㄚˋ，如：（動）軋棉花，車軋了，傾軋（排擠）。（形）軋軋（機輪轉動聲）。

②念ㄍㄚˊ，如：（吳語）（動）軋朋友，軋姘頭，軋賬（查對賬目）。

（例）他們既然軋ㄍㄚˊ朋友，爲什麼還互相傾軋ㄧㄚˋ呢？

【亞】①ㄧㄚˋ ②ㄧㄚˇ

①念ㄧㄚˋ，如：（名）亞軍，亞洲，亞蔴（植物名），亞美利加，亞父（項羽尊稱范增，謂次於父也）。（語助）亞婆（阿婆），亞爹（阿爹）。（動）半亞朱扉（開啓）。

②念ㄧㄚˇ（又讀），如：（同動）亞賽，亞似。

【杳】①ㄧㄠˇ ②ㄇㄧㄠˇ

①念ㄧㄠˇ，如：（形）杳如黃鶴（謂一去無蹤），杳無音信，杳然（幽寂之貌），杳杳（猶冥冥，如「眴兮杳杳」，見楚辭」。

②念ㄇㄧㄠˇ（又讀）。

【肴】①ㄧㄠˊ ②ㄒㄧㄠˊ

①念ㄧㄠˊ，如：（名）菜肴，肴饌。

②念ㄒㄧㄠˊ（又讀）。

【沿】①ㄧㄢˊ ②ㄧㄢˋ

①念ㄧㄢˊ，如：（名）沿條兒（做衣邊用之布條兒）。（動）沿襲，沿海，沿途，沿例，沿革，相沿，沿鞋口。

②念ㄧㄢˋ，如：（名）河沿，盆沿兒（即盆邊兒）。

（例）沿ㄧㄢˊ著河沿（ㄧㄢˋㄦ）兒走，就到了西河沿ㄧㄢˋ了。（北平街道名）。

【奄】①ㄧㄢˇ ②ㄧㄢ

①念ㄧㄢˇ，如：（副）「奄有四方」覆也，括也，見詩經。「奄忽滅沒」倏忽也，見馬融賦。「慌罔奄欻」來去不定也，見左思賦。

②念ㄧㄢ，如：（名）奄人（稱宦官

，通闇）。（形）奄奄一息（謂氣息僅續）。

【迎】①ㄧㄥˊ ②ㄧㄥˋ

①念ㄧㄥˊ，如：（動）迎面，迎頭，迎接，歡迎，迎合，逢迎，迎送，迎迓，迎頭趕上。迎刃而解（喻事之易于處理，如「今兵威已震，譬如破竹數節之後，皆迎刃而解」見晉書）。

②念ㄧㄥˋ，如：（動）親迎（未來而往迓之）。

（例）親迎ㄧㄥˋ就是親身前往迎ㄧㄥˊ接。

註：按洪武正韻裏說「凡物來而接之念ㄧㄥˊ，物未來而往迓之念ㄧㄥˋ」。

【委】①ㄨㄟˇ ②ㄨㄟ ③ㄨㄟˋ

①念ㄨㄟˇ，如：（動）委託，委任，委棄，委罪，委派，委命。（形）委頓，委靡不振，委婉，委瑣。（副）委實，委屈，委曲求全。（名）原委（謂事物之本末）。

②念ㄨㄟ，如：（動）委蛇（1.與人勉强酬應曰虛與委蛇ㄧˊ，2.從容自得貌，見詩經）。

③念ㄨㄟˋ，如：委積（積聚也，少曰委，多曰積，「掌邦之委積」，見周禮），孔子嘗爲ㄨㄟˋ吏矣（孟子）。

註：名詞讀四聲，有頓積之義，而作動詞用者仍讀三聲。

【宛】①ㄨㄢˇ ②ㄩㄢ

①念ㄨㄢˇ，如：（名）宛平（河北省縣名），宛陵（河南省縣名），宛丘（古地名，在今河南淮陽縣東南）。（副）宛轉，宛然，宛在。（形）宛延（曲貌），「宛宛黃龍」，屈曲貌，見漢書。「宛宛藤蘿垂」柔弱貌，見庾信詩。

②念ㄩㄢ，如：（名）大宛國（古國名，爲漢武帝所破，今被蘇俄侵佔）。

【玩】①ㄨㄢˋ ②ㄨㄢˊ

①念ㄨㄢˋ，如：（動）玩意，玩弄，玩法，玩味，玩世（語見漢書，謂輕視一切）。（名）古玩，珍玩。

②念ㄨㄢˊ，如：（動）玩笑，玩耍，玩兒，玩兒命（謂拚命），玩賞。

（名）玩具，玩意兒，玩偶。

（例）他愛玩ㄨㄢˋ弄玩ㄨㄢˊ具。

【於】①ㄩˊ ②ㄨ

①念ㄩˊ，如：（名）於朮（中藥名）。（介）於此，子擊磬於衞（見論語），鵬之徙於南冥也（見莊子），伯夷、伊尹於孔子，若是班乎（見孟子）。（連）於是，於是乎，於焉，此山高於彼山。（助）唯蔡於憾（見左傳）。（副）過於，於今，對於，於于或於於（如「於于以蓋衆」見莊子，舒緩貌）。（姓）。

②念ㄨ，如：（嘆）於戲ㄏㄨ，於乎

（同嗚呼），於穆（見詩經），於皇（見詩經）。（名）於陵（戰國齊邑，今山東省內），「於菟」楚人稱虎（見左傳）。

（例）於ㄨ乎！共匪豈能久存於ㄩˊ世耶？

【臾】①ㄩˊ ②ㄩㄥˇ

①念ㄩˊ，如：姓氏。（副）須臾（暫時，一會兒）。

②念ㄩㄥˇ，如：「日夜縱臾王謀反事」猶慫恿，見漢書。

【雨】①ㄩˇ ②ㄩˋ

①念ㄩˇ，如：（名）風雨，大雨，雨水，雨天，雨水．ㄕㄨㄟ（二十四節之一）。

②念ㄩˋ，如：（動）雨淚如雨ㄩˇ。雨雪。雨我公田（詩經）。

（例）天雨ㄩˋ雨ㄩˇ，我衣ㄧˋ衣ㄧ。

【阿】①ㄜ ②．ㄚ ③ㄚˋ ④ㄚˇ ⑤ㄚ

①念ㄜ，如：（名）阿房宮，阿芙蓉（卽鴉片），阿彌陀佛，阿熱（複姓），山阿（山隅），四阿（柱也，見周禮）。（動）阿媚（趨奉曲從），阿附，阿好，阿諂，阿私，阿諛（諂媚），阿屎（拉屎）。（副）阿那（同婀娜）。（嘆）「阿呵嗚呼奈子何」見陳安傳。阿侑（呼痛聲）。「阿阿則則」歎息聲。

②念．ㄚ，如：（助）阿伯，阿姑，阿婆，阿媽，阿英，阿香，阿梅。

③念ㄚˋ，如：（名）阿片（鴉片），阿拉伯，阿非利加人，阿美利加，阿富汗。

④念ㄚˇ，如：（嘆）阿（ㄚˇ）？你說是他？我不相信。

⑤念ㄚ，如：（形）阿噓（噴噓聲），阿阿大笑。（嘆）阿呀（通啊）。

註：按歎詞表驚訝或讚歎之「ㄚ」藉用國字表聲的寫法很多，其實普通讀陰平，猝驚讀陽平，疑訝意重讀上聲，歎詞讀去聲。有時或加「ㄏ」來緊迫其氣，或升起舌前部使成「ㄧ」「ㄝ」……來歛抑其情，於是有「ㄚ」「ㄛ」「ㄏㄛ」「ㄚ、ㄏㄚ」「ㄛ、ㄏㄛ」「ㄧ」「ㄝ」「ㄧㄡ」「ㄧㄛ」等等不同了。

【拗】①ㄠˋ ②ㄠˇ ③ㄧㄠˋ ④ㄋㄧㄡˋ ⑤ㄩˋ

同抝

①念ㄠˋ，如：（形）拗強ㄐㄧㄤˋ（猶倔強）。（名）拗芝麻（曲牌名），（動）拗彆（執扭不從）。

②念ㄠˇ，如：（動）拗花，折花也「今朝誰是拗花人」，見元稹詩。

③念ㄧㄠˋ，如：拗口「姑娘嫌拗口」發音不順口，見紅樓夢。「拗口令」卽繞口令，又名急口令。

④念ㄋㄧㄡˋ，如：（形）拗性（任性也），又①之語音。

⑤念ㄩˋ，如：（動）拗怒（抑制其怒）。

【兒】①ㄦˊ ②ㄋㄧˊ ③ㄦ

①念ㄦˊ，如：（名）兒童，兒子，小兒，兒女，兒媳婦兒（子之妻），兒女英雄傳（書名），男兒當自强。（形）兒戲，謂玩忽如小兒之遊戲，見史記。

②念ㄋㄧˊ，如：（名）姓兒，兒先生。兒寬，漢千乘人。兒良，戰國時人。（助）打起黃鶯兒ㄋㄧˊ，莫叫枝上啼。見唐詩。

③念ㄦ˙，尾韻，卽兒化韻，如：（助）花兒，盤兒，這兒，一會兒，玩兒，壓根兒。

（例）兒ㄋㄧˊ先生帶著兒ㄦˊ子一會兒ㄏㄨㄜˇㄦ就來。

註：兒字的讀法，凡含有兒的意義讀陽平，用於詩歌韻文而無兒的意義讀陰平，用於兒化韻，則與前一字音化合為一；但讀兒化韻時，有幾個韻符是要變化的，玆將ㄦ尾韻韻符之變化要訣寫明如下：ㄞ、ㄢ十ㄦ等於ㄚㄦ，如：小孩兒ㄏㄚㄦ。山尖兒ㄐㄧㄚㄦ。ㄗ（代表ㄓ、ㄗ兩行下面之韻）ㄝ、ㄟ、ㄣ十ㄦ等於ㄜㄦ，如：（枝兒）ㄓㄜㄦ，樹葉兒ㄧㄜˋㄦ，一會兒ㄏㄨㄜˇㄦ，開門兒ㄇㄜˊㄦ。ㄧ、ㄩ二韻十ㄦ等於ㄧㄜㄦ、ㄩㄜㄦ，如：馬尾兒ㄧㄜˇㄦ，豆粒兒ㄌㄧㄜˋㄦ。但ㄧ、ㄩ兩韻在陰陽兩平之兒化韻，可以不變，按原韻讀。

【柏】①ㄅㄞˇ ②ㄅㄛˊ

①念ㄅㄞˇ（語音），如：（名）柏油，松柏。

②念ㄅㄛˊ（讀音），如：（名）柏酒（浸柏葉之酒），柏林（德國首都），柏拉圖（希臘大哲學家），柏侯（複姓）。

註：文言讀ㄅㄛˊ，如：歲寒知松柏之後凋也。

（例）柏ㄅㄞˇ葉可泡柏ㄅㄛˊ酒。

【背】①ㄅㄟˋ ②ㄅㄟ

①念ㄅㄟˋ，如：（名）脊背，背心兒（上衣無袖），手背，背面。（動）背叛，背離，倒背手兒，背書，背氣。

②念ㄅㄟ，如：（動）背著，背不是˙ㄕ，背黑鍋（因誤會而遭他非議也），背孩子。

（例）把書包背ㄅㄟ在背ㄅㄟˋ後，背ㄅㄟˋ書。

【奔】①ㄅㄣ ②ㄅㄣˋ

①念ㄅㄣ，如：（動）奔跑，奔走，奔馳，奔波，私奔，奔忙，奔命，奔喪。

②念ㄅㄣˋ（同逩）直往。

（例）他作戰很勇敢，奔ㄅㄣˋ著匪軍陣地，奔ㄅㄣ馳衝殺。

【便】①ㄅㄧㄢˋ ②ㄆㄧㄢˊ ③ㄆㄧㄢ ④˙ㄅㄧㄢ

①念ㄅㄧㄢˋ，如：（名）大便，小便，便飯，便菜，便衣，便條兒，便道。（形）順便，便當˙ㄉㄤ（卽

方便），隨便。（副）（亦卽連詞）便就，便是，便會，便可，便休，便須，便得。（連）如：老鼠見了貓，便害怕起來。（助）便了ㄌㄧㄠˇ（語尾助詞）。

②念ㄆㄧㄢˊ，如：（形）便宜。（名）佔便宜。（名）（形）便辟（善迎合人意）。

③念ㄆㄧㄢˊ，如：便便言（辯也）（論語），便娟（美貌也）。（形）大腹便便（肥大也）。

④念．ㄅㄧㄢ，如：（形）方便．ㄅㄧㄢ，利便。

（例）你說不方便．ㄅㄧㄢ，便ㄅㄧㄢˋ隨地便ㄅㄧㄢˋ溺，那有這麼便ㄆㄧㄢˊ宜的事兒啊。

【炮】①ㄆㄠˊ　②ㄆㄠˋ　③ㄅㄠ　④ㄅㄠˋ

①念ㄆㄠˊ，如：（動）炮煉，炮製（裹物而燒），炮烙（殷紂時之酷刑）。

②念ㄆㄠˋ（同砲，礮），如：（名）槍炮。

③念ㄅㄠ，如：（動）炮肉（隔火炙之爲炮）。

④念ㄅㄠˋ，如水炮肚兒。

（例）他吃著葱炮ㄅㄠˋ肉，炮ㄆㄠˊ製藥材，給炮ㄆㄠ手治病。

【胖】①ㄆㄤˋ　②ㄆㄢˊ

①念ㄆㄤˋ，如：（形）肥胖（身體肥大）。（名）胖襖（戲劇演員，內襯之棉背心），胖病（皮下脂肪過多症）。

②念ㄆㄢˊ，如：（形）「心廣體胖」大而安舒，見大學。

註：對禽獸之脂肪多者曰肥，稱人則曰胖，或說發福。（形）富態，（形）以爲敬語。

【屏】①ㄆㄧㄥˊ　②ㄅㄧㄥ　③ㄅㄧㄥˇ

①念ㄆㄧㄥˊ，如：（名）屏風（障風具，或爲阻視線之用），屏東（臺灣省縣名），屏條（條幅之書畫），屏山（四川縣名）。（動）屏藩（屏蔽）。

②念ㄅㄧㄥ，如：（形）屏營（惶懼貌）「屏營仿徨於山林之中」見國語。「步屏營兮行丘阿」見楚辭，「屏營待命」公文術語。

③念ㄅㄧㄥˇ，如：（動）屏退（斥退），屏迹（遠避），屏氣（呼吸微細無聲），屏氣似不息者，見論語。屏棄（放逐）。（名）屏禁（法也）使犯者獨居。

【茂】①ㄇㄠˋ　②ㄇㄡˋ

①念ㄇㄠˋ，如：（形）茂盛，茂才（秀才），茂年（盛年）。

②念ㄇㄡˋ（又讀）。

註：東漢時，爲避劉秀之諱，秀才改稱茂才。

【冒】①ㄇㄠˋ　②ㄇㄛˋ　③ㄇㄟˋ

①念ㄇㄠˋ，如：（動）冒充，冒牌兒，冒名，假冒，冒犯，冒失，冒險，冒火，冒煙兒。（形）冒失鬼（譏鹵莽之人）。（副）冒猛子。

②念ㄇㄛˋ，如：（動）貪冒（猶貪墨）。（名）冒頓（匈奴單于名）。

③念ㄇㄟˋ，如：玳瑁也可以寫成「毒冒」漢書郊祀志。「瑇瑁」爾雅，釋魚，史記司馬相如傳。「蝳蝐」一切經義。

（例）漢初匈奴單于冒ㄇㄛˋ頓，善冒ㄇㄠˋ險。

註：按「貪冒」卽「貪墨」左傳昭公十四年，唐徐彥伯登長城賦，宋蘇軾萬石君羅文傳。「貪默」家語正論「貪昧」左傳襄公廿八年，淮南子兵略。「沓墨」舊唐書王琳傳。

【姥】 ①ㄇㄨˇ　②ㄌㄠˇ

①念ㄇㄨˇ（同姆）（名）見一老姥（老婦也，王羲之傳），天姥山（在浙江省新昌縣東）。

②念ㄌㄠˇ，如：（名）姥姥（1外祖母，2接生婆）。

（例）紅樓夢裏有一個老姥ㄇㄨˇ，人稱爲劉姥姥（ㄌㄠˇ）。

【肺】 ①ㄈㄟˋ　②ㄆㄟˋ

①念ㄈㄟˋ，如：（名）肺臟，肺結核，肺腑（猶言心腹，喻親密）。

②念ㄆㄟˋ，如：（形）「其葉肺肺」（茂盛貌，見詩經）。

（例）其葉肺肺ㄆㄟˋ，是說葉很茂盛，不是說像個肺ㄈㄟˋ葉。

【風】 ①ㄈㄥ　②ㄈㄥˋ

①念ㄈㄥ，如：（名）風雨，風俗，風教，風度，風姿，風土，風光，風景。（形）風流，風涼話（謂冷誚不負責任之語），風涼．ㄌㄧㄤ，風行（流行），風行草偃「君子之德風，小人之德草，草上之風必偃」見論語。風馳電掣，風吹草動，風聲鶴唳，風騷，風言，風語。

②念ㄈㄥˋ，如：（動）風示（宣告訓示之意），風議（諷諫論議）（同諷）。

（例）風ㄈㄥˋ風ㄈㄥ人，天雨ㄩˋ雨ㄩˇ，我衣ㄧˋ衣ㄧ。

【罘】 ①ㄈㄨˊ　②ㄈㄡˊ

①念ㄈㄨˊ，如：（名）兔罟也。（獵獸網），罘罳（1屛風，鏤木爲之可透明，2獵網）。芝罘（山名）山東省煙臺之別稱。

②念ㄈㄡˊ（又讀）。

【洑】 ①ㄈㄨˊ　②ㄈㄨˋ

①念ㄈㄨˊ，如：（名）九洑洲（地名，湖北省），洑流（水流行地中而不顯見）。（形）洄洑（水盤旋貌）。

②念ㄈㄨˋ，如：（動）洑水（游泳也）。

（例）他能在洄洑ㄈㄨˊ的水裏洑ㄈㄨˋ水。

【待】①ㄉㄞˋ ②ㄉㄞ

①念ㄉㄞˋ，如：（動）等待，招待，優待，款待，待遇，待人和靄，待理（兒）不待理（兒）的。待賈（ㄐㄧㄚˇ）而沽（同待價，如「我待賈者也」見論語）。

②念ㄉㄞ，如：（動）待一會兒，待不了（勢不可留）。

（例）待ㄉㄞ會兒給你一張優待ㄉㄞˋ券。

【度】①ㄉㄨˋ ②ㄉㄨㄛˋ

①念ㄉㄨˋ，如：（名）熱度，溫度計，法度，制度，氣度，態度，器度，度量。（動）度日，度命，度外（謂不在意），度化（謂神仙點化凡人）。

②念ㄉㄨㄛˋ，如：（動）揣度，忖度，不可度思（大學），予忖度之（詩小節，巧言）。（名）度支（古之納官）。

（例）大陸同胞，度ㄉㄨˋ日如年，我揣度ㄉㄨㄛˋ著都待機舉義哪。

【垛】①ㄉㄨㄛˇ ②ㄉㄨㄛˋ

①念ㄉㄨㄛˇ，如：（名）城垛口，門垛子，（累泥所成之物）。

②念ㄉㄨㄛˋ，如：（名）灰垛，草垛，煤垛，堆垛，垛指兒（足之二指壓於拇指上）。

（例）古時守城兵將，都把滾木雷石，垛ㄉㄨㄛˋ在城垛ㄉㄨㄛˇ口旁邊。

【柁】①ㄉㄨㄛˋ ②ㄊㄨㄛˊ

①念ㄉㄨㄛˋ，如：（名）船柁（同舵），掌柁。

②念ㄊㄨㄛˊ，如：（名）房柁（房屋內前後兩柱間大橫梁）。

（例）這根木頭，做房柁ㄊㄨㄛˊ不夠，做船柁ㄉㄨㄛˋ用不了ㄌㄧㄠˇ。

【耑】①ㄉㄨㄢ ②ㄓㄨㄢ

①念ㄉㄨㄢ，如：（名）開耑（同端）。

②念ㄓㄨㄢ，（同專）。

【洞】①ㄉㄨㄥˋ ②ㄊㄨㄥˊ ③ㄉㄨㄥˇ

①念ㄉㄨㄥˋ，如：（名）山洞，壁洞，破洞，洞房（結婚新房），洞庭湖（在湖南省）。（形）空洞。（副）洞察，洞鑒，洞達，洞澈。

②念ㄊㄨㄥˊ，如：（名）洪洞（1.山西省縣名，2.（形）洪洞朗天（相通也，見四子講德論，洚洞（水無厓貌，見集韻）。

③念ㄉㄨㄥˇ，如：（副）洞洞，質慤的樣子，「洞洞乎其敬也」（禮，禮器）。（副）洞然，「訾然洞然」荀子，非十二子（恭敬的樣子）。

（例）抗戰時期，我在洪洞ㄊㄨㄥˊ縣的山洞ㄉㄨㄥˋ裏住過。

【苔】①ㄊㄞˊ ②ㄊㄞ

①念ㄊㄞˊ，如：（名）青苔，苔蘚（

植物名），苔蘚（頭上生癬，又名錢兒癬），苔菜（即乾苔）。
②念ㄊㄞ，如：（名）舌苔（舌上所生之垢）。

【洮】①ㄊㄠˊ ②ㄧㄠˊ
①念ㄊㄠˊ，如：（名）洮安（遼寧省縣名），洮河（水名，在甘肅省），洮洲（甘肅省舊廳名），洮硯。（動）洮汰（同淘汰）。
②念ㄧㄠˊ，（地名）洮湖（在今江蘇省五湖之一）。
（例）洮ㄊㄠˊ河所產的綠石製成硯，叫洮ㄊㄠˊ硯，並不產於洮ㄧㄠˊ湖。

【挑】①ㄊㄧㄠ ②ㄊㄧㄠˇ ③ㄊㄠ
①念ㄊㄧㄠ，如：（動）挑擔，挑挑子（猶挑擔），挑選，挑揀，挑取，挑眼（挑人差錯），挑剔·ㄊㄧ（苛求責備），挑花兒（針工之一種）。（名）挑子，挑兒（卽挑子）。
②念ㄊㄧㄠˇ，如：（動）挑撥，挑動，挑戰，挑釁，挑唆，挑弄，挑皮（兒童頑皮），挑滑車（國劇名）。
③念ㄊㄠ，如：（形）挑達（輕儇貌），詩鄭風青衿「挑撻」太平御覽人事部別離類。「佻撻」「恌達」「岦達」同上，「條達」尚書大傳「佻旦」墨子備城門「踼達」楚辭。
（例）這樣挑ㄊㄧㄠˇ字眼兒，是存心挑ㄊㄧㄠˇ事啊。

【恫】①ㄊㄨㄥ ②ㄉㄨㄥˋ
①念ㄊㄨㄥ，如：（動）哀恫（猶言哀痛），恫瘝（疾苦）。
②念ㄉㄨㄥˋ，如：（動）恫喝（恐嚇也）。
（例）恫ㄊㄨㄥ瘝ㄍㄨㄢ的含義，恫痛也，瘝病也，不是恫ㄉㄨㄥˋ嚇的生病了。

【南】①ㄋㄢˊ ②ㄋㄚˊ
①念ㄋㄢˊ，如：（名）南方，南海。（姓）南郭。
②念ㄋㄚˊ，如：（梵）合掌稽首謂「南無」。
（例）面向東南ㄋㄢˊ方口念南ㄋㄚˊ無ㄇㄛˊ阿彌陀佛。

【刺】①ㄌㄚˋ ②ㄌㄚˊ ③ㄌㄚ
①念ㄌㄚˋ，如：（動）乖刺（違異也見楚詞），刺謬「無乃與僕私心刺謬乎」（戾誤不同也，司馬遷語）。
②念ㄌㄚˊ，如：（動）刺開，刺破。（形）刺達，刺闒（皆同邋遢）。
③念ㄌㄚ，如：（形）刮刺刺（表聲）。

【捋】①ㄌㄜˋ ②ㄌㄩˇ ③ㄌㄨㄛ
①念ㄌㄜˋ，如：（動）捋虎鬚（喻冒險）「報國危曾捋虎鬚」見韓偓詩。
②念ㄌㄩˇ，如：（動）捋鬍子。
③念ㄌㄨㄛ，如：（動）捋奶，捋胳膊（拉上衣袖，使臂露出），捋樹

葉兒，捋榆錢兒ㄑㄧㄚˇㄦ。（動）捋汗（形容窘迫之態）。

【亮】①ㄌㄧㄤˋ ②ㄌㄧㄤˊ

①念ㄌㄧㄤˋ，如：（形）光亮，響亮，亮節（猶高節也），亮話（率眞之言），亮堂堂的（光亮貌）。（副）亮察。（動）天亮了。

②念ㄌㄧㄤˊ，名：（名）亮陰，（同諒闇）（亮爲信，陰爲默，天子居喪之稱）。

【革】①ㄍㄜˊ ②ㄐㄧˊ

①念ㄍㄜˊ，如：（名）皮革，革履，革囊。（動）革命，革除，開革，革面洗心，革新，革職。

②念ㄐㄧˊ，如：（形）病革（病危）（例）這位反共志士，雖然病革ㄐㄧˊ還不忘革ㄍㄜˊ命。

【柑】①ㄍㄢ ②ㄑㄧㄢˊ

①念ㄍㄢ，如：（名）柑子，柑果，蜜柑（橘之一種）。

②念ㄑㄧㄢˊ，如：（動）柑口（謂緘口不言，如：「臣畏刑而柑口」見漢書），柑馬（以木銜馬口，見公羊傳）。

【括】①ㄍㄨㄚ ②ㄎㄨㄛˋ

①念ㄍㄨㄚ，如：（動）搜括，包括，括髮（以厤束髮古喪禮用之），囊括四海（言能包含天下也，張晏語），括搭著臉。（名）括弧，括號，括婁山（在山東掖縣，產煤）

②念ㄎㄨㄛˋ（又讀）。

註：括搭著臉之ㄌㄚ國語辭典作「搭」，實應作「耷」。「耷」下垂貌，人喜時面上筋肉呈橫曲之紋，有不愉悅，則面上筋肉下垂，呈板平狀，故ㄌㄚ實應作「耷」。

【冠】①ㄍㄨㄢ ②ㄍㄨㄢˋ

①念ㄍㄨㄢ，如：（名）雞冠，皇冠，鳥冠，姓冠，冠冕堂皇，冠蓋相望（謂使命往來不絕）。

②念ㄍㄨㄢˋ，如：（名）「冠者五六人」（見論語），冠軍，冠禮（古禮男子二十而冠，謂之成人）。冠縣（山東縣名）。（動）冠世。

【洸】①ㄍㄨㄤ ②ㄏㄨㄤˇ

①念ㄍㄨㄤ，如：（形）「武夫洸洸」果毅貌，見詩經大蕩江（或作「潢潢」鹽鐵論，繇役）。

②念ㄏㄨㄤˇ，如：（副）「其洸洸乎不淈盡似道」水至貌，見荀子宥坐，同「滉」。

【苛】①ㄎㄜ ②ㄏㄜˊ

①念ㄎㄜ，如：（形）苛政。（副）苛求，苛待，苛刻，苛捐，苛細。

②念ㄏㄜˊ，如：（形）涼風嚴且苛（切也，陸機詩）。（動）朝朝苛我邊鄙（擾也，見國語），苛罰（譴罰）。

【咳】 ①ㄎㄜˊ ②ㄎㄞˋ ③ㄎㄚˇ ④ㄏㄞ ⑤ㄏㄞˊ ⑥ㄏㄞˋ

①念ㄎㄜˊ，如：（動）咳嗽。
②念ㄎㄞˋ（讀音）。
③念ㄎㄚˇ，如：（動）咳血，咳痰，咳魚刺。
④念ㄏㄞ，如：（嘆）咳！我怎麼忘了。（動）咳聲歎氣。
⑤念ㄏㄞˊ，如：（名）咳嬰（謂二、三歲之嬰兒）。
⑥念ㄏㄞˋ，如：（嘆）咳！別吵了。
（例）他咳ㄎㄜˊ嗽的都咳ㄎㄚˇ血了，咳ㄏㄞˋ！有什麼辦法呢。
註：古「之」「咍」兩韻同部，凡在之韻的字，古實讀入「咍」韻，近於今的韻母ㄞ，所以凡在「之」韻的古嘆詞，實際的發音也和現在大略相同。ㄞ！（噯）！噫！（意！懿！）緊！已！抑！ㄏㄞ！（咳）—嘻！譆！誒！唉！（見史記）熙！ㄞㄏㄞ！（噯咳）！噫嘻！

【恪】 ①ㄎㄜˋ ②ㄑㄩㄝˋ

①念ㄎㄜˋ，如：（副）恪遵，恪守，恪敏，恪愼（敬謹之意，見書經），恪固（堅守之意）。
②念ㄑㄩㄝˋ（又讀）。

【看】 ①ㄎㄢˋ ②ㄎㄢ

①念ㄎㄢˋ，如：（動）看看，看見，看書，看戲，看望，看待，看重，看穿，看著辦，看中了，看茶，看酒（取拿之意）。
②念ㄎㄢ，如：（動）看守，看門，看家，看護，看押，看起來（謂看押），看財奴。
（例）我看ㄎㄢˋ見一個匪諜，你看ㄎㄢ著他，我去告密。

【哈】 ①ㄏㄚ ②ㄏㄚˇ ③ㄎㄚ

①念ㄏㄚ，如：（嘆）哈哈。（名）哈氣，哈密（新疆省縣名）。（動）哈腰（兒）（彎腰）。
②念ㄏㄚˇ，如：（名）哈巴狗，哈德門（北平城門之一），姓哈，只回教人有此姓由譯音而來。
③念ㄎㄚ，如：哈喇（1毛織物，爲泥中最佳之品，2謂殺死，元人多用之，如「不如只一刀哈喇了他，可不怜悧」，見元曲選）。
（例）哈ㄏㄚˇ先生，穿著哈ㄎㄚ喇大衣，出哈ㄏㄚˇ德門，想買一個哈ㄏㄚ密瓜。

【紇】 ①ㄏㄜˊ ②ㄍㄜ

①念ㄏㄜˊ，如：（名）回紇（古西北邊疆民族），紇千山（在今山西大同縣東），叔梁紇（人名，孔子之父）。
②念ㄍㄜ，如：（名）紇縫．ㄉㄚ（繩線等物打成之結）。

【徊】 ①ㄏㄨㄞˊ ②ㄏㄨㄟˊ

①念ㄏㄨㄞˊ，如：（副）徘徊，徊徨（猶徘徊），徊翔（喻仕途升遷之

緩，見宋史）。
②念ㄏㄨㄟˊ（又讀）。
註：徘徊（漢書杜欽傳）（文選宋玉風賦）（文選張衡南都賦）徘徊（漢書高后紀）（漢書李陵傳）俳回（後漢書張衡傳）裴回（史記司馬相如傳）（後漢書馬融傳）裵徊（漢馬融圍棋賦）裴回（漢書禮樂志，郊祀歌）（漢書燕刺王旦傳）（後漢書蘇竟傳）（後漢書南匈奴傳）。

【虺】①ㄏㄨㄟˇ ②ㄏㄨㄟ
①念ㄏㄨㄟˇ，如：（名）毒蛇之一。（形）「虺虺其雷」喻雷聲，見詩經邶風。「誅鉏虺蜮」喻狠毒之小人，見南唐書江文蔚傳。（名）虺蜴（毒蟲）。
②念ㄏㄨㄟ，如：（動）「我馬虺隤」病也，見詩經周南。

【哄】①ㄏㄨㄥ ②ㄏㄨㄥˇ
①念ㄏㄨㄥ，如：（副）哄動（同轟動），哄堂大笑。（動）哄傳（大衆相傳）。
②念ㄏㄨㄥˇ，如：（動）哄騙，哄孩子。

【紅】①ㄏㄨㄥˊ ②ㄍㄨㄥ
①念ㄏㄨㄥˊ，如：（名）紅色，紅衣裳，花紅（1林檎（蘋果的同類之別名），2紅利）。（形）紅人（稱得寵信之人），紅運（謂人之佳運），紅顏（指美人），紅塵（猶言俗世俗界）。
②念ㄍㄨㄥ，如：（名）女紅（通工）（俗稱針黹）。
（例）穿紅（ㄏㄨㄥˊ）衣的女郎，長於女紅（ㄍㄨㄥ）。

【虹】①ㄏㄨㄥˊ ②ㄍㄤˋ ③ㄐㄧㄤˋ
①念ㄏㄨㄥˊ，如：（名）虹霓（謂虹雙出），虹采（旗也）「建虹采以招指」見楚辭。虹彩膜，又名眼簾
②念ㄍㄤˋ，語音。
③念ㄐㄧㄤˋ，語音又讀。
註：舌面ㄐㄑㄒ，舌根ㄍㄎㄏ本可相通，如「行」之有ㄒㄧㄥˊ，ㄏㄤˊ。「更」之有ㄍㄥ，ㄐㄧㄥ，「耕」之有ㄍㄥ，ㄐㄧㄥ。「家」之有ㄐㄧㄚ，ㄍㄨ，「卡」之有ㄑㄧㄚˇ，ㄎㄚˇ。「客」之有ㄎㄜˋ，ㄑㄧㄝˋ……破音。其實古讀爲一。詳見卡字註。

【亟】①ㄐㄧˊ ②ㄑㄧˋ
①念ㄐㄧˊ，急也，如「經始勿亟」見詩經。（副）亟欲。（名）亟墨（古西域國名）。
②念ㄑㄧˋ，屢次，頻數也，如：（形）「好從事亟失時」見論語陽貨。亟請於武公（左傳）。

【紀】①ㄐㄧˋ ②ㄐㄧˇ ③・ㄐㄧ
①念ㄐㄧˇ，如：（名）紀錄，紀律，

紀綱（法典），紀念品，一世紀（一百年）。
②念ㄐㄧˇ（又讀）。
③念·ㄐㄧ，用於年紀時，讀輕聲。

【叚】 ①ㄐㄧㄚˇ ②ㄉㄨㄢˋ
①念ㄐㄧㄚˇ（同「假」）。
②俗誤讀爲ㄉㄨㄢˋ（段）。
註：「叚」與「段」本非同一字，「叚」字在又部，「段」字在殳部，ㄉㄨㄢˋ字左從𠂤，ㄐㄧㄚˇ字左從𠀐，ㄉㄨㄢˋ右上是几，ㄐㄧㄚˇ字右上是ㄈ，音不同義亦不同，但國音標準彙編一三頁「段」字右方有「叚」字，意「叚」爲「段」之俗寫，三三頁「假」右方有「叚」字，意謂「叚」爲「假」之簡寫。國音字典（中國大辭典編纂處編，商務印書館印行）三八頁右欄「叚」字下注㈠ㄐㄧㄚˇ同「假」，㈡ㄉㄨㄢˋ俗「段」字，一五八頁「段」字下注ㄉㄨㄢˋ無同「叚」字樣。是在從俗，須知因訛傳訛，積非亦可成是，今特列出，加以說明，旨在促讀者之注意，以明其不同云耳。

【姣】 ①ㄐㄧㄠ ②ㄐㄧㄠˇ
①念ㄐㄧㄠ，如：（形）姣好。「隨母出入主家，左右言其姣好」美好也，見漢書。
②念ㄐㄧㄠˇ（又讀）。

【矜】 ①ㄐㄧㄣ ②ㄍㄨㄢ
①念ㄐㄧㄣ，如：（動）矜憐，矜惜（愛憐也），矜式（敬佩而效法）。（形）矜人（貧窮可憐之人）。
②念ㄍㄨㄢ，如：（名）（同鰥）（通瘝）。如「老而無妻謂之矜」見禮記。「不侮矜寡」見詩經。
（例）要矜ㄐㄧㄣ憐矜ㄍㄨㄢ寡孤獨。

【降】 ①ㄐㄧㄤˋ ②ㄒㄧㄤˊ
①念ㄐㄧㄤˋ，如：（動）降旗，降落，降級，下降。（名）霜降（一年二十四節之一）。降落傘。
②念ㄒㄧㄤˊ，如：（名）降龍木，樊梨花的法寶。降旗，表示投降的旗。降表，陳請降服的表章。（動）投降，降服。
（例）有人推算說：等到霜降ㄐㄧㄤˋ共匪就要投降ㄒㄧㄤˊ了。

【勁】 ①ㄐㄧㄥˋ ②ㄐㄧㄣˋ
①念ㄐㄧㄥˋ，如：（形）勁風，勁敵，勁旅，勁草（謂堅強之草莖，不畏疾風，以喻威武不屈之士）。
②念ㄐㄧㄣˋ（語音），如：（名）勁兒（有勁兒，起勁兒，上勁兒，這股勁兒）。勁頭兒。
（例）急風知勁ㄐㄧㄥˋ草，是比喻艱苦不渝，不是說草會有勁ㄐㄧㄣˋ兒。

【苴】 ①ㄐㄩ ②ㄐㄩˇ ③ㄗㄨˇ ④ㄔㄚ ⑤ㄒㄧㄝˊ
①念ㄐㄩ，如：（名）苴布（麤布），苴麻（雌性大麻），苴經（喪服

），苴杖（喪杖）。

②念ㄐㄩ，鞋中所墊之草，如：（名）「冠雖敝，不以苴履」見漢書賈誼傳。

③念ㄗㄨˇ，如：（名）「苴刌茅長五寸束之」儀禮士虞禮。苞苴（苞裹也），巴苴，即芭蕉。

④念ㄔㄚˊ，如：（名）水中浮草「如彼棲苴」見詩經。

⑤念ㄒㄧㄝ，如：（名）羊苴咩城（在雲南省）。

【俊】①ㄐㄩㄣˋ　②ㄗㄨㄣˋ

①念ㄐㄩㄣˋ，如：（形）英俊，俊士，俊民（謂優秀之士），俊傑，俊雅，俊俏，俊德（大德也）。

②念ㄗㄨㄣˋ（又讀）。

【祇】①ㄑㄧˊ　②ㄓ

①念ㄑㄧˊ，如：（名）神祇（地神）。（形）祇悔（大悔，語見易經）。

②念ㄓ，如：（副）祇是，祇有。「亦祇以異」適也，見詩經。

（例）他祈禱神祇ㄑㄧˊ保佑，祇ㄓ是形式而矣。

【砌】①ㄑㄧˋ　②ㄑㄧㄝˋ

①念ㄑㄧˋ，如：（動）砌牆，堆砌。（名）石砌（臺階）。

②念ㄑㄧㄝˋ，如：（名）砌末（戲劇中所用布景等物之統稱，訛作切末，又稱切馬子）。

【契】①ㄑㄧˋ　②ㄒㄧㄝˋ　③ㄑㄧㄝˋ

①念ㄑㄧˋ，如：（名）契約，房契，地契，契刀（古錢名），契丹（古國名），契箭（令箭），契苾（種族名，在新疆）。（動）契合（1符合，2志氣相投），「契臂以盟」刻臂出血以爲盟。（副）「契契寤歎」憂苦貌，見詩經。

②念ㄒㄧㄝˋ人名，同偰，禹高辛氏之子，佐禹治水有功，封於商，爲商之祖。

③念ㄑㄧㄝˋ，如：（動）契闊（喻久別之意）。（形）契需，同怯懦「馬不契需」見漢書。「契舟求劍」喻拘泥而遠於事情。

【茄】①ㄑㄧㄝˊ　②ㄐㄧㄚ

①念ㄑㄧㄝˊ，如：（名）茄子，蕃茄。

②念ㄐㄧㄚ，如：（名）「荷，芙蕖，其莖茄」，荷莖也，見爾雅。

【侵】①ㄑㄧㄣ　②ㄑㄧㄣˇ

①念ㄑㄧㄣ，如：（動）侵略，侵奪，侵害，侵呑，侵襲，侵蝕（掩取他人之利益，漸以肥己），侵淫（猶侵尋，漸進也，見漢書）。

②念ㄑㄧㄣˇ（同寢）「武安者貌侵」貌不揚也，見史記。

【洗】①ㄒㄧˇ　②ㄒㄧㄢˇ

①念ㄒㄧˇ，如：（動）洗刷，洗衣服

，洗臉，洗碗，洗寃（雪寃也），洗塵（客由遠來，設宴飲也），洗心（謂洗滌心胸，屏絕惡念，如「聖人以此洗心」見易繫辭）。

②念ㄒㄧㄢˇ，如：（名）洗馬（古官名）。（形）洗洗（潔貌，如「原田水洗洗」見黃庭堅詩），洗然（猶悚然，如「莫不洗然」見通鑑）。（名）姑洗（1十二律，陰陽各十二，陽六爲律，其三曰姑洗。2鐘名「大呂，姑洗，皆鐘名也」，見左傳）。

（例）陳情表有一句，除臣洗ㄒㄧㄢˇ馬，是皇帝封李宓的官職，並不是要他用水去洗ㄒㄧˇ馬。

【俠】①ㄒㄧㄚˊ ②ㄐㄧㄚˊ

①念ㄒㄧㄚˊ，如：（名）俠客，豪俠。（形）俠義，俠骨（謂勇敢之氣魄）。

②念ㄐㄧㄚˊ，如：（動）俠侍（左右傍侍也，與「夾」通），俠拜（與挾通，古禮婦人於丈夫，婦二拜，夫一拜，見儀禮）。（形）俠斯（器物敝敗也，見方言），姓氏。俠累（戰國時韓人）。

【頁】①ㄒㄧㄝˊ ②ㄧㄝˋ

①念ㄒㄧㄝˊ，如：（名）頭也，古文以爲首字，見說文。

②念ㄧㄝˋ，如：（名）一頁，頁兒，（書之一紙）。

【洩】①ㄒㄧㄝˋ ②ㄧˋ

①念ㄒㄧㄝˋ（同泄），如：（動）洩露，洩恨，洩氣，洩底。

②念ㄧˋ（同泄）。

【信】①ㄒㄧㄣˋ ②ㄕㄣ

①念ㄒㄧㄣˋ，如：（名）書信，信息，信徒，信箋，信號，印信。（形）誠信，信實。（動）相信，信仰，信筆，信步，信馬由韁，信奉，信口，信任，信託，信手兒。

②念ㄕㄣ（通伸），如：「屈信相感」，見易繫辭。（名）（通身）信圭，琢玉爲人形，長七寸，欲其以保身也，見周禮玉人。

【相】①ㄒㄧㄤ ②ㄒㄧㄤˋ

①念ㄒㄧㄤ，如：（副）相互，相助，相親，相愛，相好，相當，相似，相若，相知，相較，相同。

②念ㄒㄧㄤˋ，如：（名）相貌，福相，相片，丞相，宰相，相公，相聲兒。（動）相親，相面，相手，相機行事，相夫教子。

（例）我的相ㄒㄧㄤˋ術怎麼能和您相ㄒㄧㄤ比呢！

【削】①ㄒㄩㄝ ②ㄒㄧㄠ

①念ㄒㄩㄝ，如：（動）削髮（去髮），削籍（削職也），削正（以詩文求人指正），削皮。（形）削葱（喻纖指），削壁（峭壁也），削削（細弱也）。

②念ㄒㄧㄠ（語音）。

【徇】①ㄒㄩㄣˋ　②ㄒㄩㄣˊ

①念ㄒㄩㄣˋ，如：（動）徇行，以徇三軍（見史記，行示也），國人弗徇（順也，見左傳），徇蒙（速也，謂目暴疾而不明），徇罰（古之罪罰，如今之遊街示衆）。（同殉）徇難，徇節，徇義。

②念ㄒㄩㄣˊ，如：（動）徇私，徇情，思慮徇通（見墨子公孟，猶言周至）。

【指】①ㄓˇ　②ㄓˊ　③ㄓ

①念ㄓˇ，如：（名）手指，大拇指。（動）指示，指責，指揮，指天畫地。

②念ㄓˊ（名）於手指頭一詞，按口語習慣，應讀第二聲。

③念ㄓ，如：（名）指甲。

【枳】①ㄓˇ　②ㄐㄧˇ

①念ㄓˇ，如：（名）枳郎兒（曲牌名），「枳棘非鸞鳳所棲」稱多刺惡木，見後漢書。枳殼，枳實（皆藥名），同軹，枳首蛇。

②念ㄐㄧˇ，如：枳椇（植物名，屬鼠李科）。

註：枳乃樹名，實可入藥，初採叫枳實，晚採叫枳殼。

【炸】①ㄓㄚˋ　②ㄓㄚˊ

①念ㄓㄚˋ，如：（動）轟炸，爆炸，炸毀，炸窩（謂蜂或鳥羣自窩中驚亂飛散）。（名）炸彈，炸藥。

②念ㄓㄚˊ，如：（名）炸糕，炸丸子，油炸鬼（俗稱油條）。

（例）炸ㄓㄚˊ油條把鍋燒炸ㄓㄚˋ了。

【柵】①ㄓㄚˋ　②ㄕㄢˋ

①念ㄓㄚˋ，如：（名）柵欄兒，柵門。

②念ㄕㄢˋ（又讀）。

【貞】①ㄓㄣ　②ㄓㄥ

①念ㄓㄣ，如：（形）忠貞，貞烈，貞節，貞淑。（名）貞操，貞女。

②念ㄓㄥ（又讀）。

註：「貞」本隸庚韻讀ㄓㄥ為正，但今人多不從此音而讀為ㄓㄣ，因而從「貞」之字亦皆讀為ㄓㄣ。

【拽】①ㄓㄨㄞˋ　②ㄓㄨㄞ　③ㄧㄝˋ

①念ㄓㄨㄞˋ，如：（動）「把草廳門拽上」牽引，見水滸。拽一把（即拉一把）。

②念ㄓㄨㄞ，如：（名）拽子（手臂傷病不能伸動者）。（動）「把球拽過去」投擲也。

③念ㄧㄝˋ拖也，引也，與①義同。

【重】①ㄓㄨㄥˋ　②ㄔㄨㄥˊ

①念ㄓㄨㄥˋ，如：（形）輕重，重要，笨重，重濁，莊重，重病，重利，穩重，鄭重，重傷。（動）自重，重視，重農，保重。（副）慎重。

②念ㄔㄨㄥˊ，如：（副）重修，重張，重複，重做。（形）重重，重婚，重霄（謂天空高處，如「層臺聳翠，上出重霄」見王勃文）。（名）一重，重孫，重陽，重九。
（例）詩人們把重ㄔㄨㄥˊ午節，當作重ㄓㄨㄥˋ要節目。

【查】①ㄔㄚˊ ②ㄓㄚ

①念ㄔㄚˊ，如：（動）調查，考查，查究，查辦，搜查，盤查，查收，查點，查禁，查問。
②念ㄓㄚ，如：（名）山查（北方水果之一，狀如海棠果，紅皮，味酸甜，俗稱山裏紅，此果切片曬乾，即名山查，亦爲藥材之一）。姓查
（例）這件匪諜案是查ㄓㄚ先生查ㄔㄚˊ辦的。（註：山查或作山楂）。

【施】①ㄕ ②ㄧˋ ③ㄧˊ ④ㄕˇ

①念ㄕ，如：（名）姓氏。（動）施行，設施，施捨，施展（發揮才能），施禮（行禮），施實（施行也），殺而施之（陳尸以示衆，見國語）。（副）施施（難進的樣子）
②念ㄧˋ，如：（動）施于子孫（見詩經，延及也），施靡（猶言連延，見史記）。
③念ㄧˊ，如：（他動）劍人之所施易。（自動）施從良人之所之（孟子）。
④念ㄕˇ變易也，（動）君子不施其親（論語微子）。

【食】①ㄕˊ ②ㄙˋ ③ㄧˋ

①念ㄕˊ，如：（名）食物，吃食，食指，食堂。姓氏。食無求飽（論語）。（動）食飯，食言（謂行反其言，如「爾無不信，朕不食言」見書經）。（形）食頃（一飯之頃，極言其時間之短，如「食頃復入馬」見史記）。
②念ㄙˋ，如：（名）有酒食，一簞食（論語），簞食壺漿（孟子），食母（乳母也）。（他動）（同飼）
③念ㄧˋ，如：（名）食其（人名，漢有酈食其（ㄐㄧ）審食其）。
（例）簞食ㄙˋ壺漿，以迎王師，是老百姓拿食ㄕˊ物茶水酒肴歡迎解救人民疾苦生命的國軍。
註：古無「飼」字，只有一「食」字，名詞自動詞時讀ㄕˊ，他動詞讀ㄙˋ，後出飼字，以示區別，而古書中，仍只一「食」字兼用。

【拾】①ㄕˊ ②ㄕㄜˋ ③ㄕ

①念ㄕˊ，如：（動）收拾，拾起，拾物，拾字紙，道不拾遺（見國策），拾金不昧。（形）數名「十」之大寫字。
②念ㄕㄜˋ，如：（動）拾級（謂經由階級而上升）。
③念ㄕ，如：（動）拾翻（翻亂固有之秩序），拾騰。
（例）拾ㄕ翻亂了，我給拾ㄕˊ起來。

【屎】①ㄕˇ ②ㄒㄧ

①念ㄕˇ，如：（名）屎尿（大小便），屎蛋（詈人低能），屎棋（嘲著棋之低能者）。屎詩（嘲惡劣不通之詩），屎蚵蜋（蜣蜋之俗稱）。

②念ㄒㄧ，如：（動）殿屎（呻吟，如「民之方殿屎」，見詩經）。

【首】①ㄕㄡˇ ②ㄕㄡˋ

①念ㄕㄡˇ，如：（量）一首詩。（名）首腳，首長，首領，元首，首飾，首歲（謂正月）。（動）首途（謂出發），首肯。（副）首先，首時，首創，首難。

②念ㄕㄡˋ，如：（動）自首（見廣韻）。

（例）匪首ㄕㄡˇ自首ㄕㄡˋ了。

註：自首（舒救切）一詞，應念ㄕㄡˋ，今一般俗念亦作ㄕㄡˇ，國語辭典亦未錄入第二種讀法。

【甚】①ㄕㄣˋ ②ㄕㄜˊ ③ㄕㄣˊ

①念ㄕㄣˋ，如：（副）過甚，甚是，甚口（謂有口辯，語見左傳），（連）甚至，甚而。

②念ㄕㄜˊ，如：（代）甚麼，（這是甚麼），（形）疑問形容詞，如：這是甚麼事，甚麼時候。

③念ㄕㄣˊ又讀，如：甚人，甚事。

（例）共匪欺人太甚ㄕㄣˋ，這些匪幹甚ㄕㄜˊ麼時候死啊！

註：「ㄣ」韻為ㄜ十ㄋ，甚麼ㄕㄜˊ·ㄇㄜ即是ㄕㄣˊ·ㄇㄜ，因ㄋ是鼻聲，ㄇ也是鼻聲，ㄜㄋ與ㄜㄇ相同，不過ㄋ是舌尖阻，ㄇ是雙唇阻，故ㄕㄣˊ·ㄇㄜ與ㄕㄜˊ·ㄇㄜ是二而一的。

【省】①ㄕㄥˇ ②ㄒㄧㄥˇ

①念ㄕㄥˇ，如：（名）省城，臺灣省，行省，省會，省主席。（動）省略，省儉，省減，省錢，省心，省事。

②省ㄒㄧㄥˇ，如：（動）省察，反省，猛省，省親，省視，省見（拔識也，如「未得省親」見漢書），吾日三省吾身（見論語），日省月試（中庸）。

（例）河北省ㄕㄥˇ淪入鐵幕，現在我不能回家省ㄒㄧㄥˇ親。

【帥】①ㄕㄨㄞˋ ②ㄕㄨㄛˋ

①念ㄕㄨㄞˋ，如：（名）元帥，帥令。（動）統帥，帥教（遵循）。

②念ㄕㄨㄛˋ（讀音）。「子帥以正，孰敢不正」，帥，領導也，見論語。

（例）大元帥ㄕㄨㄞˋ帥ㄕㄨㄛˋ師反攻。

【盾】①ㄕㄨㄣˇ ②ㄉㄨㄣˋ

①念ㄕㄨㄣˇ，如：（名）盾牌（古兵器藤牌）。（形）矛盾（喻言論動作自相抵觸也）。

②念ㄉㄨㄣˋ（①又讀）。（名）趙盾（春秋時晉臣）。

【若】①ㄖㄨㄛˋ ②ㄖㄜˇ ③ㄧㄠˋ

①念ㄖㄨㄛˋ，如：（形）若干。（動

）相若。（連）若夫，若果，若非，若還，若何，若是（讀音）。（代）若輩。

②念ㄖㄜˇ，如：（名）蘭若（寺院）般若（ㄅㄛ ㄖㄜˇ）（梵）智慧。般若湯，僧家謂酒爲般若湯。

③念ㄧㄠˋ，（語音）如：（連）若是，若不然。

（例）他在蘭若ㄖㄜˇ若ㄖㄨㄛˋ不拜佛，就打坐念般若ㄖㄜˇ波羅蜜。

【咱】 ①ㄗㄢˊ ②ㄗㄚˊ

①念ㄗㄢˊ，如：（代）咱們。

②念ㄗㄚˊ，如：（代）咱家（自稱，小說戲劇中有之）。

註：按ㄗㄚ下接鼻音「ㄇ」即出「ㄢ」音，故在「家」字上讀爲ㄗㄚˊ，，而在「們」字上讀爲ㄗㄢˊ。

【怎】 ①ㄗㄣˇ ②ㄗㄜˇ

①念ㄗㄣˇ，如：（副）怎樣，怎生，怎奈，怎得。

②念ㄗㄜˇ，如：（副）怎麼。

（例）怎ㄗㄣˇ樣行，就是怎ㄗㄜˇ麼辦。

註：「ㄣ」韻原是「ㄜ＋ㄋ」。「ㄋ」爲鼻聲，「ㄇ」亦爲鼻聲，故ㄗㄜˇ下加「麼」之聲符「ㄇ」，亦即爲「ㄗㄣ」。

【思】 ①ㄙ ②ㄙˋ ③ㄙㄞ ④˙ㄙ

①念ㄙ，如：（動）思想，思考，思慮，思念，思量，思過，思索，相思，思慕。（助）不可泳思（見詩經）。

②念ㄙˋ，如：（名）文思，情思（讀音），秋思（元曲套數名），心思。

③念ㄙㄞ，如：（形）于思（多鬚貌）。「于思于思棄甲復來」左傳宣公二年。

④念˙ㄙ，如：（名）意思˙ㄙ。

（例）讀元人馬致遠那篇秋思ㄙˋ的時候，要思ㄙ索作者的心情。

【俟】 ①ㄙˋ ②ㄑㄧˊ

①念ㄙˋ，如：（動）俟時（待時也），俟命（謂聽天任命，見禮記）。（名）姓俟。見風俗通。

②念ㄑㄧˊ，如：（名）万俟（ㄇㄛˋ ㄑㄧˊ）（複姓），意俟奢，高麗官名，見後周異域傳。

（例）革命志士，万ㄇㄛˋ俟ㄑㄧˊ同志，正俟ㄙˋ機刺殺共匪。

【洒】 ①ㄙㄚˇ ②ㄘㄨㄟˇ ③ㄒㄧㄢˇ ④ㄒㄧˇ ⑤ㄒㄩㄣ

①念ㄙㄚˇ，如：（名）洒家（自稱之詞，猶咱家，見水滸傳，蓋宋元間關西方言），（又同灑）。

②念ㄘㄘㄟˇ，如：（形）新臺有洒（見詩經，高峻貌）。

③念ㄒㄧㄢˇ，如：（副）「吾洒然，而異之」驚貌，見莊子。（形）「受一爵而色洒如也」，肅敬貌，見禮記。

④念ㄒㄧˇ，如：「願為死者一洒之」潔也，雪也，見孟子。「在上位者洒濯其心」滌也，見左傳襄公廿一年。

⑤念ㄒㄩˋㄣ，同（汛）見集韻。

【耶】①ㄧㄝˊ ②ㄧㄝ

①念ㄧㄝˊ，如：（名）耶孃（同「爺娘」），耶耶（同「爺」）。（助）表疑問語氣，如：「歌之曰，松耶？柏耶？住建共者客耶？」（見史記），「是耶？非耶？」

②念ㄧㄝ（用以譯外國字音時讀之），如：（名）耶穌，耶路撒冷，耶律（複姓）。

（例）耶ㄧㄝ穌，人耶ㄧㄝˊ？神耶ㄧㄝˊ？

【咬】①ㄧㄠˇ ②ㄐㄧㄠ ③ㄧㄠˊ

①念ㄧㄠˇ，如：（動）咬破（說穿），咬耳朵（附耳私語），咬文嚼字，狗咬（犬吠），咬菜根，狗咬了，咬牙切齒（盛怒貌）。

②念ㄐㄧㄠ，如：（形）咬咬好音（鳥聲）。（見禰衡鸚鵡賦）

③念ㄧㄠˊ，如：（名）「吐哇咬則發皓齒」哇，諂聲，咬，淫聲，見文選傅毅舞賦。

【要】①ㄧㄠˋ ②ㄧㄠ

①念ㄧㄠˋ，如：（動）要不要，向他要，需要，要賬，要強，要好，提要，要命。（形）重要，緊要，要人，要務，切要，大要，要言不煩（言扼要之意，語見三國志）。（連）要是，要不然。

②念ㄧㄠ，如：（動）要求，要挾，要束（約束，語見史記），要約（約束也，如「要約天下」見通鑑），久要不忘平生之言（見論語，要，約也）。修其天爵以要人爵（見孟子，要求也）。無日不要君（論語）。

（例）我們要ㄧㄠˋ反攻了，這是全國人民一致的要ㄧㄠ求。

註：要不然，本應做「若」，讀為ㄧㄠˋ，今多用「要」字，是以訛傳訛，積非成是了。

【柚】①ㄧㄡˋ ②ㄓㄨˊ

①念ㄧㄡˋ，如：（名）柚子（柚之果實）。

②念ㄓㄨˊ（同軸）。

【咽】①ㄧㄢ ②ㄧㄢˋ ③ㄧㄝˋ ④ㄩㄢ ㄧㄣ

①念ㄧㄢ，如：（名）咽喉。

②念ㄧㄢˋ，如：（動）下咽（同嚥）。

③念ㄧㄝˋ，如：（動）哽咽，嗚咽。

④念ㄩㄢ ㄧㄣ，如：「鼓咽咽」鼓聲也。

（例）她咽ㄧㄢ喉腫痛，吃東西咽ㄧㄢˋ不下去，急的嗚咽ㄧㄝˋ流涕。

註：「淵淵」亦狀鼓聲，是多而又遠時用，咽咽ㄧㄣ亦狀鼓聲，是近而疊時用。

【音】①ㄧㄣ ②ㄧㄣˋ

①念ㄧㄣ，如：（名）聲音，音樂，音信，音訊，音調，音容，玉音，德音，佳音。

②念ㄧㄣˋ（通蔭），如：鹿死不擇音（見左傳）。

【挖】 ①ㄨㄚ ②ㄨㄚˊ

①念ㄨㄚ，如：（動）挖掘，挖土，挖洞，挖坑，挖苦（謂以輕薄語譏人）。

②念ㄨㄚˊ，如：（名）耳挖子（掏耳垢的工具）。

（例）不能用耳挖ㄨㄚˊ子挖ㄨㄚ土。

【哇】 ①ㄨㄚ ②.ㄨㄚ

①念ㄨㄚ，如：（名）淫哇之聲（謂音樂靡曼之聲），哇俚（謂鄙俗之詞）。（副）哇哇（1.小兒初學語之聲，2.小兒啼聲，3.大哭之聲，4.辯佞貌，如「利舌哇」見太玄）。（動）出而哇之（見孟子，吐也）。

②念.ㄨㄚ，如：（助）你好哇！

【洼】 ①ㄨㄚ ②ㄍㄨㄟ

①念ㄨㄚ謂窪下有水之處，如「洼池」聚水之處。

②念ㄍㄨㄟ，姓氏。洼丹，人名（漢大鴻臚）。

【歪】 ①ㄨㄞ ②ㄨㄞˇ

①念ㄨㄞ，如：（形）歪斜，歪歪扭扭，歪七扭八，歪著頭看。（動）歪曲事實，歪著（躺著），歪到我頭上來了（卸責而誣人）。

②念ㄨㄞˇ，如：（動）歪了腳（行於不平之處，足踝忽扭而致腫痛，俗曰歪了腳）。

（例）他昨天下鄉歪ㄨㄞˇ了腳，現在正在那兒歪ㄨㄞ著呢！

【爲】 ①ㄨㄟˊ ②ㄨㄟˋ

①念ㄨㄟˊ，如：（動）作爲，人爲，爲人，爲公，爲難，爲非作歹，爲生。

②爲ㄨㄟˋ，如：（介）爲人，爲國，爲虎作倀，爲人作嫁。（連）因爲，爲何，爲什麼。

（例）生爲ㄨㄟˊ現代青年，要爲ㄨㄟˋ反共復國而奮鬥。

【俞】 ①ㄩˊ ②ㄩˋ ③ㄕㄨ

①念ㄩˊ，如：（名）姓氏。（動）俞允（答應）。（形）「無爲則俞俞」，從容自得貌，見莊子。

②念ㄩˋ，如：（動）「而未有俞疾之福也」俞者病痊也，見荀子。

③念ㄕㄨ，如：（名）人名，「俞兒」古時善知味者，「屬其性於五味，雖通如俞兒，非吾所謂臧也」見莊子。又神名。漢侯國名，欒布所封，在今山東平原縣西南五十里。

【約】 ①ㄩㄝ ②ㄧㄠ ③ㄧㄠˋ

①念ㄩㄝ，如：（名）條約，公約，契約，約法。（形）節約，儉約。

(副)大約，約略，約計。(動)約會，約請，約束。

②念ㄧㄠ，如:(動)約一約(秤稱)。

③念ㄧㄠˋ，如:(名)約子，約兒，竹約子，草約子，鐵約子(綑東西用的箍叫約子)。

(例)規約ㄩㄝ裏說，用鐵約ㄧㄠˋ子要節約ㄩㄝ，你約約ㄧㄠ看，有幾斤。

【苑】①ㄩㄢˋ　②ㄩㄢˊ　③ㄩˋ

①念ㄩㄢˋ，如:(名)藝苑，文苑，苑囿(有圍牆之園地，所以養禽獸林木也)。

②念ㄩㄢˊ，如:(名)姓苑。

③念ㄩˋ，如:(形)苑結(猶鬱結，如「我心苑結」見詩經)。

【俄】①ㄜˊ　②ㄜˋ

①念ㄜˊ，如:(副)俄頃，俄然，俄而(不久，如:「俄而被召」見宋書)。

②念ㄜˋ，如:(名)蘇俄，俄國，(又讀)。

註:用於「蘇俄」，「俄國」，一般多讀爲四聲，用爲副詞「俄然」一般多讀爲二聲。

【剝】①ㄅㄛ　②ㄅㄠ

①念ㄅㄛ，如:(動)剝奪，剝落，剝削(苛歛民財)，剝蝕(脫落損壞)。(形)剝啄(叩門聲)。(名)剝船(卽駁船)。

②念ㄅㄠ(語音)，如:(動)剝皮。

(例)毛賊東剝ㄅㄛ奪人民生命財產老百姓一定剝ㄅㄠ他的皮。

【悖】①ㄅㄟˋ　②ㄅㄛˊ

①念ㄅㄟˋ，如:(形)悖逆(謂犯上作亂也)，悖謬(不合事理也)，悖慢(不敬)，悖禮(違禮法，如「不敬其親而敬他人者，謂之悖禮」見孝經)。(副)悖入悖出(謂有不正當的收入，必受不正當之損失)。(動)悖晦(謂見理不明，處事謬惑)。

②念ㄅㄛˊ(通勃)，如:(副)其興也悖焉(見左傳，盛也)。

【被】①ㄅㄟˋ　②ㄆㄧ

①念ㄅㄟˋ，如:(名)被褥，棉被。(動)澤被天下，春風廣被。(介)被他打了，(被動性助詞)被選，被騙。

②念ㄆㄧ同披，如:(形)被髮(見論語)。(動)被褐懷玉(褐爲賤者之服)(見老子)，被堅執銳(謂被堅甲，語見戰國策)。

(例)被ㄅㄟˋ選爲先鋒軍，就應該被ㄆㄧ堅執銳，上前殺敵。

【般】①ㄅㄢ　②ㄆㄢˊ　③ㄅㄛ

①念ㄅㄢ，如:(形)一般，多般。(名)般般。(動)般師(同班師)，般取(移取)。

②念ㄆㄢˊ，如：（動）般桓，般樂（留連遊樂之意，如：「般樂怠敖」見孟子）。
③念ㄅㄛ，如：梵語般若（知慧）。
（例）一般ㄅㄢ佛家子弟，都念般ㄅㄛ若波羅蜜多心經。

【蚌】①ㄅㄤˋ ②ㄅㄥˋ
①念ㄅㄤˋ，如：（名）蛤蚌，蚌珠，蚌殼，蚌埠（安徽省地名）。
②念ㄅㄥˋ（又讀）。

【俾】①ㄅㄧˋ ②ㄅㄟˇ
①念ㄅㄧˋ，如：（動）俾得（使得），罔不率俾（從也）見書經。
②念ㄅㄟˇ（又讀）。

【捕】①ㄅㄨˇ ②ㄅㄨˋ
①念ㄅㄨˇ，如：（動）捕捉，捕拿，緝捕。（名）捕快（即捕役），捕蠅紙，捕房（租界的警察署），巡捕。
②念ㄅㄨˋ（又讀）。

【埔】①ㄅㄨˇ ②ㄆㄨˇ
①念ㄅㄨˇ，如：（名）黃埔（鎮名在廣東省番ㄆㄢ禺縣東），大埔（廣東省縣名）。
②念ㄆㄨˇ（又讀）。

【哺】①ㄅㄨˇ ②ㄅㄨˋ
①念ㄅㄨˇ，如：（動）哺乳（以乳飼子），反哺（烏鴉啣食反飼其母），口中嚼食謂哺（見玉篇）。（名）哺乳類（動物學名稱）。
②念ㄅㄨˋ（又讀）。

【耙】①ㄆㄚˊ ②ㄅㄚˋ
①念ㄆㄚˊ農具，如：（名）鐵耙，又為武器，「豬八戒手使鐵耙」見西遊記。（名）耙子·ㄗ「找不著耙子」喻事之門路。
②念ㄅㄚˋ，（名）耙，農具（臺灣農家所用的耙，是木框按上許多耙刀，在華北是按上許多耙齒）。（動）耙地（用牛馬拖耙，破土塊並使之平）。
（例）耙ㄅㄚˋ比鐵耙ㄆㄚˊ大多了。

【旁】①ㄆㄤˊ ②ㄅㄤˋ
①念ㄆㄤˊ，如：（名）旁邊，旁人，旁觀，旁門。（形）旁薄（同磅礴）（廣被充塞之意）。
②念ㄅㄤˋ，如：（形）旁午（同傍）「使者旁午」（縱橫交錯也，見漢書）。
（例）旁ㄅㄤˋ午是說事務繁雜，與旁ㄆㄤˊ邊的旁字，意義不同。

【埋】①ㄇㄞˊ ②ㄇㄢˊ
①念ㄇㄞˊ，如：（動）埋土，埋藏，埋伏，埋沒，埋頭苦幹，埋骨，埋葬。
②念ㄇㄢˊ，如：（動）埋怨。
（例）埋ㄇㄞˊ沒了你，怎能埋ㄇㄢˊ怨我呢？

【旄】①ㄇㄠˊ ②ㄇㄠˋ

①念ㄇㄠˊ，如：（名）旄頭（1.帝王衞士所持之旄（旗也），2.星名卽昴宿）。

②念ㄇㄠˋ（同耄），如：（名）旄倪（語見孟子，謂老人及小兒）。

【們】①ㄇㄣˊ ②·ㄇㄣ

①念ㄇㄣˊ（本調）。

②念·ㄇㄣ，如：（代）我們，你們，他們，人們（複數代名詞的語尾）。

註：此字本調雖是陽平，但使用時永遠在名詞代詞之下以表多數，都是輕聲，很少有讀本調的時候。

【秘】①ㄇㄧˋ ②ㄅㄧˋ （俗祕字）

①念ㄇㄧˋ，如：（名）秘書（官職名），姓秘。（形）秘密（不使人知），秘訣（神秘方法），秘方（不公開的藥方），秘籍（不常見之書籍）。

②念ㄅㄧˋ（又讀），如：（名）秘魯（南美洲共和國名）。

【茗】①ㄇㄧㄥˇ ②ㄇㄧㄥˊ

①念ㄇㄧㄥˇ，如：（名）茗茶（茶經注：一曰茶，一曰檟，三曰設，四曰暖茗，五曰荈，蓋因采茶之早晚而異其名），茶坊（茶館），茗具（茶具），茗肆（茶館）。

②念ㄇㄧㄥˊ（又讀）

【畝】①ㄇㄨˇ ②ㄇㄡˇ

①念ㄇㄨˇ，如：（名）一畝（土地面積單位），田畝。（南畝之泛稱）。

②念ㄇㄡˇ（又讀）。

【浮】①ㄈㄨˊ ②ㄈㄡˊ

①念ㄈㄨˊ，如：（動）漂浮，人浮於事，沈浮，浮動。（形）浮文，浮說，浮華，輕浮，浮雲朝露，浮躁。

②念ㄈㄡˊ（又讀）。

【倒】①ㄉㄠˇ ②ㄉㄠˋ ③ㄉㄠ

①念ㄉㄠˇ，如：（動）打倒，推倒，倒下，倒閉，倒斃，顚倒，倒坍，倒帳，倒手（換手）。（形）倒楣，倒運。

②念ㄉㄠˋ，如：（動）倒掉，倒茶，倒酒，倒車，倒退，倒戈。（副）倒行逆施，倒是，倒置，倒許，倒不如，倒反，倒好。（名）猶解倒懸也（孟子）。

③念ㄉㄠ引也，如：（動）倒線，倒繩子，倒氣兒（人將死呼吸急促）。（例）把毛匪打倒ㄉㄠ，給他來個倒ㄉㄠ栽葱（頭朝下活埋）。

【砥】①ㄉㄧˇ ②ㄓˇ

①念ㄉㄧˇ，如：（名）磨石之細者。砥柱（山名，山西平陵縣東南，當黃河中流）。寶砥縣（屬河北省）。（形）中流砥柱（喻國家之柱石

），砥墆（不流通，如「財無砥墆」見管墆子）。（動）砥礪。
②念ㄓˇ（又讀）。

【釘】①ㄉㄧㄥ ②ㄉㄧㄥˋ
①釘ㄉㄧㄥ，如：（名）釘子，鐵釘。（動）釘紐扣兒。釘鞋。拿眼釘著（注視）。釘倒（猶顛倒）。釘梢（跟踪）。
②釘ㄉㄧㄥˋ，如：（動）釘釘ㄉㄧㄥ子，釘書。（名）釘書器。
（例）拿鐵錘釘ㄉㄧㄥˋ釘ㄉㄧㄥ子。

【庭】①ㄊㄧㄥˊ ②ㄊㄧㄥˋ
①念ㄊㄧㄥˊ，如：（名）庭院，家庭，法庭，庭訓（父之教訓），庭辱（當衆侮辱如「庭辱之」見史記），庭闈（謂父母）。
②念ㄊㄧㄥˋ，如：（形）徑庭（相差很遠）。
（例）他們意見徑庭ㄊㄧㄥˋ，所以法庭ㄊㄧㄥˊ相見。

【娘】①ㄋㄧㄤˊ ②ㄋㄧㄚˋ
①念ㄋㄧㄤˊ，如：（名）親娘（生母），姑娘（少女之統稱），娘娘（1皇后之稱，2女神之稱），娘子關（在山西省平定縣）。
②念ㄋㄧㄚˋ，如：（名）娘兒們，娘兒倆（ㄋㄧㄚˋㄦˇㄌㄧㄚˇ），（女性與幼輩之合稱）。

【娜】①ㄋㄨㄛˊ ②ㄋㄨㄛˇ
①念ㄋㄨㄛˊ，女子。
②念ㄋㄨㄛˇ，如：（形）婀娜（柔弱貌，「華容婀娜」見洛神賦），嫋娜（柔而長也「兩枝楊柳小樓中，嫋娜多年伴醉翁」白居易別柳枝詩），娜娜（動搖貌，「春風娜娜還吹霰」見蘇軾詩）。

【浪】①ㄌㄤˋ ②ㄌㄤˊ ③ㄌㄤˇ
①念ㄌㄤˋ，如：（名）波浪，浪濤，聲浪。（動）放浪形骸，浪漫，浪費，浪蕩，浪迹（謂行踪無定），浪語。（姓）。
②念ㄌㄤˊ，如：（形）浪浪（流貌），滄浪（1謂水青色，如「垂影滄浪泉」見陸機詩，2謂漢水）。
③念ㄌㄤˇ，如：（形）孟浪，「夫子以爲孟浪之言」（莊子）。（動）「孟浪江湖竟何益」（廼賢詩）。
（例）孟浪ㄌㄤˇ是說鹵莽冒昧，不是姓孟名浪ㄌㄤˋ。
註：孟浪又讀如漫瀾，或寫爲㐭浪（類篇）魏書袁飜傳「識偏學疏，退慙謬浪」亦同。

【哩】①ㄌㄧ ②ㄌㄧˇ ③˙ㄌㄧ
①念ㄌㄧ（副）哩嚕（說話不清楚），哩哩囉囉（言語絮絮不休）。
②念ㄌㄧˇ（名）一哩（英里）。
③念˙ㄌㄧ（助）說話哩，他來求見哩。

【咧】①ㄌㄧㄝˇ ②ㄌㄧㄝˊ ③ㄌㄧㄝ

①念ㄌㄧㄝ,如:(副)咧咧.ㄌㄧㄝ(小兒哭),(形)咧子(謂欲譏人而不徑向對方發出者,如罵咧子,拽咧子等)。

②念ㄌㄧㄝˊ,如:(副)咧咧(ㄌㄧㄝˊ.ㄌㄧㄝ)(謂亂談)。

③念ㄌㄧㄝˇ,如:(動)咧開,咧嘴。

【倆】①ㄌㄧㄤˇ ②ㄌㄧㄚˇ

①念ㄌㄧㄤˇ,如:(名)伎倆(謂隨機應變之才能)。

②念ㄌㄧㄚˇ,如:(形)我倆,倆錢兒,倆心眼兒。

(例)他們倆(ㄌㄧㄚˇ)無甚伎倆(ㄌㄧㄤˇ)跑去臺北,身上帶的那倆ㄌㄧㄚˇ錢兒,沒兩天就花光了。

【烙】①ㄌㄨㄛˋ ②ㄌㄠˋ

①念ㄌㄨㄛˋ(讀音)炮烙(古刑法之一)。

②念ㄌㄠˋ,如:(動)烙餅,烙印。(名)烙餅,烙鐵(以火燒熱,可以熨物之一種鐵器,又名熨斗,功用相同,形不相似。

註:烙鐵.ㄊㄧㄝ之功用,與熨斗相同,形不相似。

【個】(箇) ①ㄍㄜˋ ②.ㄍㄜ

①念ㄍㄜˋ,如:(名)個兒(數,如「這梨不論斤賣,論個兒」),個子(猶言身量),個別,個性,個把月。(形)個般。個小兒膽識異常(見唐書)。

②念.ㄍㄜ,如:(量)一個,兩個。(代)這個,那個。

(例)我抓的幾個.ㄍㄜ匪諜,個個ㄍㄜˋ都是罪大惡極。

註:人身材之高矮,俗稱個兒高,個兒矮,ㄍㄜˋ字應寫作「骼」字,今俗多用「個」字。

【耕】①ㄍㄥ ②ㄐㄧㄥ

①念ㄍㄥ,如:(動)耕種,耕耘,耕作,舌耕,筆耕。(名)耕者有其田,耕牛。

②念ㄐㄧㄥ(語音),如:(動)耕地,耕的很深。

(例)一分耕ㄍㄥ耘,一分收穫,並不是要你去耕ㄐㄧㄥ地。

【骨】①ㄍㄨˇ ②ㄍㄨˊ ③ㄍㄨ ④.ㄍㄨ

①念ㄍㄨˇ,如:(名)骨肉,骨骼,骨董(即古董)。(形)骨氣,骨鯁(喻正直),沒筋骨(喻物之不堅)。

②念ㄍㄨˊ,如:(名)骨頭。(形)骨力(謂堅强),骨碌(滾轉貌),骨棒(堅硬也)。

③念ㄍㄨ,如:(名)骨朵兒(未開放之花朵)(或寫作胍肐)。

④念.ㄍㄨ,如:(名)胯骨。

(例)共匪是橫骨ㄍㄨˇ插心,生就的壞骨ㄍㄨˊ頭,我一骨ㄍㄨ腦兒,都把他胯骨.ㄍㄨ打碎。

【适】①ㄍㄨㄚ ②ㄎㄨㄛˋ

①念ㄍㄨㄚ，（副）（疾走也）。

②念ㄎㄨㄛˋ（又讀）。

【桄】①ㄍㄨㄤ ②ㄍㄨㄤˋ

①念ㄍㄨㄤ，如：（名）桄榔（樹木名）。

②念ㄍㄨㄤˋ，如：（名）織機之橫木，梯之橫木，船前橫木皆曰桄。一桄兒線（線一束），樹桄之（樹之支幹）。

【庫】①ㄎㄨˋ ②ㄕㄜˋ

①念ㄎㄨˋ，如：（名）倉庫。（藏財帛器物書籍之處皆曰庫）。姓氏。

②念ㄕㄜˋ，如：（名）姓庫，庫狄（複姓）。

註：姓氏之庫ㄕㄜˋ或從厂不從广。

【核】①ㄏㄜˊ ②ㄏㄨˊ

①念ㄏㄜˊ，如：（名）核兒（果內有硬殼之種子），核桃，核果（植物學名詞），核心（謂中心也），結核（結塊）。（動）核對，核奪，核算，核計，核准。

②念ㄏㄨˊ（果核，又讀），如：桃核兒，杏核兒，棗核兒。

（例）核ㄏㄜˊ桃有核ㄏㄨˊ兒嗎？

【害】①ㄏㄞˋ ②ㄏㄜˊ

①念ㄏㄞˋ，如：（動）傷害，害人，害命，妨害，損害，害病，害事（壞事），害怕，害羞，害臊。（名）害處，利害，害馬（語本莊子，喻一二小人之能害於公衆者），要害（致命處）。

②念ㄏㄜˊ（同曷）書經「時日曷喪」，孟子作「時日害喪」。（通何）如：「害澣害否」（見詩經）。

（例）共匪傷天害ㄏㄞˋ理，害ㄏㄜˊ不早死。

【逅】①ㄏㄡˋ ②ㄍㄡˋ

①念ㄏㄡˋ，如：（動）邂逅（不期而會）。

②念ㄍㄡˋ（又讀）。

【哼】①ㄏㄥ ②˙ㄏㄥ（˙ㄏㄫ）

①念ㄏㄥ，如：（動）哼哼（痛苦呻吟聲），哼哼唧唧（言緩而使人難解）。

②念˙ㄏㄥ，如：哼哼˙ㄏㄥ。

③念˙ㄏㄫ，（嘆）表鄙斥，如：哼！你配嗎？

（例）你看他無病呻吟，哼˙ㄏㄫ！哼ㄏㄥ哼˙ㄏㄥ的多難聽啊。

【桁】①ㄏㄥˊ ②ㄏㄤˊ ③ㄏㄤˋ

①念ㄏㄥˊ，如：（名）桁條（屋上之橫木）。

②念ㄏㄤˊ，如：（名）桁楊（古刑具，械錮頸及脛者，見莊子）。

③念ㄏㄤˋ，如：（名）衣架。「還視桁上無懸衣」，桁者架也，見古樂府。

【浣】①ㄏㄨㄢˇ ②ㄨㄢˇ
①念ㄏㄨㄢˇ，如：（動）浣滌（洗滌），浣雪（洗除罪名）。（名）上浣，中浣，下浣（月有三浣，十日爲一浣）。
②念ㄨㄢˇ（又讀）。

【晃】①ㄏㄨㄤˇ ②ㄏㄨㄤˋ
①念ㄏㄨㄤˇ，如：（形）晃朗（光明貌），晃耀（或曜）（光彩煥發）。（動）晃眼（耀眼），一晃（形影一瞥卽逝）。（名）晃縣（湖南縣名）。
②念ㄏㄨㄤˋ，如：（動）搖晃（搖擺），晃晃悠悠（搖蕩不定貌），晃蕩（猶搖晃），晃了晃蕩。一晃（閃，忽然而過）。
（例）燈光一搖晃ㄏㄨㄤˋ，顯得晃ㄏㄨㄤˇ眼。

【脊】①ㄐㄧˇ ②ㄐㄧˊ
①念ㄐㄧˇ，如：（名）脊背（身體之後背），脊椎骨（脊柱骨），脊柱（背部中央之骨柱），屋脊，山脊，脊令（鳥名）。
②念ㄐㄧˊ，如：（副）「天下脊脊大亂」相踐藉也，見莊子，廣雅云，亂也。（名）脊梁（梁轉讀爲ㄋㄧㄤˊ輕聲）脊柱也。

【家】①ㄐㄧㄚ ②ㄍㄨ
①念ㄐㄧㄚ，如：（名）家庭，家境，家眷，家長，家法。（形）家父，家兄。（代）家禽，家畜。（副）整日家，每天家（今用價）。
②念ㄍㄨ，如：（名）大家（對女子之尊稱），曹大家ㄍㄨ。
（例）大家（ㄐㄧㄚ）都尊敬班固的妹妹班昭，稱她曹大家ㄍㄨ。

【桔】①ㄐㄧㄝˊ ②ㄐㄩˊ
①念ㄐㄧㄝˊ，如：（名）桔梗（草名，莖可入藥），桔槔（汲水具）。（副）桔桀（高峻貌，見張衡賦）。
②念ㄐㄩˊ（俗橘字），如：（名）柑桔。

【俱】①ㄐㄩ ②ㄐㄩˋ
①念ㄐㄩ，如：（副）俱來，俱全，俱備。（名）俱樂部。俱藍（國名，在印度）。
②念ㄐㄩˋ（又讀），（名）俱舍宗（佛教八宗之一），俱生神（神名），俱生論（佛典名）。

【倔】①ㄐㄩㄝˊ ②ㄐㄩㄝˋ
①念ㄐㄩㄝˊ，如：（形）倔強ㄐㄧㄤˋ（梗戾貌），倔起（首出也）。
②念ㄐㄩㄝˋ，如：（形）倔巴棍子（謂人之言語粗直者）。

【豈】①ㄑㄧˇ ②ㄎㄞˇ
①念ㄑㄧˇ，如：（副）豈但，豈能，豈敢，豈止，豈有此理。
②念ㄎㄞˇ（通「愷」「凱」）如：（、

形）豈弟（同「愷悌」，如「豈弟君子」見詩經）。

（例）豈ㄎㄞˇ弟ㄊㄧˋ一詞，是說其人和樂平易，藹然可親，若念爲豈ㄑㄧˇ弟ㄉㄧˋ那就錯了。

【倩】①ㄑㄧㄢˋ ②ㄑㄧㄥˋ

①念ㄑㄧㄢˋ，如：（名）賢倩（壻）。（副）巧笑倩兮（含笑貌，見詩經）。（形）倩粧（裝束美麗），倩倩（美好貌），倩浰（疾貌）。

②念ㄑㄧㄥˋ，如：倩人，「謂爲倩人」見文選，（凡事請人代爲曰倩），倩工（請人代爲建築房屋或收割，而無工資叫倩工，華北農村有此習俗。）

【衾】①ㄑㄧㄣ ②ㄑㄧㄣˊ

①念ㄑㄧㄣ，如：（名）衾枕（被和枕），衾衽（謂枕席之間也）。

②念ㄑㄧㄣˊ，如：（名）衾單（殮屍之衣）。（又讀）。

【夏】①ㄒㄧㄚˋ ②ㄐㄧㄚˇ

①念ㄒㄧㄚˋ，如：（名）夏天，夏季，夏至，華夏（古時中國自稱），夏禹，夏布。

②念ㄐㄧㄚˇ，（名）夏楚（古學校中施行體罰之工具）。

（例）夏ㄐㄧㄚˇ楚是我們華夏ㄒㄧㄚˋ古時教育界所用體罰學生的工具。

【挾】①ㄒㄧㄝˊ ②ㄐㄧㄚˊ ③ㄒㄧㄚˊ

①念ㄒㄧㄝˊ，如：（動）挾制（仗勢欺人），挾恨（懷恨也），挾怨（有素怨也），挾貴（以高貴自矜），挾長（以年長自恃），不挾長不挾貴（見孟子，挾，持以自重之謂），挾泰山超北海（語本孟子，喻不能作之事），挾天子以令謀侯（見三國志，脅持也）。

②念ㄐㄧㄚˊ（同「夾」），如：（動）挾帶（夾帶），（通「浹」），如：（形）挾洽（同浹洽，周洽也，見荀子），挾日（同浹日，十日也，見國語）。

③念ㄒㄧㄚˊ（①又讀）。

【哮】①ㄒㄧㄠ ②ㄒㄧㄠˋ

①念ㄒㄧㄠ，如：（動）虎哮，哮吼，咆哮（暴怒喧呼）。（名）哮喘（病名）。（形）哮闞（猛獸怒貌）。

②念ㄒㄧㄠˋ，如：（動）高聲呼喚。

【校】①ㄒㄧㄠˋ ②ㄐㄧㄠˋ

①念ㄒㄧㄠˋ，如：（名）學校，校友，校官，將校，校長。

②念ㄐㄧㄠˋ，如：（名）校場。（動）犯而不校（論語），校對，校正，校訂，校量（同較量），校閱，計校，考校。

（例）他在學校ㄒㄧㄠˋ裏，擔任校ㄐㄧㄠˋ對工作。

【涎】①ㄒㄧㄢˊ ②ㄧㄢˋ

①念ㄒㄧㄢˊ，如：(名)口涎(口液也)，涎沫，垂涎「吟哦口垂涎，嚼味有餘雋」(黃庭堅詩)。(動)涎臉(惹人煩厭之意)。(形)粘涎(喻拖沓不爽快)。

②念ㄧㄢˋ，如：(動)謂邐池相連，「池涎八裔」見木華賦。

【值】①ㄓˊ ②ㄓˋ

①念ㄓˊ，如：(名)價值。(動)值日，值班(兒)，值遇(猶言遭逢)，值錢。(副)值得(價值相稱)。

②念ㄓˋ，如：(動)值其鷺羽(持也，見詩經)。

【柣】①ㄓˋ ②ㄉㄧㄝˋ

①念ㄓˋ，如：(名)柣謂之閾(門限，見爾雅)。

②念ㄉㄧㄝˋ，如：(名)桔柣(ㄐㄧㄝˊ ㄉㄧㄝˊ)(春秋時鄭國遠郊門名，見左傳)。

【紮】(紥)①ㄓㄚ ②ㄗㄚ

①念ㄓㄚ，如：(名)一紮(一束)。(動)駐紮(屯兵也)，紮營，紮寨，紮裹(同札裹)。

②念ㄗㄚ，如：(動)紮帶子，紮小辮兒，「我和你紮上了」(糾纏不放也)。

(例)這孩子紮ㄗㄚ兩個小辮兒，是誰給他紮ㄓㄚ裹·ㄍㄨㄛ的(修飾裝束)這麼漂亮。

【窄】①ㄓㄞˇ ②ㄗㄜˊ

①念ㄓㄞˇ(語音)，如：(形)狹窄，心窄，道窄，寬窄。

②念ㄗㄜˊ(讀音)。

【振】①ㄓㄣˋ ②ㄓㄣ

①念ㄓㄣˋ，如：(動)振作，振奮，振動(猶震動)，振濟(猶賑濟)，威振天下(見史記)，振旅(出軍戰勝，整隊而歸)，振書(拭拂也，見禮記)，振槁(擊也，槁，枯葉也，言如擊枯葉之易，見荀子)。

②念ㄓㄣ，如：(形)振振公子(見詩經，仁厚)，均服振振(見左傳，盛貌)。

【追】①ㄓㄨㄟ ②ㄉㄨㄟ

①念ㄓㄨㄟ，如：(動)追放(放逐)，追捕，追念，追悔，追究，追蹤，追隨，追求，追遠(謂祭祀祖先，如「慎終追遠」見論語)，追悼，追贈，追認(事後承認)。

②念ㄉㄨㄟ，如：(動)追琢其章(見詩經，雕琢也)。(名)以追蠡(見孟子，鐘鈕也)，追師(古官名)。

(例)追ㄉㄨㄟ師，是古時掌冠冕的官職，不是去追ㄓㄨㄟ老師。

【眙】①ㄔˋ ②ㄧˊ

①念ㄔˋ，如：（動）目眙不禁（見史記，直視）。

②念ㄧˊ，如：（名）盱眙（ㄒㄩ ㄧˊ）（安徽省縣名，又山名，舊名馬鞍山）。

【差】①ㄔㄚ ②ㄔㄚˋ ③ㄔㄞ ④ㄘ ⑤ㄘㄨㄛ ⑥ㄔㄞˋ

①念ㄔㄚ讀音，如：（動）差誤，相差，差別，偏差，差錯，不差甚麼的（大部大半之意）例：在臺灣不差甚麼的都是短打扮兒，很少再穿長袍的了。差可。（名）差號，差數。夫差（春秋時吳王）。

②念ㄔㄚˋ語音，如：（動）差不多，差不離兒，差子（猶岔子），不差甚麼（沒有大不同）例：這哥兒倆的模樣不差甚麼。（副）差一點兒。

③念ㄔㄞ，如：（名）當差，郵差，差事，差人，差役。（動）差遣，差使，出差，公差。

④念ㄘ，如：（副）參ㄘㄣ差ㄘ不齊。「差爵祿」（制等級也）見荀子大略。

⑤念ㄘㄨㄛ，如：（動）差跌（1.謂失墜，2.猶言相左，如「差跌不面」見後漢書）。（動）差沐。

⑥念ㄔㄞˋ同瘥，如：「疾小差」病愈也，見後漢書張遼傳。

【臭】①ㄔㄡˋ ②ㄒㄧㄡˋ

①念ㄔㄡˋ，如：（名）臭氣（化學名詞），臭素（化學原素），臭感（礦物學名詞），臭豆腐。（副）臭罵（痛罵），臭打（痛打），臭美。臭嚼（語言無味而絮絮不休）。（形）臭錢（富而不仁的錢）。（動）臭了（如好朋友忽然臭了（感情冷漠））。

②念ㄒㄧㄡˋ，如：（名）氣味。（動）通嗅，「三臭之，不食也」見荀子。

（例）毛賊東遺臭ㄔㄡˋ萬年，他死了，那堆臭ㄔㄡˋ骨頭，野狗見了，也是三臭ㄒㄧㄡˋ而不食。

【剗】①ㄔㄢˇ ②ㄔㄢˋ

①念ㄔㄢˇ，如：（動）剗地（以襪履地），剗跡（匿跡）。（副）剗地（猶怎的，是元曲）。

②念ㄔㄢˋ，如：（動）活計以鋤剗（見韓愈詩，攻，平治）。

【倡】①ㄔㄤˋ ②ㄔㄤ

①念ㄔㄤˋ，如：（動）倡導，提倡，倡言，夫倡婦隨（同唱）。

②念ㄔㄤ，如：（名）倡妓（同娼）倡狂（同猖）（謂縱恣而無檢束「倡女不勝愁」，見劉邈詩。（動如「倡狂忘行」見莊子）。

（例）倡ㄔㄤ狂忘行的人，豈能ㄔㄤˋ導守法節約呢？

【乘】①ㄔㄥˊ ②ㄕㄥˋ

①念ㄔㄥˊ，如：（動）乘車，乘船，乘馬，乘涼，乘機，乘隙，乘勢（猶言趁勢）。（名）乘法，乘客。
②念ㄕㄥˋ，如：（名）一乘（古時四馬駕車爲一乘），千乘之國（見孟子），史乘（記史事的書），乘馬在廐（見詩經），大乘教（謂救濟大衆之佛教）。
（例）家有百乘ㄕㄥˋ也只乘ㄔㄥˊ一乘ㄕㄥˋ。

【秤】①ㄔㄥˋ　②ㄆㄧㄥˊ
①念ㄔㄥˋ（同稱），如：（名）秤桿，秤鈎（兒），秤坨。（計輕重之器叫秤）。
②念ㄆㄧㄥˊ，如：（名）天秤（同「天平」）。
（例）天秤ㄆㄧㄥˊ和秤ㄔㄥˋ都是計重量的東西。

【畜】①ㄔㄨˋ　②ㄒㄩˋ
①念ㄔㄨˋ，如：（同）畜生，家畜，六畜，畜類（罵人）。
②念ㄒㄩˋ，如：（動）畜牧，畜養。
（例）畜ㄒㄩˋ牧者，畜ㄒㄩˋ養很多家畜ㄔㄨˋ。

【純】①ㄔㄨㄣˊ　②ㄓㄨㄣˇ
①念ㄔㄨㄣˊ，如：（形）純品，純粹，純白，純潔，純淨，純正，純原，純樸，純如（和諧貌，見論語）。（名）今也純儉吾從衆（見論語）（絲也）。
②念ㄓㄨㄣˇ，如：冠衣不純素（見禮記，純，緣邊也）。

【射】①ㄕㄜˋ　②ㄕˊ　③ㄧˋ　④ㄧㄝˋ
①念ㄕㄜˋ，如：（動）反射，注射，噴射，射擊，射獵（打獵），射柳（古軍中遊戲）。（名）射垜（土箭靶），射踏子（章魚別名），射筒（竹名），射禮（古隆重典禮）。
②念ㄕˊ，如：（動）發箭曰射。
③念ㄧˋ，如：（名）無射（古音律名）。
④念ㄧㄝˋ，如：（名）僕射（古官名）。

【捎】①ㄕㄠ　②ㄕㄠˋ
①念ㄕㄠ，如：（動）捎帶（携帶），捎帶脚兒（順便）。（名）捎間兒（房之套間）。
②念ㄕㄠˋ，如：（動）捎雨（雨順風向而落），捎捎（牛馬駕車時，喝其倒退），捎色ㄕㄞˇ（布帛落色）。（名）捎馬子（布製囊橐，兩端均可裝物）。

【扇】①ㄕㄢˋ　②ㄕㄢ
①念ㄕㄢˋ，如：（名）扇子，電風扇，單扇門，門扇。
②念ㄕㄢ，如：（動）扇火，扇扇ㄕㄢˋ子，扇風，扇惑，扇揚，扇動，扇誘。（形）扇風耳朵（謂兩耳輪之傾向前方者）。

（例）一扇ㄕㄢˋ扇ㄕㄢ子就有風。
註：ㄕㄢˋ，ㄕㄢ只是一個「扇」字，後來把拿手打臉或用扇起風的ㄕㄢ寫作「搧」字，ㄕㄢ惑，ㄕㄢ動的ㄕㄢ寫作「煽」字，現在也有人通用扇字，不加區別，但讀時應加區別。

【娠】①ㄕㄣ ②ㄓㄣˋ
①念ㄕㄣ，名：（名）妊娠，稱婦女懷孕。
②念ㄓㄣˋ（又讀）。

【衰】①ㄕㄨㄞ ②ㄘㄨㄟ
①念ㄕㄨㄞ，如：（形）衰弱，衰退，衰老，衰敗，衰邁。
②念ㄘㄨㄟ，如：（名）斬衰（孝服）。（動）自是以衰（見左傳），子見齊衰者（論語）。
（例）自是以衰ㄘㄨㄟ是說依一定之等級層遞而下，並不是從此衰ㄕㄨㄞ退了。

【茹】①ㄖㄨˊ ②ㄖㄨˋ
①念ㄖㄨˊ，如：（名）根之相連者，如「拔茅連茹」（見易經），菜之總稱，如「白露之茹」（見枚乘文）。姓茹。（動）茹素（吃素食），茹毛飲血（獵取禽獸生吃），茹痛（忍痛）。（形）茹魚（臭敗之魚），茹蕙（柔也，見楚辭）。
②念ㄖㄨˋ（又讀）。

【辱】①ㄖㄨˋ ②ㄖㄨˇ
①念ㄖㄨˋ，如：（名）恥辱，羞辱。（動）汚辱，辱罵，辱沒，辱命，辱國。（副）辱臨（對來人之謙詞），辱承，辱荷（受人隆情，謙曰辱承，辱荷）。
②念ㄖㄨˇ（又讀）。

【茸】①ㄖㄨㄥˊ ②ㄖㄨㄥˇ
①念ㄖㄨㄥˊ，如：（名）鹿茸（初生之鹿角），茸母（即鼠麴草），茸線（即絨線，見元史），茸兒（卵胚之俗稱），新蒲含紫茸（見謝靈運詩，即俗謂之蒲絨也）。（副）茸茸（草盛貌，見沈明臣詩）。
②念ㄖㄨㄥˇ，如：（動）「僕又茸以蠶室」（推致也，見漢書）。（名）同「氄」（細密之毛）。（形）龍茸（攢羅列聚，叢以龍茸兮，見司馬相如傳，叢聚貌）。闒茸（猥賤之稱，如「在闒茸之中」，見漢書司馬遷傳，「闒茸尊顯兮」見賈誼傳）。

【茲】①ㄗ ②ㄘˊ
①念ㄗ，如：（名）今茲（今年），今茲美禾，來茲美麥（年也，見呂覽）（通滋）。（代）念茲在茲（此也）。（助）「嗚呼！休茲」語尾助詞，見書經。
②念ㄘˊ，如：（名）龜茲（ㄑㄧㄡ ㄘˊ）（漢時西域國名，即今新疆庫車縣地）。

【恣】①ㄗˋ ②ㄘ ③ㄗ

①念ㄗˋ，如：（動）恣意（猶言縱心，如「恣意所欲，其樂無比」，見列子。恣肆，恣縱，恣情聲色。

②念ㄘ，如：（動）恣睢（縱恣暴厲之意，如：暴戾恣睢（見史記，伯夷傳）。縱情性，安恣睢，禽獸之行（見荀子非十二子）。

③念ㄗ，①②之又讀。

【叟】①ㄙㄡˇ ②ㄙㄡ ③ㄒㄧㄠ

①念ㄙㄡˇ，如：（名）叟，不遠千里而來（稱長老之人，見孟子）。

②念ㄙㄡ，如：（名）叟兵（謂蜀兵，漢代稱蜀爲叟）。（副）叟叟（即溲溲，淘米聲，見詩經）。

③念ㄒㄧㄠ，如：景曰叟叟也（動也，見莊子）。

【索】①ㄙㄨㄛˇ ②ㄙㄨㄛˊ

①念ㄙㄨㄛˇ，如：（名）繩索，索子，索引。（動）搜索，索取，索要。（形）索然。（副）索居，索索（1.心懼貌，2.形聲，如「樹索索而搖枝」見江總賦，3.蕭條狀，4.索然）。

②念ㄙㄨㄛˊ，如：（副）索性。

（例）這種電影使人看著興致索ㄙㄨㄛˇ然，索ㄙㄨㄛˇ性去聽平劇罷。

【孫】①ㄙㄨㄣ ②ㄒㄩㄣˋ ③ㄙㄨㄣˋ

①念ㄙㄨㄣ，如：（名）姓孫，孫子，曾孫，玄孫，孫竹（竹根旁出之竹）。

②念ㄒㄩㄣˋ，如：（動）孫以出之（見論語，謙遜），夫人孫於齊（見春秋，遁避）。

③念ㄙㄨㄣˋ（②之又讀）。

（例）孫ㄙㄨㄣ先生，請教您，「近之則不孫ㄒㄩㄣˋ」這句話，是孔子說的嗎？

【悚】①ㄙㄨㄥˇ ②ㄙㄨㄥˊ

①念ㄙㄨㄥˇ，如：（副）「毛骨悚然」恐懼貌。（動）悚慄（戰慄），惶悚（害怕）。

②念ㄙㄨㄥˊ，如：（形）悚人（譏人懦弱）。

（例）武大郎看見西門慶，就毛骨悚ㄙㄨㄥˇ然，有句俏皮話兒，「武大郎賣豆腐，人悚ㄙㄨㄥˊ貨軟」。

【益】①ㄧˋ ②ㄧˊ

①念ㄧˋ，如：（名）益處，有益，利益，益友，姓益，其家必日益（見呂覽，富饒也）。（動）延年益壽，進益，出利金以益公賞（助也，見國策）。（副）益發，益甚，多多益善，如水益深，如火益熱（見孟子）。

②念ㄧˊ（又讀），如：益處（語音）。

【舀】①ㄧㄠˇ ②ㄨㄞˇ ③ㄎㄨㄞ

①念ㄧㄠˇ，如：（名）水舀子（搯水之杓）。（動）舀水。

②念ㄨㄞˇ（語音），如：（動）舀水。

③念ㄎㄨㄞˇ（語音之又讀）。

【烟】①ㄧㄢ ②ㄧㄣ

①念ㄧㄢ，如：（名）香烟，烟草（同菸），炊烟，烟土（生鴉片），雲烟，烟霧，鍋烟，松烟，人烟，烟火。

②念ㄧㄣ，如：（名）烟熅（亦作絪縕，又作氤氳，天地合氣也）。

【剡】①ㄧㄢˇ ②ㄕㄢˋ

①念ㄧㄢˇ，如：（動）安欲剡其脛以蹈秦之腹（見荀子，斬也）。（形）銳利也，見說文。

②念ㄕㄢˋ，如：（名）剡溪（水名，在浙江省，卽曹娥江之上游）。

【殷】①ㄧㄣ ②ㄧㄢ ③ㄧㄣˇ

①念ㄧㄣ，如：（名）殷商（朝代名），殷契（卽甲骨文字）。（形）殷實（富庶），殷富（殷實富足），殷憂（深憂），殷勤（同「慇懃」）。

②念ㄧㄢ如：（形）殷紅（深紅），「左輪朱殷」赤黑色也，見左傳。

③念ㄧㄣˇ，如：（形）殷其雷（殷，狀聲之詞，見詩經）。

【倭】①ㄨㄛ ②ㄨㄟ

①念ㄨㄛ，如：（名）倭奴（日人），倭刀（日人舊時所製佩刀），倭瓜。

②念ㄨㄟ，如：（形）周道倭遲（見詩經，遠貌）。

【原】①ㄩㄢˊ ②ㄩㄢˋ

①念ㄩㄢˊ，如：（名）平原，原野，原本，九原（墓地），（形）原料，原有，原始，原來，原因，原文兒，原物。（動）原諒，原宥，原夢（卽圓夢）。

②念ㄩㄢˋ（通「愿」）（謹，善）。「鄉原德之賊也」見論語。

【員】①ㄩㄢˊ ②ㄩㄣˊ ③ㄩㄣˋ

①念ㄩㄢˊ，如：（名）官員，教員，職員，員工，員外，幅員（領域也）。（量）一員。

②念ㄩㄣˊ，如：（動）無棄而輔，員于爾幅，益也，見詩經。（名）伍員（人名）。烏員（地名）。（助）通云，聊樂我員。

③念ㄩㄣˋ姓氏，如：員半千，人名，唐棣州刺史。

（例）春秋時，伍員ㄩㄣˊ本是一員ㄩㄢˊ大將，後因平王殺他全家，他逃過昭關投奔吳國去了。

【痾】①ㄜ ②ㄎㄜ

①念ㄜ，如：（名）沈痾（老病），養痾（養病）。

②念ㄎㄜ（又讀）。

【哦】①ㄜˊ ②ㄛˊ

①念ㄜˊ，如：（動）口哦七字黃庭篇（見陸游詩，哦，吟也）。

②念ㄛˊ，如：（嘆）哦！你就是××，哦呵ㄏㄜ！來了這怎多人，哦呀，又抓了一大把出去，哦喲ㄧㄛ！這麼些！

註：歎詞之哦ㄛ，單用聲音拉長，讀音平則表「覺悟」，故亦可兼用作答應聲，如：哦ㄛ！原來是你阿！哦ㄛˋ！有這樣贖不了的大錯。哦ㄛˊ！你就是來霞士。哦ㄛˊ呀！又抓了一大把去！（重在ㄛ聲揚，兼讚歎之意）。

【挨】①ㄞ ②ㄞˊ

①念ㄞ，如：（動）挨餓，挨攮（磨擦也），挨磨（挨，推也）。（被性助動）挨打，挨罵，挨揍，挨噌ㄘㄥ，挨呲（謂受叱責）。（名）挨他（種族名，居於非律賓羣島，形似非洲人，生活低陋）。挨佛勒斯峯（峯名，西馬拉雅山脈中最高峯），挨斯蘭，即冰島。挨斯基摩，種族名，在北美之北部。（介）挨著（如一個挨一個）。挨次，依照次序也。挨近，靠近也。挨門兒，挨戶兒，依次逐家也。如「他挨門兒送到」見紅樓夢。

②念ㄞˊ（挨餓，挨次，挨打等之又讀）。

【敖】①ㄠˊ ②ㄠˋ

①念ㄠˊ，如：（動）敖遊（本詩經「以敖以遊」），敖戲無度（見三國志，嬉戲），敖翔（猶翺翔，如：「敖翔太清」見後漢書）。（形）敖民（猶遊民，如：「邑亡敖民」見後漢書），敖敖（長貌，如「碩人敖敖」見詩經），天下敖然，若燒若焦（見荀子）。（名）姓敖，敖山（1.在河南，2.在山東）。

②念ㄠˋ（同「傲」），如：（動）敖弄（謂諧謔，如「自公卿在位，朔皆敖弄無所為屈」，見漢書東方朔傳），敖敖（傲也，見爾雅）。

【俺】①ㄢˇ ②ㄧㄢˋ

①念ㄢˇ，如：（代）俺家，俺們，俺家的（當家的，妻稱夫）。

②念ㄧㄢˋ，如：（形）大也，見說文

【婢】①ㄅㄧˋ ②ㄅㄟˋ

①念ㄅㄧˋ，如：（名）婢女（1.古婦人自謙之稱，2.使女也）。

②念ㄅㄟˋ（又讀）。

【排】①ㄆㄞˊ ②ㄆㄞˇ

①念ㄆㄞˊ，如：（動）排列，排隊，編排，安排，排擠，排斥，排遣，排班，排闥直入（推門而進也，見史記）。（量）一排兵。（名）排長，排球，排骨。

②念ㄆㄞˇ，如：（名）排子車。（例）那一排ㄆㄞˇ排ㄆㄞˇ子車都是等

著人雇的。

【培】①ㄆㄟˊ ②ㄆㄡˇ

①念ㄆㄟˊ，如：（動）培植，培養，培育，培壅（培養也）。

②念ㄆㄡˇ，如：（名）培塿（小土山，亦作部婁，見晉書陸玩傳）培婁（左傳襄公廿四年）㟝嶁（淮南子原道）抔樓（史記淳于髡傳索隱）附婁（說文）。

【票】①ㄆㄧㄠˋ ②ㄆㄧㄠ ③ㄅㄧㄠ ④ㄅㄧㄠˋ

①念ㄆㄧㄠˋ，如：（名）鈔票，支票，匯票，期票，龍票，票房，票友兒，票匪，票子，綁票（兒）（匪徒稱被綁之人曰票兒），票活（無酬償之工作）。（量）一票。

②念ㄆㄧㄠ，如：（形）票姚（勁疾貌，亦作嫖姚，剽姚，票鷂），（副）「票然逝」（輕舉之狀）（漢書禮樂志）。

③念ㄅㄧㄠ，火飛也，見說文太玄沈：「見票如累明，利以正於王」。

④念ㄅㄧㄠˋ，如：（名）票騎（將軍之名號，見漢書），通驃。

註：票姚亦作剽姚，見史記霍去病傳，票鷂，見漢紀李武紀，嫖姚，見天祿閣外史遇樵，彯搖，見文選王融曲水詩序，飄颻，見周庾信哀江南賦，僄狡，見後漢書馬融傳。

【莫】①ㄇㄛˋ ②ㄇㄨˋ

①念ㄇㄛˋ，如：（名）姓莫，莫干山（在浙江省）。（副）莫不是，莫非，莫道，莫逆（至交），莫若，莫如，莫名其妙（無可言喻也）。

②念ㄇㄨˋ（同暮）「不夙則莫」見詩經。「言采其莫」草名，可爲蔬，見詩經。「莫春者，春服旣成」，見論語。

註：按莫字從草從日從大，意日在草下面見甚大，卽是暮矣。乃後又於大字下加日以讀ㄇㄨˋ，其實古時的ㄇㄨˋ ㄇㄛˋ只此一字兩用。

【麥】①ㄇㄞˋ ②ㄇㄛˋ

①念ㄇㄞˋ（語音），如：（名）大麥，小麥，麥子，姓麥。

②念ㄇㄛˋ（讀音），如：（名）麥加（地名，阿拉伯之都會，穆罕默德誕生於此），麥信風（語見國史補，陰曆五月之東北風），麥舟（謂賻贈，語本范仲淹子純仁以麥舟贈石延年事）。

【莩】①ㄈㄨˊ ②ㄆㄧㄠˇ

①念ㄈㄨˊ，如：（名）葭莩（1.蘆中之薄膜，2.（形）喻親屬關係之微薄），莩末（謂微薄），莩甲（萌芽）。

②念ㄆㄧㄠˇ（名）（同殍）（餓死者）。「野有餓莩」見孟子。

【脯】①ㄈㄨˇ ②ㄆㄨˊ

①念ㄈㄨˇ，如：（名）（肉乾果乾叫

脯），肉脯，桃脯，杏脯，脯資（語見左傳，謂資糧，後借用爲旅費之用）。脯醢（古之酷刑）。

②念ㄆㄨˊ，如：（名）胸脯子，脯兒（胸部肌肉）。

【得】①ㄉㄜˊ　②．ㄉㄜ　③ㄉㄟˇ　④ㄉㄞˇ

①念ㄉㄜˊ，如：（動）得到，得著，得意，自得，相得，得罪，得志，得勢。（副）得了，你不要說了。

②念．ㄉㄜ，如：（助）走得動，拿得穩，好得很，大得很。

③念ㄉㄟˇ，如：（動）得虧（幸虧）。（副）你得努力念書，必得，總得，必須也。

④念ㄉㄞˇ，如：（動）得苦子（遭受）。

（例）得ㄉㄜˊ意忘形，要不得．ㄉㄜ，還得ㄉㄟˇ及時努力，否則會得ㄉㄞˇ苦子。

【酖】①ㄉㄢ　②ㄓㄣˋ

①念ㄉㄢ，如：（動）荒酖（嗜酒）。（副）酖酖（安樂貌）。

②念ㄓㄣˋ（亦作鴆），如：（形）酖毒（同鴆毒，喻毒害之甚者，如：「宴安酖毒，不可懷也」見左傳）。

【堆】①ㄉㄨㄟ　②ㄗㄨㄟ

①念ㄉㄨㄟ，如：（動）堆積，堆砌。（名）堆子，堆房，堆棧，一大堆垃圾。（動）堆金積玉（喻富有）。

②念ㄗㄨㄟ，如：（名）一堆之語音，如：堆兒，堆堆兒。（動）歸了包堆，總計也。

【陶】①ㄊㄠˊ　②ㄧㄠˊ

①念ㄊㄠˊ，如：（名）陶器，姓陶。（動）甄陶，陶鑄，薰陶，陶化，陶冶。（副）陶陶，陶然。

②念ㄧㄠˊ，如：（名）皋陶（舜之臣）。

（例）皋陶ㄧㄠˊ樂陶陶ㄊㄠˊ。

【探】①ㄊㄢˋ　②ㄊㄢ

①念ㄊㄢˋ，如：（動）探聽，探望，探險，探求，試探，打探，探索，窺探，探親。（名）探子，探馬。

②念ㄊㄢ，如：（動）探湯（探沸湯則手爛，喻戒懼之意，如「見不善如探湯」見論語）。

（例）我聽說探ㄊㄢˋ險，有甚於探ㄊㄢ湯。

【惝】①ㄊㄤˇ　②ㄔㄤˇ

①念ㄊㄤˇ，如：（形）惝怳，惝然（失意不悅貌）。

②念ㄔㄤˇ（又讀）。

【茶】①ㄊㄨˊ　②ㄕㄨ

①念ㄊㄨˊ，如：（名）茶毒（苦菜與螫蟲，喻苦毒），如火如茶，茶首（謂白首老人，見管子）。（形）

荼炭（猶塗炭，喻處困苦之境）。
②念ㄕㄨ，如：（名）神荼鬱壘ㄌㄩˋ（二神名，相傳以為門神，見山海經）。

【脫】①ㄊㄨㄛ ②ㄊㄨㄛˇ
①念ㄊㄨㄛ，如：（動）脫罪，脫逃，脫衣，脫離，脫險，脫髮，脫落，脫口而出，脫稿。（形）灑脫，脫俗，脫然。（副）脫或，脫令。
②念ㄊㄨㄛˇ，如：（動）脫開，脫懶兒，脫心靜兒。
（例）脫ㄊㄨㄛˇ離了父子關係，你也脫ㄊㄨㄛˇ不了責任。

【淖】①ㄋㄠˋ ②ㄓㄠˋ
①念ㄋㄠˋ，如：（名）泥淖，淖糜（粥也，如：「食有淖糜猶足飽」見陸游詩）。（形）淖濘（泥濘）。
②念ㄓㄠˋ，如：（形）嘉薦普淖（和也，見儀禮）。

【鳥】①ㄋㄧㄠˇ ②ㄉㄧㄠˇ
①念ㄋㄧㄠˇ，如：（名）小鳥，水鳥，鳥盡弓藏（語本史記，喻天下平定後遺棄功臣）。（形）鳥道（謂絕險之道）。（副）鳥瞰（自上視下）。
②念ㄉㄧㄠˇ，如：（形）鳥兒郎當。
（例）這個人鳥ㄉㄧㄠˇ兒郎當的，把白玉鳥ㄋㄧㄠˇ弄脫了籠了。

【粘】①ㄋㄧㄢˊ ②ㄓㄢ
①念ㄋㄧㄢˊ（同黏），如：（動）粘著（纏擾不舍），粘貼。（形）粘皮帶骨（喻糾纏或頭緒不清）。
②念ㄓㄢ（語音），如：（動）粘貼（膠附）。

【捻】①ㄋㄧㄢˇ ②ㄋㄧㄝ
①念ㄋㄧㄢˇ，如：（動）（與「撚」通），捻線（以手相搓）。（名）捻匪，捻兒（紙捻兒，燈捻兒），捻捻轉兒（玩具，捻之則旋轉）。
②念ㄋㄧㄝ，如：（動）捻鼻（捏也，輕視之態，如：「但恭坐捻鼻顧睞」見世說）。

【淰】①ㄋㄧㄢˇ ②ㄕㄣˇ
①念ㄋㄧㄢˇ，如：（名）農具，取水於淤泥曰淰，見正字通。（形）水無波，見集韻。「山雲淰淰寒」言寒雲凝聚，如不波之水，見杜甫放船詩。
②念ㄕㄣˇ，如：（動）「故魚鮪不淰」（魚駭走也，見禮記）。

【唸】①ㄋㄧㄢˋ ②ㄉㄧㄢˋ
①念ㄋㄧㄢˋ（同「念」），如：（動）唸書，唸經。
②念ㄉㄧㄢˋ，如：（動）唸吚ㄒㄧ（同「殿屎」，呻吟也，見詩經）。

【啦】①ㄌㄚ ②·ㄌㄚ

①念ㄌㄚ，如：（名）啦嗎甸（地名在遼寧省），啦啦隊（象聲字）。
②念．ㄌㄚ，如：（助）來啦，去啦，好啦（了的變音）。
（例）啦ㄌㄚ嗎甸的運動員來啦．ㄌㄚ，啦啦ㄌㄚ隊也來啦．ㄌㄚ。

【勒】①ㄌㄜˋ ②ㄌㄜ ③ㄌㄟ

①念ㄌㄜˋ讀音，如：（名）勒竹（竹名），姓勒。（副）勒索（強索），勒令（迫令），勒逼（威逼）。（動）勒馬（使馬停止前進），勒石，勒碑（刻字於碑），親勒六軍（治也，見後漢書）。
②念ㄌㄜ（語音）。
③念ㄌㄟ，如：（動）勒死，勒巴（ㄌㄟ．ㄅㄚ）（緊束），（勒掯（ㄌㄟ．ㄎㄣ）（強制）。
（例）毛匪勒ㄌㄜ逼老百姓參加「人民公社」，人人都想用繩子勒ㄌㄟ死他。

【徠】①ㄌㄞˊ ②ㄌㄞˋ

①念ㄌㄞˊ，如：（名）徂徠（山名，亦作徂來，在今山東省），徂徠集，宋石介所撰文集。徠孫（即來孫，玄孫之子，見爾雅）。（動）招徠，謂設法招致。
②念ㄌㄞˋ，如：（動）勞徠（慰勞，撫其至也，如：「高祖引孝孫胄玄等親自勞徠」見隋書）。
註：徠爲「來」字，見漢書郊祀誌「天馬徠，從西極」。

【累】①ㄌㄟˇ ②ㄌㄟˋ ③ㄌㄟˊ

①念ㄌㄟˇ，如：（動）累積，虧累，家累，累牆（砌牆）。（形）累次，累年，累累，累日，累月經年。（名）累犯。（副）累戰。
②念ㄌㄟˋ，如：（動）勞累，累的慌，連累，累及，累懇，累人。（副）累死。
③念ㄌㄟˊ，如：（形）累贅。
（例）累ㄌㄟˇ次連累ㄌㄟˋ我，眞累ㄌㄟˊ贅，我都累ㄌㄟˋ得慌了。

【婁】①ㄌㄡˊ ②ㄌㄩˇ ③ㄌㄩˊ

①念ㄌㄡˊ，如：（名）星名（二十八宿之一）姓婁，婁山（貴州山名），婁縣（江蘇省舊縣名），婁湖（湖名，在江蘇江寧縣南）。
②念ㄌㄩˇ，如：（動）牛馬維婁（見公羊傳，繫馬曰維，繫牛曰婁）（古「屢」字）。
③念ㄌㄩˊ，如：（名）離婁（人名）又（孟子章名）（但俗念ㄌㄡˊ）。（動）子有衣裳弗曳弗婁（詩）。

【連】①ㄌㄧㄢˊ ②ㄌㄧㄢ

①念ㄌㄧㄢˊ，如：（動）連接，連貫，連帶。（副）連忙，連年，流連。（特介）你連那張報拿來。（連）連一根針掉在地下都聽得見（表進層），米沒有連炭也沒有（與，及）。（名）姓連。（量）一連兵。

②念ㄌㄧㄢˊ(接連，連續之語音)。
(名)連屬，連兒繩。

【淋】①ㄌㄧㄣˊ ②ㄌㄧㄣˋ ③ㄌㄩㄣˊ
①念ㄌㄧㄣˊ，如：(動)淋沃。(形)淋淋，淋漓，淋漓盡致(喻暢達詳盡之意)。(名)淋巴腺。
②念ㄌㄧㄣˋ，如：(動)過淋(過濾)(又讀)。(名)淋症。
③念ㄌㄩㄣˊ，如：(動)淋雨，淋透了，淋濕了。
(例)被雨淋ㄌㄩㄣˊ濕了，全身都水淋淋ㄌㄧㄣˊ的。

【涼】①ㄌㄧㄤˊ ②ㄌㄧㄤˋ
①念ㄌㄧㄤˊ，如：(形)涼快，涼爽，涼風，涼颼颼的(微寒貌)，涼德(薄德)。(名)著涼(感冒)，西涼(古地名和國名)，前後涼(東晉時國名)。姓涼。涼亭，涼棚。
②念ㄌㄧㄤˋ，如：(動)涼一涼，涼衣服。
(例)涼ㄌㄧㄤˊ風兒一吹，就涼ㄌㄧㄤˋ乾了。

【陸】①ㄌㄨˋ ②ㄌㄧㄡˋ
①念ㄌㄨˋ，如：(名)大陸，陸地，陸路，陸軍，陸費(複姓)，姓陸。(形)陸離。(副)陸續。
②念ㄌㄧㄡˋ，如：(名)陸拾，陸佰(六之大寫)。
(例)先給你陸ㄌㄧㄡˋ佰元，下次的我再陸ㄌㄨˋ續還。

【崗】①ㄍㄤ ②ㄍㄤˇ
①念ㄍㄤ(同「岡」)(山脊)。
②念ㄍㄤˇ(同「岡」又讀)，(名)崗位，崗警，岡樓兒(房上崗亭)。
(例)在高崗ㄍㄤ上站崗ㄍㄤˇ。

【勘】①ㄎㄢˋ ②ㄎㄢ
①念ㄎㄢˋ，如：(動)勘驗，查勘，勘估(查勘估計)，勘災，勘誤(刊正錯誤)，推勘(審問罪人)。
②念ㄎㄢ，如：(動)校ㄐㄧㄠˋ勘(以文字之類兩相比較，而加以審定)。

【啃】①ㄎㄣˇ ②ㄎㄣˋ
①念ㄎㄣˇ，如：(動)啃東西。
②念ㄎㄣˋ，如：(動)啃飯(吃)。

【涸】①ㄏㄜˊ ②ㄏㄠˋ
①念ㄏㄜˊ，如：(形)涸轍(喻窮困之境遇)，涸鮒(語本莊子，喻人之窮困者)，涸陰沍寒(猶言窮陰，見張衡賦)。
②念ㄏㄠˋ，如：(形)涸乾(謂枯竭)。

【荷】①ㄏㄜˊ ②ㄏㄜˋ ③˙ㄏㄜ
①念ㄏㄜˊ，如：(名)荷花，荷葉，荷包(兒)，荷蘭(國名)，荷月(六月)。

②念ㄏㄜˋ，如：（動）負荷，荷載，荷重，爲荷，感荷。「有荷蕢而過孔子之門者」（孟子）。
③念˙ㄏㄜ，如：（名）薄荷。
（例）請用荷ㄏㄜˊ葉包一塊薄荷˙ㄏㄜ冰，交去人帶下爲荷ㄏㄜˋ。

【混】①ㄏㄨㄣˋ ②ㄏㄨㄣˊ ③ㄏㄨㄣˇ ④ㄍㄨㄣˇ ⑤ㄎㄨㄣ
①念ㄏㄨㄣˋ，如：（動）混雜，混合。（形）混沌，混然，（無分別也），混賬。（副）混混，混事，混充，鬼混，混飯。
②念ㄏㄨㄣˊ，如：（形）混濁，混水，混蛋。
③念ㄏㄨㄣˇ，如：（形）混亂，混然（猶渾然），混淆（不分明）。
④念ㄍㄨㄣˇ，如：（副）混混（水流貌，同「滾滾」，如「原泉混混」見孟子）。
⑤念ㄎㄨㄣ，如：（名）混夷（卽昆夷，古西戎國名）。
（例）混ㄎㄨㄣ夷的人，男女混ㄏㄨㄣˋ雜的，在混混ㄍㄨㄣˇ的河水裏去摸魚，結果把水弄混ㄏㄨㄣˊ了，也沒摸到，眞是混ㄏㄨㄣˋ充內行。

【祭】①ㄐㄧˋ ②ㄓㄞˋ
①念ㄐㄧˋ，如：（動）祭祀，祭奠，祭祖，祭神如神在（論語）。（名）祭品，祭文，祭司，祭肉（論語）。
②念ㄓㄞˋ，如：（名）姓，祭肜（後漢名將）。
（例）祭ㄓㄞˋ先生永遠不忘祭ㄐㄧˋ祖。

【假】①ㄐㄧㄚˇ ②ㄐㄧㄚˋ
①念ㄐㄧㄚˇ，如：（形）假牌子，假貨，假山，假仁假義，假模假式。（動）假借，假意，假充，假座，假道（謂借路經過）。（連）假如，假使，假設，假令，假若。
②念ㄐㄧㄚˋ，如：（名）休假，假期，假日，放假，請假，告假，寒暑假。
（例）假ㄐㄧㄚˇ如暑假ㄐㄧㄚˋ得了空ㄎㄨㄥˋ兒，我想先到關子嶺，然後到日月潭，假ㄐㄧㄚˇ道霧社再回來。

【偕】①ㄐㄧㄝ ②ㄒㄧㄝˊ
①念ㄐㄧㄝ，如：（副）偕同，偕行，白頭偕老。
②念ㄒㄧㄝˊ（又讀）。

【喈】①ㄐㄧㄝˋ ②ㄐㄧˊ ③ㄗㄜˋ
①念ㄐㄧㄝˋ，如：（歎）喈曰，氣佳哉鬱鬱葱葱然（見後漢書，歎聲也）。
②念ㄐㄧㄝˊ，如：（副）喈喈（鳥聲，見爾雅）。
③念ㄗㄜˋ，如：（副）嘖喈（謂大聲笑呼）。

【敎】①ㄐㄧㄠˋ ②ㄐㄧㄠ

①念ㄐㄧㄠˋ，如：（名）敎員，宗敎，佛敎，敎室，文敎。（動）敎導，敎訓，敎化，敎誨，敎唆，誰敎你去，敎我怎麼好，以不敎而戰（論語）。

②念ㄐㄧㄠ，如：（動）敎給，敎壞，敎書，敎會了。

（例）敎ㄐㄧㄠˋ員敎ㄐㄧㄠ學生寫字。

【將】①ㄐㄧㄤ ②ㄐㄧㄤˋ ③ㄑㄧㄤˊ（又同「鏘」）ㄑㄧㄤ

①念ㄐㄧㄤ，如：（名）將軍，將鉅（複姓）。（動）將養，將息，將事，將攝，將護，將愛。（介）將酒拿來，將炭火蓋了。（副）將及，將近，將來，將就，將要，即將，不知老之將至（見論語），將回來，將到家，你將怎麼辦。

②念ㄐㄧㄤˋ，如：（名）將相，將門，將領，將官（上將，中將，少將）。

③念ㄑㄧㄤˊ，又ㄑㄧㄤ，如：（動）將伯助予，將，請也。將子無怒。（形）佩玉將將，玉珮聲。鼓鐘將將，鐘聲也。磬管將將，諸樂集合聲也。上皆狀聲詞。應門將將，嚴正貌。以上皆見詩經。

（例）將ㄑㄧㄤ子無怒，是說願你不要生氣，不是說將ㄐㄧㄤˋ相之子無怒，將ㄐㄧㄤ來你讀詩經就明白了。

【据】①ㄐㄩ ②ㄐㄩˋ

①念ㄐㄩ，如：（名）手病也，「予手拮据」見詩經。今喻景況窘迫，多用拮据。

②念ㄐㄩˋ（「據」之簡寫）依持也，「拮法守正」見漢書。

【戚】①ㄑㄧ ②ㄘㄨˋ

①念ㄑㄧ，如：（名）親戚，戚舊，姓戚。（動）悲戚，憂戚，「小人常戚戚」憂懼也，見論語。「於我心有戚戚焉」心動戚也，見孟子。

②念ㄘㄨˋ（同促），如：「不微至，無以爲戚速也」急也，（見詩經）。

【崎】①ㄑㄧˊ ②ㄑㄧ

①念ㄑㄧˊ，如：（名）長崎（日本地名），曲岸謂崎。

②念ㄑㄧ，如：（形）崎嶇（1.山路不平，2.喻困難）。

【跂】①ㄑㄧˊ ②ㄑㄧˋ

①念ㄑㄧˊ，如：（名）足多指。（副）跂跂（蟲行貌，見漢書）。

②念ㄑㄧˋ，如：（副）跂望（同企望）。跂想（猶企望），跂訾（違俗自高貌，如：「離縱而跂訾者也」見荀子）。

【乾】①ㄑㄧㄢˊ ②ㄍㄢ

①念ㄑㄧㄢˊ，如：（名）乾坤，乾象，乾宅，乾隆（清高宗年號）。（副）乾乾（自强不息貌）。

②念ㄍㄢ，如：（形）乾燥，乾淨，乾枯，乾癟，乾巴（乾固凝結乾脆）。（名）乾親，乾爹，乾媽，乾兒子，乾親ㄑㄧㄥˋ家．ㄐㄧㄚ（義兄弟之父互稱）。乾糧，乾飯，乾薪。（副）乾脩，乾著急，乾嚷，乾號ㄏㄠˊ。

（例）乾ㄑㄧㄢˊ隆皇帝的乾ㄍㄢ兒子，愛喝白乾ㄍㄢ兒酒。

註：按ㄍㄢ，ㄑㄧㄢˊ本用一「乾」字，後來人又作「乾」專讀爲ㄍㄢ以示區別，但今人仍一「乾」字，兩用讀時應分清。

【淺】①ㄑㄧㄢˇ　②ㄐㄧㄢ

①念ㄑㄧㄢˇ，如：（形）淺水，淺色，淺薄，淺陋，淺易，淺近，淺見（謂所見不高），淺人（無深思遠慮之人），淺謀（計謀不深），淺誤，淺鮮。（名）淺子（柳條編製之器，形圓）。

②念ㄐㄧㄢ，如：（副）淺淺（水疾流貌）。「石瀨兮淺淺」見楚辭。

【强】①ㄑㄧㄤˊ　②ㄑㄧㄤˇ　③ㄐㄧㄤˋ

①念ㄑㄧㄤˊ，如：（形）强大，强盛，强壯，强暴，剛强，强項，强硬，强似，强於，有强（多餘）。

②念ㄑㄧㄤˇ，如：（副）勉强，强迫，强辯，强記，强求，强詞奪理，勉强而行之（中庸）。

③念ㄐㄧㄤˋ，如：（形）倔强。

（例）他雖然發奮圖强ㄑㄧㄤˊ，但是脾氣太强ㄐㄧㄤˋ，說話愛强ㄐㄧㄤˋ嘴，還强ㄑㄧㄤˇ詞奪理。

【頃】①ㄑㄧㄥ　②ㄑㄧㄥˇ　③ㄍㄨㄟ

①念ㄑㄧㄥ，如：（名）頃筐，「如盈頃筐」，前低後高之筐，見詩經。又不正曰頃。

②念ㄑㄧㄥˇ，如：（量）一頃（田百畝）。（副）少頃，頃刻，頃者（時不久也）。

③念ㄍㄨㄟ，與跬同，半步也。「故君子頃步而不敢忘孝也」。見禮記。

【蛆】①ㄑㄩ　②ㄐㄩ

①念ㄑㄩ，如：（名）糞蛆（蠅類之幼蟲）。（名）喻讒言譖語，如：「在老爺跟前下的蛆」。（紅樓）

②念ㄐㄩ，如：（名）蝍蛆（ㄐㄧㄝˊㄐㄩ）（1蜈蚣，2蟋蟀似蝗而大腹長角）。

【區】①ㄑㄩ　②ㄡ　③ㄍㄡ　④ㄑㄧㄡˊ

①念ㄑㄩ，如：（名）區域，地區，區長，區公所，區丁。（動）區別，區畫，區分。（形）區區（小貌，自稱之謙詞）。

②念ㄡ，如：（名）姓區。古量名：

豆區，四升曰豆，四豆曰區（見左傳），僕區（春秋楚刑書名，僕，隱也，區，匿也，曲也）。

③念ㄍㄡ（通勾）。

④念ㄑㄧㄡˊ，如：區蓋（器名，區，藏物器，蓋，覆物器，見荀子大略）。

（例）南區ㄑㄩ有一家姓區ㄡ的，和歐陽不是同宗。

【娶】①ㄑㄩˇ ②ㄑㄩˋ

①念ㄑㄩˇ，如：（動）娶親（迎娶新娘），娶媳婦兒。

②念ㄑㄩˋ讀音。

【雀】①ㄑㄩㄝˋ ②ㄑㄧㄠˇ ③ㄑㄧㄠ

①念ㄑㄩㄝˋ（讀音），如：（名）孔雀，麻雀。（副）雀躍（喻非常喜歡）。

②念ㄑㄧㄠˇ（語音），如：（名）家雀兒，即麻雀。黃雀兒，又名黃鳥兒。

③念ㄑㄧㄠ，如：（名）雀斑，雀子，人皮膚上所生黑褐色小點。

（例）孔雀ㄑㄩㄝˋ比黃雀ㄑㄧㄠˇ兒大多了。

註：「雀子」（人的臉上生就的黑褐色小點）一詞，國語辭典註為「雀斑」。「雀兒」一詞，方為小鳥之意。「雀子」二字，如果是指小鳥而言，本應讀為語音，但頗不雅，故改用讀音，念為ㄑㄩㄝˋ。

【殼】①ㄑㄩㄝˋ ②ㄑㄧㄠˋ ③ㄎㄜˊ

①念ㄑㄩㄝˋ，如：（名）殼物（猶言介物，謂螺蝦之屬）。物皮之堅者。

②念ㄑㄧㄠˋ（語音），如：（名）殼兒，蚌殼。

③念ㄎㄜˊ（又讀），如：（名）蛋殼（兒），果殼（兒）。

【圈】①ㄑㄩㄢ ②ㄑㄩㄢˋ ③ㄐㄩㄢ ④ㄐㄩㄢˋ

①念ㄑㄩㄢ，如：（名）花圈，圓圈，圈兒，圈套（謂攏絡人或陷害人之計謀）。（動）圈點，圈起來（圍起來），圈弄。

②念ㄑㄩㄢˋ，如：（名）城圈，墳圈子。

③念ㄐㄩㄢ，如：（動）圈起來（關閉。如：把這隻狗圈起來）。圈禁。

④念ㄐㄩㄢˋ，如：（名）豬圈，羊圈（獸欄）。

（例）城圈ㄑㄩㄢˋ兒裏，有一個圓圈ㄑㄩㄢ式的豬圈ㄐㄩㄢˋ，圈ㄐㄩㄢ著一窩豬。

【畦】①ㄒㄧ ②ㄑㄧˊ

①念ㄒㄧ，如：（量）一畦（1田五十畝，2田一區）。（名）畦丁（猶言園丁），畦畛（1田圃之界，2喻彼此有成見）。（形）畦徑（謂與衆殊別，不循途守轍也，見唐書。）

②念ㄑㄧˊ（田一區之語音），如：（名）一畦蘿蔔一畦菜。

【械】①ㄒㄧㄝˋ　②ㄐㄧㄝˋ

①念ㄒㄧㄝˋ，如：（名）軍械，器械，機械，手械（刑具）。（動）械鬥，械繫（謂加罪人以桎梏，使其身體不得自由）。

②念ㄐㄧㄝˋ（又讀）。

【斜】①ㄒㄧㄝˊ　②ㄧㄝˊ　③ㄒㄧㄚˊ

①念ㄒㄧㄝˊ，如：（形）斜路（不正之路），傾斜（不正也），斜坡兒（橫斜之坡），斜陽（夕陽），斜暉（斜陽也）。（副）斜睨（側目窺視）。

②念ㄧㄝˊ，如：（名）褒斜（谷名，陝西終南山之谷）。

③念ㄒㄧㄚˊ（①之又讀）。

【現】①ㄒㄧㄢˋ　②ㄒㄩㄢˋ

①念ㄒㄧㄢˋ，如：（動）出現，表現，顯現，現露，發現，現眼（丟臉之謂）。（副）現下，現今，現在。（形）現狀，現款，現金，現成兒的。（名）現象，兌現。

②念ㄒㄩㄢˋ（語音），用於「現在類」，如：（副）現躉ㄉㄨㄣˇ現賣。

【陷】①ㄒㄧㄢˋ　②ㄒㄩㄢˋ

①念ㄒㄧㄢˋ，如：（名）陷阱，陷坑，缺陷。（動）陷害，陷陣，陷敵，陷堅（謂深入敵陣也）「淫辭知其所陷」害也。見孟子。

②念ㄒㄩㄢˋ（語音），如：（動）陷落，陷沒，陷入，陷溺。陷腳，行泥濘之路或沙土窩兒時，兩足下沈ㄔㄣ也。

【訢】①ㄒㄧㄣ　②ㄒㄧ

①念ㄒㄧㄣ（與「欣」通，樂也），如：（形）訢然（猶欣然，如「終身訢然樂而忘天下，見孟子），訢戴（悅服而推戴）。

②念ㄒㄧ（蒸也），如：（動）訢合（「天地訢合，陰陽相得」，見禮記）。

【許】①ㄒㄩˇ　②ㄏㄨˇ

①念ㄒㄩˇ，如：（動）許可，允許，許願，期許，許配，以身許國，自許。（助動）或許。（形）許多，幾許。（名）許昌（河南省地名），何許人，悪許（何處也，見墨子）。姓許。（代）如許。

②念ㄏㄨˇ，如：（副）許許（伐木聲也），通「滸滸」又通「所所」。（例）許ㄒㄩˇ多人伐木，其聲許許ㄏㄨˇ。

註：「許許」詩小雅伐木中有「伐木許許」之句，說文引詩「伐木所所」，所所即是許許。何許即是何所，幾所亦即幾許。玉篇亦云「所」伐木聲也。丁丁亦伐木聲，所所（許許）亦伐木聲。段玉裁謂丁丁刀

斧聲，所所爲鋸聲，朱傳則謂衆人共力之聲，不如段說是也。

【雪】①ㄒㄩㄝˇ ②ㄒㄩㄝˋ

①念ㄒㄩㄝˇ，如：（名）白雪，冰雪，大雪，雪花。（動）雪恥，雪寃，洗雪。

②念ㄒㄩㄝˋ，如：（形）雪白（言潔白如雪）。

（例）雪ㄒㄩㄝˇ的顏色雪ㄒㄩㄝˋ白。

註：「雪」字舊屬入聲屑韻，國語字典國語辭典只於「雪白」方標去聲，其餘均標上聲，其實於動詞「雪恥」「雪寃」「昭雪」……亦有讀去聲者。未可一是。

【旋】①ㄒㄩㄢˊ ②ㄒㄩㄢˋ
②ㄒㄩㄝˊ

①念ㄒㄩㄢˊ，如：（名）旋渦（同漩渦）。（動）旋轉，旋里，凱旋，旋繞。（副）旋卽，旋踵，旋發，旋愈。

②念ㄒㄩㄢˋ，如：（名）旋風，旋予（卽漩渦）。旋風腳（武技之一種）。

③念ㄒㄩㄝˊ，如：（名）旋兒，1.人頭髮螺旋紋的中心叫旋兒。2.水流旋轉的漩渦，也叫旋兒。3.瘋狗看牠自己的尾巴旋轉不停叫打旋兒。4.飛鷹在天空旋轉尋找獵物，也叫打旋兒。糧食囤所用之葦蓆墻子也叫旋子。

（例）旋ㄒㄩㄢˋ風就是自然旋ㄒㄩㄢˊ轉的風。

註：旋念ㄒㄩㄝˊ，國語辭典未收此音。

【這】①ㄓㄜˋ ②ㄓㄟˋ ③ㄧㄢˋ

①念ㄓㄜˋ，如：（代）這是，這些，這裏，這麼，這般，這兒，這就。

②念ㄓㄟˋ，如：（代）這天，這個，這塊，這隻，這本書（這字之急讀，合音爲ㄓㄟˋ）。

③念ㄧㄢˋ，迎也，見玉篇。

（例）這ㄓㄜˋ些人都爭著買這ㄓㄟˋ輛車。

註：按「這」字在元曲中作「者」，今或讀爲ㄓㄟˋ，是和下面量詞上的「一」字兒拼合之音。「ㄜ」「一」二韻連讀卽成「ㄟ」韻；古稱此箇爲者箇，後改用「這」亦有寫作「这」的。

【偵】①ㄓㄣ ②ㄓㄥ

①念ㄓㄣ，如：（名）偵探，偵騎。（動）偵探，偵察，偵緝。

②念ㄓㄥ（又讀）。

註：ㄓㄥ爲正讀，ㄓㄣ爲訛讀。

【張】①ㄓㄤ ②ㄓㄤˋ

①念ㄓㄤ，如：（名）張家口，張先生。（量）一張紙。（動）主張，張開，張口，張弓，開張，鋪張，慌張，張望，張羅，張大其詞。

②念ㄓㄤˋ（同脹）（動）供張（陳設），張脈（脈張起，見左傳「張脈

債興」)。張飲(設帷帳以飲，如「張飲三日」見史記)。

(例)張ㄓㄤ先生主張ㄓㄤ張ㄓㄤˋ飲。

【掙】①ㄓㄥ ②ㄓㄥˋ

①念ㄓㄥ，如：(動)掙扎，掙脫，掙開，掙逃。

②念ㄓㄥˋ，如：(動)掙錢，掙命(臨死之掙扎)。

(例)掙ㄓㄥ扎著去掙ㄓㄥˋ錢。

【舳】①ㄓㄨˊ ②ㄓㄡˊ

①念ㄓㄨˊ，如：(名)艫舳(稱方長形之船)。船艫(船尾持舵處)。

②念ㄓㄡˊ(語音)。

【匙】①ㄔˊ ②·ㄕ

①念ㄔˊ，如：(名)湯匙，匙子。

②念·ㄕ。如：(名)鑰匙。

【豉】①ㄔˇ ②ㄕˋ

①念ㄔˇ，如：(名)豆豉，豉酒(以豆豉浸成之酒)。

②念ㄕˋ(讀音)。

【紬】①ㄔㄡ ②ㄔㄡˊ

①念ㄔㄡ(通綢，絲織物之通稱)。

②念ㄔㄡˊ，如：(動)紬繹(謂引其端緒，見漢書)，紬次(綴集排列見唐書)。紬績(1紡績，2言造歷運算之分析綜合，猶女工之紡績，見史記)。

【陳】①ㄔㄣˊ ②ㄓㄣˋ

①念ㄔㄣˊ，如：(名)陳國(春秋時國名，在今河南省開封東面)，姓陳。(陳)陳列，陳述，直陳，陳情。(形)陳醋，陳酒，陳事，陳食，陳貨，陳病，陳腐，陳陳相因(喻無新意義者，語本漢書「太倉之粟，陳陳相因」)。

②念ㄓㄣˋ(同陣)，如：教之戰陳(見左傳)，對陳，陳勢。「問陳於孔子」(論語)。「我善爲陳」(孟子)。

(例)陳ㄔㄣˊ教官，訓練新兵，教之戰陳ㄓㄣˋ。

【處】①ㄔㄨˋ ②ㄔㄨˇ ③·ㄔㄨ

①念ㄔㄨˋ，如：(名)處所，到處，辦事處，「處處聞啼鳥」，唐詩。

②念ㄔㄨˇ，如：(動)處分，處罪，處理，處治，處世，處事，處境，相處，出處(退隱)，處窩子(稱人之少歷練，遇事羞怯者)。(名)處士，處女。

③念·ㄔㄨ，如：(名)好處，壞處，長處，短處。

(例)鐵幕裏到處ㄔㄨˋ是哀鴻遍野，請你設身處ㄔㄨˇ地的想一想，共匪對人民有什麼好處·ㄔㄨ。

【殺】①ㄕㄚ ②ㄕㄞˋ

①念ㄕㄚ，如：(動)殺人，殺共匪

，殺朱拔毛，殺口（吃東西過鹹或過甜，飲茶太釅），殺的慌（皮膚有破傷，遇鹽痛楚難忍）。（形）笑殺，恨殺（達於極度）。（名）殺尾（即收尾）。
②念ㄕㄞˋ，如：詔王殺邦用（見周禮，減也），親親之殺（見中庸，差也），隆殺（衰也）。（形）德之殺也（見儀禮）。
（例）親親之殺ㄕㄞˋ，是說親愛自己的親人，該有等級，不是殺ㄕㄚ害親人。
註：釅ㄧㄢˋ者，茶汁濃也。

【蛇】①ㄕㄜˊ ②ㄧˊ
①念ㄕㄜˊ，如：（名）毒蛇，蟒蛇。（副）蛇行。（形）蛇蝎（喻人物之毒厲可畏者）。蛇足（即畫蛇添足喻贅疣），蛇吞象（喻貪之甚）。
②念ㄧˊ，如：（副）虛與委蛇。
（例）匪諜虛與委蛇ㄧˊ的假意殷勤，其實比毒蛇ㄕㄜˊ還厲害。

【莘】①ㄕㄣ ②ㄒㄧㄣ
①念ㄕㄣ，如：（形）「有莘其尾」長貌，見詩經。
②念ㄒㄧㄣ，（又讀）。

【疏】①ㄕㄨ ②ㄙㄨˋ ③ㄕㄨˋ
①念ㄕㄨ，如：（動）疏通，疏導，疏遠，疏慢，疏忽，疏神，疏食。（形）稀疏。
②念ㄙㄨˋ（又讀）。
③念ㄕㄨˋ，如：（名）注疏（解釋意義），拜疏（上奏章），疏文（祭天地時，祝告天地保佑萬民安康，五穀豐收之文曰疏文，焚燒時曰中疏）。
（例）拜疏ㄕㄨˋ不要疏ㄕㄨ忽禮節。

【術】①ㄕㄨˋ ②ㄙㄨㄟˋ
①念ㄕㄨˋ，如：（動）魔術，武術，學術，技術，法術，術語（學術上所用之名詞）。
②念ㄙㄨㄟˋ（通「遂」，謂郊外之地，如「術有序」見禮記）。

【率】①ㄕㄨㄞˋ ②ㄕㄨㄛˋ ③ㄌㄩˋ
①念ㄕㄨㄞˋ，如：（動）率領，率同，率兵，率由舊章（謂依循）（見詩經），率御。（名）表率。（副）草率，坦率，率充，率爾，率直。
②念ㄕㄨㄛˋ（讀音）（同帥），率性之為道（中庸）。
③念ㄌㄩˋ，如：（名）定率，速率，比率，效率。
（例）上級能做下級的表率ㄕㄨㄞˋ，工作效率ㄌㄩˋ一定提高。

【唼】①ㄗㄚ ②ㄕㄚˋ ③ㄑㄧㄝˋ
①念ㄗㄚ，如：（動）鳧雁皆唼天粱藻兮（見楚辭，啖也）。
②念ㄕㄚˋ，如：（動）唼喋（水鳥聚食聲，如「唼喋菁藻」見司馬相如賦）唼唼（食聲，如「唼唼遊魚近

煙島」見溫庭筠詩）。蟲蝕曰唼，見一切經音義，今謂蟲類齧蝕曰唼，如「這顆死樹根被螞蟻唼了。」。沙汰之義，如以篩漏細土曰唼，飯中有沙，食時吐出其沙曰唼，窳劣者被汰亦曰唼。唼氣（謂器有小孔而漏氣，多指輪胎類而言）。唼血（同歃血，見漢書，又同喋血，見史記）。（名）唼眼（謂什物上之小孔，若被蟲類齧蝕者）。

②念ㄑㄧㄝˋ，如：（名）唼佞（譖言，語見揚雄文）。

註：「唼喋菁藻，咀嚼蔆藕」之句，於司馬相如傳及文選司馬相如上林賦皆有之，惟上林賦中寫作「唼咮」「蔆」字作「菱」。「喋」之作「咮」係唐人避太宗之諱也。「唼」「嚏」二字又通用，廣韻作「嚏喋」亦同。

【責】①ㄗㄜˊ ②ㄓㄞˋ

①念ㄗㄜˊ，如：（名）責任。（動）責罰，責備，責打，責問，責難ㄋㄢˊ（以難能之事相期），如「責難於君謂之恭」（見孟子），責難ㄋㄢˋ（詰難），責善（相責以善見孟子）。杖責，笞責。

②念ㄓㄞˋ（古債字，如「馮諼爲孟嘗君收責於薛」見國策）。（例）向共匪討還血責ㄓㄞˋ，這是我們的責ㄗㄜˊ任。

【笮】①ㄗㄜˊ ②ㄓㄚˋ ③ㄗㄨㄛˋ

①念ㄗㄜˊ，如：（名）屋上板，在瓦之下，如今之蘆簾。姓笮。泉幣名（見禮記疏）。（動）迫笮青、徐盜賊（見漢書，壓迫也）。

②念ㄓㄚˋ，如：（動）吏士渴乏，笮馬糞汁而飲之（見後漢書，耿恭傳，壓榨也）。名酒器。

③念ㄗㄨㄛˋ通筰，竹索也，如：（名）「乃以葦笮，維大艦，爲浮梁」見五代史義兒傳。通鑿，如：「其次鑽笮」黥刑也，即刺字之刑，見國語，晉語。又州名，唐置，今四川省茂縣地。（動）「刻鏤鑽笮」見文選馬融長笛賦。

【造】①ㄗㄠˋ ②ㄘㄠˋ

①念ㄗㄠˋ，如：（名）末造（時代），兩造（兩方），造化（幸福）。（動）製造，營造，造孽，造謠，造作，造府，造端（開始）。（副）造次（急遽，倉卒，見論語「造次必於是」）。

②念ㄘㄠˋ（又讀），如：造詣，造就。（動）大盤造冰（見禮記，納也）。

【偺】①ㄗㄢˊ ②ㄗㄚˊ

①念ㄗㄢˊ同咱。

②念ㄗㄚˊ，如：（代）偺家（自稱）。

註：ㄅㄉㄍㄐㄓㄗ六聲符，下無ㄢㄣㄤㄥ之陽平，惟有「偺」ㄗㄢˊ「甭」ㄅㄥˊ二字。其實「甭」是不用二字之急讀，「偺」ㄗㄢˊ爲ㄗㄚˊ之轉

變，亦如「夾」ㄐㄧㄚ之有ㄐㄧㄢ，插ㄔㄚ之有ㄑㄧㄢ轉讀。此外尚有一「哏」ㄍㄣˊ字。哏者，意爲滑稽招笑之言詞或動作表情等。

【側】①ㄘㄜˋ ②ㄗㄜˋ

①念ㄘㄜˋ，如：（名）兩側（兩旁），側面（半面），側室（今謂妾）。（副）側目（敬畏之狀）。

②念ㄗㄜˋ（又讀）。

【參】①ㄘㄢ ②ㄕㄣ ③ㄘㄣ ④ㄙㄢ

①念ㄘㄢ，如：（動）參加，參觀，參與，參謁，參拜，參劾。（形）參天。（名）參議員，參謀長。

②念ㄕㄣ，如：（名）人參，海參，參商（二星名，今以喻永不相遇者，或兄弟不睦）。

③念ㄘㄣ，如：（形）參差（ㄘ）（雜亂不齊貌）。

④念ㄙㄢ（大寫三字）。

（例）王參ㄘㄢ謀買了參ㄙㄢ拾斤人參ㄕㄣ，長短不一，參ㄘㄣ差ㄘ不齊。

【啐】①ㄘㄨㄟˋ ②·ㄑ

①念ㄘㄨㄟˋ，如：（動）啐一口痰，啐唾沫，啐他。嘗也，如「衆賓兄弟皆啐之」（啐入口也，見禮記）。

②念·ㄑ，如：（嘆）表鄙斥，如啐：這有什麼了不起。

【從】①ㄘㄨㄥˊ ②ㄗㄨㄥˋ ③ㄘㄨㄥ ④ㄗㄨㄥ ④ㄗㄨㄥˇ

①念ㄘㄨㄥˊ，如：（動）服從，從事，從軍，從政，從公。（介）從此，從來，從今，從前。

②念ㄗㄨㄥˋ，如：（名）侍從，僕從，從犯，從者，從母（謂母之姊妹），從父（伯叔之通稱）。從者見ㄒㄧㄢ之（論語）。（動）從我於陳蔡者（論語）。從耳目之欲（孟子）。

③念ㄘㄨㄥ，如：（形）從容。「從容中道」（中庸）。

④念ㄗㄨㄥ，如：（形）從橫，（同縱）。

⑤念ㄗㄨㄥˇ，如：從從。「爾無從從爾」髻高的樣子，見禮記。

（例）從ㄘㄨㄥˊ軍以後，因做事從ㄘㄨㄥ容，所以調到侍從ㄗㄨㄥˋ室服務。

註：「從」字有隨從之義的，作動詞用的讀陽平，作名詞形容詞用的，讀去聲。又和放縱的縱字相通，也成讀ㄗㄨㄥˋ。如「欲不可從」（禮記）。

【偲】①ㄙ ②ㄙㄞ

①念ㄙ，如：（動）朋友切切偲偲（見論語，謂互相責勉）。

②念ㄙㄞ，如：（形）其人美且偲（見詩經，通「思」多鬚貌）。

【掃】①ㄙㄠˇ　②ㄙㄠˋ

①念ㄙㄠˇ，如：（動）掃地，掃除，打掃，掃墓，祭掃，掃蕩。（形）掃數（全數）。

②念ㄙㄠˋ，如：（名）掃帚，掃尾星（慧星）。

（例）拿掃ㄙㄠˋ帚掃ㄙㄠˇ院子。

【宿】①ㄙㄨˋ　②ㄒㄧㄡˋ　③ㄒㄧㄡˇ　④ㄒㄧㄡ　⑤ㄒㄩ

①念ㄙㄨˋ，如：（名）宿舍，姓宿。（動）曉行夜宿，寄宿，官宿其業（見左傳，安守也）。（副）宿定征伐之國（見管子，先也）。（形）宿將（老將ㄐㄧㄤˋ），宿志（素志），宿疾（老病），宿怨（舊仇），宿願（昔之心願）。

②念ㄒㄧㄡˋ，如：（名）星宿（列星）。

③念ㄒㄧㄡˇ，如：（名）一宿（一夜），整宿（俗謂夜曰宿）。

④念ㄒㄧㄡ，如：（動）尋宿兒（ㄒㄧㄣˊㄒㄧㄡㄦ）求宿也。

⑤念ㄒㄩ，如：（名）宿ㄒㄩˋ根草類，二十八宿ㄒㄩˋ。

【猗】①ㄧ　②ㄧˇ　③ㄜˇ

①念ㄧ，如：（歎）猗嗟昌兮（見詩經，嘆美之詞）。（助）河水清且連猗（見詩經）。（名）姓，猗氏（山西縣名），猗盧（複姓）。（形）猗柅（同「旖旎」），猗靡，猗萎（隨風貌），猗猗（美盛貌，如：「猗猗綠竹」見詩經）。

②念ㄧˇ（同「旖」）。

③念ㄜˇ，如：（形）猗儺ㄋㄨㄛˊ，「猗儺其枝」柔順貌，見詩經。

註：婀娜，見抱朴子，君道。阿那，見後漢書張衡傳。阿難，見詩經小雅隰桑。猗儺，見詩經檜風萇楚。榱橠，見韓詩外傳。按：「猗」「阿」雙聲，「儺」「娜」一聲之轉。

【掖】①ㄧˋ　②ㄧㄝˋ　③ㄧㄝ

①念ㄧˋ，如：（名）旁曰掖，如：掖庭（宮殿之旁舍），掖門，掖垣（旁垣）。（動）扶掖。誘掖（扶持也，見詩經）（又與「腋」通）。

②念ㄧㄝˋ（語音）。

③念ㄧㄝ，如：（動）把錢掖在懷裏，把衣袋襟兒掖起來，掖掖蓋蓋。

【啞】①ㄧㄚˇ　②ㄧㄚ　③ㄜˋ

①念ㄧㄚˇ，如：（名）啞子，啞巴，啞嗓。（動）啞口無言，啞劇，啞鈴。

②念ㄧㄚ（通呀），如：（副）啞咽（兒啼聲），啞嘔（小兒學語聲）。

③念ㄜˋ，如：（副）啞啞（笑語之聲），啞然（笑聲）。

（例）看啞ㄧㄚˇ劇，觀衆啞啞ㄜˋ大笑。

【液】①ㄧㄝˋ　②ㄧˋ

①念ㄧㄝˋ，如：（名）液體，汗液，

血液。
②念ㄧˋ(讀音)。

【淹】①ㄧㄢ ②ㄧㄢˋ

①念ㄧㄢ，如：(動)淹沒，淹踐‧ㄐㄧㄢ(躪踐也)，淹之以樂好(易以溺人也見禮記)。(形)淹留(久留也)，淹宿(隔宿)。
②念ㄧㄢˋ(淹博，淹通，淹貫之又讀)，沒也，如口語中「煮肉時水要淹過肉」。
註：淹博，淵博也。淹通，淹貫，深通也。

【研】①ㄧㄢˊ ②ㄧㄢˋ

①念ㄧㄢˊ，如：(動)研究，研討，研求，研末(磨細)。
②念ㄧㄢˋ(同硯)，如：研臺。(例)你是研ㄧㄢˊ究骨董的，這塊研ㄧㄢˋ臺是端硯還是歙硯？

【焰】①ㄧㄢˋ ②ㄧㄢˇ

①念ㄧㄢˋ，如：(名)火焰(火苗)，氣焰(謂人之氣勢)，焰口(佛教餓鬼名，口吐火焰故稱，今俗稱僧衆行焰口施食儀爲放焰口)。
②念ㄧㄢˇ(又讀)。

【陰】①ㄧㄣ ②ㄧㄣˋ ③ㄢ

①念ㄧㄣ，如：(名)陰陽，陰天，光陰，樹陰，太陰(月)，碑陰(背面)，山之北，水之南曰陰，陰間，陰宅，姓陰。(形)陰功，陰謀，凡陽之對女性的，柔和的，幽暗的，雌性的皆曰陰，如：陰電，陰禮(婦人之禮)，陰兵(女兵)，陰涼兒，陰森。
②念ㄧㄣˋ，1.(通蔭)如「既之陰女」(見詩經)。2.瘞藏，如：「骨肉斃于下，陰爲野土」(見禮記)。
③念ㄢ(同闇)天子居喪之廬。「高宗諒陰」，見論語。

【梧】①ㄨˊ ②ㄨˋ ③ㄩˇ

①念ㄨˊ，如：(名)梧桐，梧州，地名，在廣西。
②念ㄨˋ，如：(形)魁梧(體格壯大)。
③念ㄩˇ同敔，樂器。見集韻。同圉，彊梧(太歲在丁曰彊梧，見爾雅)。

【唯】①ㄨㄟˊ ②ㄨㄟˇ

①念ㄨㄟˊ(通惟)，如：(形)唯一，唯獨。(連)唯有，唯心有不忍。
②念ㄨㄟˇ，如：(歎)唯唯(恭應之詞)，唯唯否否(卑遜謙應也，見史記)，唯諾(應對)。
註：歎詞中表呼問或應諾用ㄨㄟˋ(唯！)如「唯ㄨㄟˋ！你是哪裏(打電話喚問聲)」。古語中急促的應聲用「唯」上聲(禮記)，內則「男唯女俞」。

【尉】①ㄨㄟˋ ②ㄩˋ

①念ㄨㄟˋ，如：(名)尉官，上尉，

中尉，少尉，准尉。古官名，典獄及捕盜之官多稱尉。（姓）。

②念ㄩˋ，如：（名）尉遲（複姓）。（例）尉ㄩˋ遲先生因勳匪有功，晉升上尉ㄨㄟˋ了。

【莞】①ㄨㄢˇ ②ㄍㄨㄢˇ ③ㄍㄨㄢ ④ㄨㄢ

①念ㄨㄢˇ，如：（副）莞爾（微笑貌，如：「夫子莞爾而笑曰」見論語）。

②念ㄍㄨㄢˇ，如：（名）東莞（廣東省縣名）。

③念ㄍㄨㄢ，如：（名）姓莞，莞草（多年生草可織蓆）。

④念ㄨㄢ（同「豌」），如：（名）莞豆，卽豌豆。

【雩】①ㄩˊ ②ㄩˋ

①念ㄩˊ，如：（名）雩祭（求雨之祭），雩都（江西省縣名）。

②念ㄩˋ（虹也），「螮蝀謂之雩」俗呼虹，見爾雅。

【御】①ㄩˋ ②ㄧㄚˋ

①念ㄩˋ，如：（名）姓御，御者（駕御車馬者），御女（古宮中女官），對天之之敬稱，如：御駕，御寶（天子之璽印），御門，御筆，御容，御賜，御用。（動）御世（統治天下），御食（進食），御衣（加衣），「樊遲御」見論語。

②念ㄧㄚˋ，如：（動）百兩ㄌㄧㄤˋ御之（見詩經，迎也）。

【庸】①ㄩㄥ ②ㄩㄥˊ

①念ㄩㄥ，如：（形）庸行（常行），庸言（常言），平庸，庸碌，庸才，庸俗，庸醫（醫術不精），庸庸碌碌（平凡也）。（名）附庸，中庸，姓庸。（副）庸可（豈可也）。

②念ㄩㄥˊ（又讀）。

【啊】①ㄚ ②ㄛ ③ㄖㄚ ④ㄗㄚ ⑤ㄦㄚ

①念ㄚ，如：（嘆）啊哈，啊唷，啊呀。（助）好啊。

②念ㄛ又讀。

③念ㄖㄚ，如：（助）不知啊，不吃啊，老師啊。（在ㄓㄔㄕㄖ下用ㄖㄚ）。

④念ㄗㄚ，如：（助）兒子啊，吹毛求疵啊，你太自私啊（在ㄗㄘㄙ下用ㄗㄚ）。

⑤念ㄦㄚ，如：（助）老張啊，吹風啊（在ㄤㄥ韻下用ㄦㄚ）。

註：ㄖㄚ，ㄗㄚ，ㄦㄚ三音是口語的習慣，國語辭典未收這三音，「吶」「哇」二字亦從此變化而出，「啊」字在「ㄢ」「ㄦ」鼻聲之下合而爲「ㄋㄚ」（吶哪），在ㄨ韻之下合而爲「ㄨㄚ」（哇），在「ㄧ」韻之下合而爲「ㄧㄚ」（呀）。

【欸】①ㄟˋ ②ㄞˇ ③ㄞ
①念ㄟˋ，如：（歎）表承諾，如：欸那可以，我可以答ㄉㄚ應。
②念ㄞˇ，如：（歎）應聲，歎聲（欸秋冬之緒風，見楚辭）。（形）欸乃（搖櫓聲）。
③念ㄞ①之又讀。

【跛】①ㄅㄛˇ ②ㄅㄧˋ
①念ㄅㄛˇ，如：（形）跛足（足偏廢），跛蹇（足廢）。（動）跛蹶（失足傾跌）。（名）跛子（即瘸子）。
②念ㄅㄧˋ，如：（形）跛倚（偏倚），「立毋跛」偏也，見禮記。

【傍】①ㄅㄤˋ ②ㄆㄤˊ ③ㄅㄤ
①念ㄅㄤˋ，如：（動）依傍，如：傍花隨柳過前川（千家詩）。傍角ㄐㄩㄝˋ兒。
②念ㄆㄤˊ，如：（名）傍邊（通旁）。（動）傍徨亦作徬徨。
③念ㄅㄤ，如：（副）傍晚，傍黑兒，傍亮兒。
（例）傍ㄅㄤ亮兒的時候，有兩個人依傍ㄅㄤˋ著在路旁ㄆㄤˊ的屋簷下密談。

【琶】①ㄆㄚˊ ②˙ㄆㄚ ③˙ㄅㄚ
①念ㄆㄚˊ，如：（名）琵琶（讀音）。
②念˙ㄆㄚ，如：（名）琵琶。
③念˙ㄅㄚ（又讀）琵琶。

【跑】①ㄆㄠˇ ②ㄆㄠˊ
①念ㄆㄠˇ，如：（動）跑步，賽跑，逃跑，跑到這裏來。（名）跑堂的，跑肚（腹瀉），跑腿兒（奔走）。
②念ㄆㄠˊ（跑馬等又讀），以足刨地。
（例）那匹馬在賽跑ㄆㄠˇ的時候，只是用脚跑ㄆㄠˊ，不肯跑ㄆㄠˇ。
註：ㄆㄠˊ土之ㄆㄠˊ應作「庖」，人用器具時用「刨」，今依國語詞典註破如上。

【貿】①ㄇㄠˋ ②ㄇㄡˋ
①念ㄇㄠˋ，如：（動）貿易，炎涼始貿（更換），是非相貿（雜）。（副）貿然，貿貿（目不明貌）。
②念ㄇㄡˋ（又讀）。

【悶】①ㄇㄣˋ ②ㄇㄣ
①念ㄇㄣˋ，如：（形）煩悶，悶沈沈，悶雷（突然之打擊），悶得慌（心內煩悶不舒）。
③念ㄇㄣ，如：（形）悶熱，悶得慌（專指天氣或室內空氣不暢）。（動）悶茶，悶飯，（亦作燜）。（名）悶版（銀元音不響亮）。
（例）我心中煩悶ㄇㄣˋ，咱們來悶ㄇㄣ壺茶，一邊喝一邊談，解解悶兒（ㄇㄜˋㄦ）。

【非】①ㄈㄟ ②ㄈㄟˇ
①念ㄈㄟ，如：（名）菜名，似蕪菁

。(形)非薄，非材，非禮，非酌。

②念ㄈㄟ，如：(名)非律賓。(形)芳非（1花草香美貌，2.謂花草），非非（1芳香貌，花美貌，2.雜，3.高下不定貌）。

(例)這點非ㄈㄟˇ儀，是我從非ㄈㄟ律賓給您帶來的。

【費】①ㄈㄟˋ　②ㄅㄧˋ

①念ㄈㄟˋ，如：(名)費用，經費，旅費，姓費。(動)浪費，消費，花費，糜費，費力，費心，費神，費事。(副)費解。(形)費話，君子之道費而隱（見中庸，用之廣也）。

②念ㄅㄧˋ，如：(名)費縣（山東省縣名），「閔子騫爲費宰」，（論語）。

(例)您到費ㄅㄧˋ縣去嗎？請費ㄈㄟˋ神替我帶點東西。

註：姓氏之「費」應讀爲ㄅㄧˋ，但俗讀爲ㄈㄟˋ。

【番】①ㄈㄢ　②ㄆㄢ

①念ㄈㄢ，如：(名)番餅（即銀元），番人，生番，三番兩次，番茄，番號，番薯。(動)更番（更換）。

②念ㄆㄢ，如：(名)番禺（廣東省縣名），姓番。

(例)番ㄆㄢ禺產番ㄈㄢ椒。

【焚】①ㄈㄣˋ　②ㄈㄣˊ

①念ㄈㄣˋ（與僨「僵仆」通，如「象有齒以焚其身」見左傳，喻因財得禍）。

②念ㄈㄣˊ，如：(動)焚燒，焚毀，焚香，焚書坑儒（秦始皇的暴政）

【馮】①ㄈㄥˊ　②ㄆㄧㄥˊ

①念ㄈㄥˊ，如：(名)姓馮。

②念ㄆㄧㄥˊ，如：1馬行速，2.（通憑），如：(動)馮陵（侵陵），暴虎馮河（徒手搏虎，不藉舟渡河，皆勇而無謀也，見論語）。(名)馮夷（水神，即河伯）。

【復】①ㄈㄨˋ　②ㄈㄡˋ

①念ㄈㄨˋ，如：(動)往復，復原，復習，復仇，復除（免除徭役），恢復。(副)復生，復活，復次，復來，復得。

②念ㄈㄡˋ，如：(又讀)復活，復興。

(例)決心光復ㄈㄨˋ大陸，民族必能復ㄈㄡˋ興。

註：今通讀爲ㄈㄨˋ。

【答】①ㄉㄚˊ　②ㄉㄚ

①念ㄉㄚˊ，如：(名)答數。(動)答話，答禮，回答，報答，答覆，答謝。

②念ㄉㄚ，如：(動)答應，答腔，答理，答碴兒。

(例)我回答ㄉㄚˊ你的問題，你怎能不答ㄉㄚ理呀。

【貸】①ㄉㄞˋ ②ㄊㄜˋ

①念ㄉㄞˋ，如：（動）借貸，貸款。

②念ㄊㄜˋ，與忒通，如「無獲差貸」（見禮記，變更也）。「宿離不貸」（見禮記，差誤也）。

【逮】①ㄉㄞˋ ②ㄉㄞˇ ③ㄉㄧˋ

①念ㄉㄞˋ，如：（動）不逮（不及），「古者言之不出，恥躬之不逮也」（見論語，里仁），逮下（恩及下人），逮捕（追捕）。（連）逮至民國。

②念ㄉㄞˇ，如：（動）逮住（捉住）。

③念ㄉㄧˋ，如：（形）威儀逮逮（見禮記安和貌）。

【單】①ㄉㄢ ②ㄕㄢˋ ③ㄔㄢˊ

①念ㄉㄢ，如：（名）貨單，傳單，單據，定單，被單子，單兒。（形）單薄，單獨，孤單，單槍匹馬，形單影隻，單純，單身漢，單傳。

②念ㄕㄢˋ，如：（名）單縣（山東省地名），姓單。

③念ㄔㄢˊ，如：（名）單于（古匈奴對其君長之稱）。

（例）單ㄕㄢˋ先生住在單ㄉㄢ身宿舍。

【棣】①ㄉㄧˋ ②ㄊㄧˋ

①念ㄉㄧˋ，如：（名）棣棠（植物名），常棣，唐棣（皆植物名）同「弟」如：（名）仁棣。（形）棣華（喻兄弟），棣鄂（萼）（喻兄弟親愛之詞），棣棣（閑習貌）。

②念ㄊㄧˋ，如：（動）萬物棣通（通也，見漢書）。

註：「棠棣」（文選：曹植求通親表），「唐棣」（詩召南何彼穠矣），「常棣」（詩小雅常棣），「棠」「唐」二字同聲，借用「常」，又爲「棠」之假借，實是一物

【都】①ㄉㄨ ②ㄉㄡ

①念ㄉㄨ，如：（名）都市，首都，國都，都會，都督，都察。（形）都雅（謂嫻美，如：「容貌都雅」見北史）。

②念ㄉㄡ，如：（副）大都，都是。（語音）。

（例）共匪無論在都ㄉㄨ市的，或是鄉村的都ㄉㄡ是壞蛋。

【敦】①ㄉㄨㄣ ②ㄉㄨㄟˊ ③ㄉㄨㄟˋ ④ㄊㄨㄣˇ ⑤ㄊㄨㄢˊ ⑥ㄉㄨㄣˇ ⑦ㄉㄨㄣˋ ⑧ㄓㄨㄣ

①念ㄉㄨㄣ，如：（形）敦厚，敦實·ㄕ（厚實）。（動）敦睦。（副）敦請，敦勸。（名）敦化（吉林省縣名），敦煌（甘肅省縣名），可賀敦，古突厥國王妻名（唐書突厥傳），州名（唐時設在四川省境）水名（出代州雁門山），倫敦（英國國都），敦商之旅（治也，詩

闕宮），今日試使士敦劍（斷也，
莊子說劍）。
②念ㄉㄨㄟˋ，如：（動）敦促。
③念ㄉㄨㄟˋ，如：（名）敦槃（古時
盟會所用之器具，敦盛食，槃盛血
）。
④念ㄊㄨㄣˊ同「屯」，陳也，鋪敦淮
濆（詩常武），敦煌（又讀）。
⑤念ㄊㄨㄢˊ，敦彼行葦（聚也，詩行
葦），有敦瓜苦（瓜蔓貌，詩東山
）。
⑥念ㄉㄨㄣˋ，渾敦（不開通之貌），
天下之民謂之渾敦（左傳文公十一
年）。
⑦念ㄉㄨㄣ，混敦，太歲在子曰困敦
（爾雅釋天），冷敦（春秋時，許
地名）。
⑧念ㄓㄨㄣˇ，出其度量敦制（周禮內
宰）（幅廣也）。
（例）我倆用敦ㄉㄨㄟˋ槃歃血爲盟，
敦ㄉㄨㄣ請臺端主盟，屆時不再敦
ㄉㄨㄟˋ促了。

【湯】①ㄊㄤ　②ㄕㄤ
①念ㄊㄤ，如：（名）湯菜，湯餅，
沐以蘭湯（熱水），商湯。湯包兒
（食品）。
②念ㄕㄤ，如：（副）湯湯（水流貌
，如「江漢湯湯」見詩經）。
（例）商湯ㄊㄤ見江水湯湯ㄕㄤ。

【堤】①ㄊㄧˊ　②ㄉㄧ
①念ㄊㄧˊ，如：（名）堤防，堤岸，
堤壩，防波堤。
②念ㄉㄧ（又讀）。

【提】①ㄊㄧˊ　②ㄉㄧ　③ㄕˊ
①念ㄊㄧˊ，如：（動）提拔，提筆，
提防，提議。（名）姓提。
②念ㄉㄧ，如：（動）提防（語音），
提溜（手提），提溜著心（謂不放
心）。
③念ㄕˊ，如：（名）朱提（ㄕㄨˊㄕˊ
）又讀（ㄓㄨ　ㄕˊ）（古縣名，故
城在今四川宜賓縣西南，山出銀，
後因稱銀曰朱提）。
（例）提ㄊㄧˊ先生，提ㄉㄧ溜・ㄌㄧㄡ
著一袋子朱提ㄕˊ（銀子）。

【屠】①ㄊㄨˊ　②ㄔㄨˊ
①念ㄊㄨˊ，如：（動）屠殺，屠宰，
屠城（毀其城，殺其民）。（名）
姓屠。屠羊，屠岸，（複姓）。屠
門（肉市），屠戶（以宰殺爲業者
）。（形）屠龍（喻人技高而無用
）。
②念ㄔㄨˊ，如：（名）休ㄒㄧㄡˇ屠（
地名，原爲匈奴附屬國之王號，在
今甘肅武威縣）。

【唾】①ㄊㄨㄛˋ　②ㄊㄨˋ

①念ㄊㄨㄛˋ，如：（名）唾沫。（動）唾罵，唾棄，唾面自乾（喻人有容忍之量）。

②念ㄊㄨˋ，如：（名）唾沫（又讀，亦作吐沫）。

（例）吐ㄊㄨˋ著唾ㄊㄨˋ沫唾ㄊㄨㄛˋ罵得人家無地自容。

【筒】①ㄊㄨㄥˇ ②ㄊㄨㄥˊ

①念ㄊㄨㄥˇ，如：（名）筆筒，烟筒

②念ㄊㄨㄥˊ（又讀）（名）筒車（灌田的水車），筒蟲（水螅類）。

【甯】①ㄋㄧㄥˊ ②ㄋㄧㄥˋ

①念ㄋㄧㄥˊ，如：（名）姓甯。甯武子（魯大夫）。

②念ㄋㄧㄥˋ（通寧），如：（形）安甯，甯靜。（動）歸甯（女子嫁後回家省親），丁甯（再三囑咐）。（副）甯願。（連）甯可。

（例）甯ㄋㄧㄥˋ先生說，不自由毋甯ㄋㄧㄥˋ死。

【喇】①ㄌㄚˇ ②ㄌㄚˋ ③ㄌㄚ ③ㄌㄚˊ ⑤˙ㄌㄚ

①念ㄌㄚˇ，如：（名）喇叭，喇嘛。

②念ㄌㄚˋ，如：（名）喇喇蛄（卽螻蛄）。

③念ㄌㄚ，如：（形）嘩喇（表聲）

④念ㄌㄚˊ，如：（動）喇喇（謂滴落）。

⑤念˙ㄌㄚ，如：（名）哈喇呢（俄國出產的一種毛織品）。

（例）一個喇喇ㄌㄚˋ蛄，從哈喇˙ㄌㄚ呢的領子上，爬到喇ㄌㄚˇ嘛的脖子裏，嚇得他喇喇ㄌㄚˊ一褲子尿，嘩喇ㄌㄚ一聲，碰倒喇ㄌㄚˇ叭，絆倒了喇ㄌㄚˇ嘛。

【勞】①ㄌㄠˊ ②ㄌㄠˋ

①念ㄌㄠˊ，如：（名）功勞，勞績，姓勞。（動）勞動，勞神，勞駕，勞心。（形）勞苦，勤勞，勞倦，勞碌。

②念ㄌㄠˋ，如：（動）慰勞，勞軍，犒勞，勞來（亦作勞徠，慰勞招延之意）。

（例）我爲了勞ㄌㄠˋ軍，絕對不辭勞ㄌㄠˊ苦。

【愣】①ㄌㄥˋ ②ㄌㄥ

①念ㄌㄥˋ，如：（形）愣頭，愣腦。（名）青頭兒愣，愣葱（譏鹵莽者）。（副）愣說，愣辦（率意而行，不加顧慮）。（動）發愣（發呆），一愣兒。

②念ㄌㄥ，如：（名）愣兒（譏人之初經某事，細情不明而致現癡呆之狀者）。

【犂】①ㄌㄧˊ ②ㄌㄧㄡˊ

①念ㄌㄧˊ，如：（名）耕犂，犂牛，犂冠（鏟），犂旦（天近明而尚黑，見史記南越傳）。（動）犂田，犂庭掃閭（喻滅國，本於揚雄文「犂其庭，掃其閭」，今多作犂庭掃

穴)。

②念ㄌㄧㄡˊ，如：(副)犂然(堅確之意，如：「犂然有當於人心」見莊子)。

註：「犂旦」於漢書南粵傳作「遲旦」。「遲旦」卽「遲明」。「犂」「黎」同音通用，「遲」本作「邌」，亦卽「黎」也。「明」字古通「旦」，前漢書高帝紀「旦日合戰」。又「旦日不可不早自來謝」。是以旦日爲明日。

【量】①ㄌㄧㄤˊ ②ㄌㄧㄤˋ ③．ㄌㄧㄤ

①念ㄌㄧㄤˊ，如：(動)量布，測量，衡量。(名)度量衡。

②念ㄌㄧㄤˋ，如：(名)容量。(動)量力，量入爲出。

③念．ㄌㄧㄤ，如：(名)分量，氣量，度ㄉㄨˋ量，力量。(動)商量。

(例)量ㄌㄧㄤˊ幾斗米都可以，不過要量ㄌㄧㄤˋ入爲出希望你們商量，．ㄌㄧㄤ著辦吧。

【絡】①ㄌㄨㄛˋ ②ㄌㄠˋ

①念ㄌㄨㄛˋ，如：(名)脈絡，絲瓜絡，橘絡(橘皮內之絲絡，可入藥)。(動)籠絡，絡繹，聯絡。

②念ㄌㄠˋ，如：(名)絡子(線編之網，中可裝物)。

(例)爲了聯絡ㄌㄨㄛˋ感情，每人送一個絡ㄌㄠˋ子。

【衖】①ㄌㄨㄥˋ ②ㄒㄧㄤˋ

①念ㄌㄨㄥˋ(通「弄」)，如：(名)衖堂(卽弄堂，吳語謂小巷)。

②念ㄒㄧㄤˋ(同巷)。

【蛤】①ㄍㄜˊ ②ㄏㄚˊ

①念ㄍㄜˊ，如：(名)蛤蜊。

②念ㄏㄚˊ，如：(名)蛤蟆(同「蝦蟆」)。

【給】①ㄍㄟˇ ②ㄐㄧˇ ③．ㄍㄟ

①念ㄍㄟˇ(語音)，如：(動)付給，給錢。(介)給我拿來，他讓人給打了。

②念ㄐㄧˇ(讀音)，如：(名)給養，配給，給事中(古官名)，「禦人以口給」(論語)。(動)供給，給獎，給與。(形)自給自足，家給戶足，財用不給。

③念．ㄍㄟ，如：(後附介詞)送給，帶給，留給，扔給，拿給，交給，踢給。

(例)買配給ㄐㄧˇ東西，也得給ㄍㄟˇ錢，這份是賣給．ㄍㄟ你的。

【咯】①ㄎㄚˋ ②ㄎㄚ ③ㄎㄜˋ

①念ㄎㄚˋ，(譯音之字)，如：(名)咯什噶爾(新疆河名)，咯爾咯(部落名)，咯喇塔什山(地名在新疆)。

②念ㄎㄚ(表聲之字)，如：(形)咯吧(物之折斷聲)。

③念ㄎㄜˋ，如：(形)咯咯(嘔吐聲

，如「喀喀然」見列子）。

【渴】①ㄎㄜˇ ②ㄐㄧㄝˊ ③ㄏㄜˋ

①念ㄎㄜˇ，如：（動）口渴。（形）乾渴。（副）渴望，渴念，渴慕。

②念ㄐㄧㄝˊ，如：（形）渴澤（水巳乾涸之澤，見周禮。

③念ㄏㄜˋ（楚越方言，謂水之反流者爲渴）。

【傀】①ㄎㄨㄟˇ ②ㄍㄨㄟ

①念ㄎㄨㄟˇ，如：（名）傀儡（1木偶戲，2喻任人操縱者）。

②念ㄍㄨㄟ，如：（副）「則傀然獨立於天地之間」偉大也，見荀子。

（例）傀ㄍㄨㄟ偉男兒，絕對不做傀ㄎㄨㄟˇ儡。

【喝】①ㄏㄜ ②ㄏㄜˋ ③ㄧㄝˋ

①念ㄏㄜ，如：（動）喝水，喝茶，喝酒。

②念ㄏㄜˋ，如：（動）喝令，喝彩，喝火（禪院巡寮警火曰喝火），喝止。

③念ㄧㄝˋ，如：（形）嘶喝（嘶聲也）。

（例）因爲喝ㄏㄜˋ彩，喊的聲音嘶喝ㄧㄝˋ沙啞，趕快喝ㄏㄜ水吧。

【黑】①ㄏㄟ ②ㄏㄜˋ ③ㄏㄟˇ

①念ㄏㄟ，如：（形）黑的，黑暗，黑幕。（名）黑顏色，黑布，黑人。

②念ㄏㄜˋ（讀音）。

③念ㄏㄟˇ，如：（名）黑豆（粒如黃豆，色黑）。

（例）黑ㄏㄟˇ豆的顏色很黑ㄏㄟ。

【欻】①ㄏㄨ ②ㄔㄨㄚ ③ㄒㄩˋ

①念ㄏㄨ，如：（副）欻忽（謂迅速，如「欻忽若神」見東觀餘論），欻忽（猶忽然），欻吸（俄頃，如「欻吸鵾雞悲」見江淹詩），神山崔巍，欻從背見（忽也，見張衡賦）。

②念ㄔㄨㄚ，狀聲之詞，如欻的一聲，欻拉一聲。

③念ㄒㄩˋ，欻欻（動也），有所吹起也，如「趨欻欻」見元包經。

【華】①ㄏㄨㄚˊ ②ㄏㄨㄚˋ ④ㄏㄨㄚ

①念ㄏㄨㄚˊ，如：（名）中華民國，華夏，華表（記功之石柱），華盛頓。（形）華麗，繁華，華年，華美，華髮（白髮），華屋（大廈），奢華。

②念ㄏㄨㄚˋ，如：（名）華山（西嶽），華陰（陝西省縣名），華陀（東漢名醫），姓華。

③念ㄏㄨㄚ（通花），華鄂（花萼，喻兄弟，見詩經「棠棣之華」）。

（例）華ㄏㄨㄚˋ陰縣有位華ㄏㄨㄚˊ先生，是中華ㄏㄨㄚˊ民國的好國民。

【渾】①ㄏㄨㄣˊ ②ㄏㄨㄣˋ ③ㄍㄨㄣˇ

①念ㄏㄨㄣˊ，如：（形）渾濁，渾身

，渾括（總括一切），渾涵，渾人（愚人），渾蛋，含渾。（姓）。

②念ㄏㄨㄣˋ，如：（名）渾沌，渾元（自然之氣），渾天球（古時測量天體運行之儀器）。

③念ㄍㄨㄣˇ，如：（副）渾渾（同「滾滾」，如「財貨渾渾如泉源」見荀子）。

（例）他渾ㄏㄨㄣˊ身是膽，竟敢渾ㄏㄨㄣˋ進大陸，殺死匪幹。

【幾】①ㄐㄧˇ ②ㄐㄧ

①念ㄐㄧˇ，如：（名）幾何學。（形）幾何，幾個，幾多，幾許。（副）幾次，幾時，幾兒（何時），幾曾。

②念ㄐㄧ，如：（名）幾徵（預兆）。（副）幾乎，幾諫（和顏勸諫父母之過也，論語）。（形）幾希「人之所以異於禽獸者幾希」（孟子），幾幾。

（例）抓到幾ㄐㄧˇ個匪諜，幾ㄐㄧ乎逃跑嘍。

【揭】①ㄐㄧㄝ ②ㄑㄧˋ

①念ㄐㄧㄝ，如：（名）（姓）揭。（動）揭破，揭穿，揭露，揭曉，揭榜（出榜），揭竿而起（倉卒間倡亂），揭短（兒）（表露他人短處）。

②念ㄑㄧˋ，如：（動）提衣襟而涉淺水曰揭，如：「深則厲，淺則揭」（見詩經邶匏，論語憲問，爾雅水泉）。

【結】①ㄐㄧㄝˊ ②ㄐㄧㄝ ③．ㄐㄧㄝ ④ㄐㄧㄝˇ

①念ㄐㄧㄝˊ，如：（動）團結，結繩，結髮（元配夫妻亦曰結髮），結婚，結交，結冰，了結，結果，結論，結賬。（名）結核，結膜，結晶體，具結，保結（一種為證明用之文件）。

②念ㄐㄧㄝ，如：（形）結實，結巴（口吃）。

③念．ㄐㄧㄝ，如：（動）巴結（1力圖上進或報效，2奉承他人）。

④念ㄐㄧㄝˇ，如：（名）打結子（做上衣，開氣兒之處，要打結子）。

（例）她看他身體結ㄐㄧㄝ實，她巴結．ㄐㄧㄝ著，要和他結ㄐㄧㄝˊ婚。

【間】①ㄐㄧㄢ ②ㄐㄧㄢˋ

①念ㄐㄧㄢ，如：（名）房間，時間，中間，天地之間，林間，田間。

②念ㄐㄧㄢˋ，如：（名）間隙，間諜。（動）間日，間隔，離間，間斷，間接「一間耳」（換也，孟子）。

（例）我參加進修，一年之間ㄐㄧㄢ，沒有間ㄐㄧㄢˋ斷。

【景】①ㄐㄧㄥˇ ②ㄧㄥˇ

①念ㄐㄧㄥˇ，如：（名）景色，風景，景緻，光景，景況，景象。（動）景仰，景慕。（形）景雲（五色

祥雲），景福（大福）。
②念ㄧㄥˇ（通影）。
（例）我看見那人的背景ㄧㄥˇ就很景ㄐㄧㄥˇ仰他。

【雋】 ①ㄐㄩㄣˋ ②ㄐㄩㄢˋ
①念ㄐㄩㄣˋ（同「儁」），如：（形）雋拔（俊爽挺秀），雋楚（猶言翹楚），雋譽（美名）。
②念ㄐㄩㄢˋ，如：（形）雋永（謂言之甘美而耐人尋味者）。（名）雋不疑（人名，漢渤海人）。

【窘】 ①ㄐㄩㄥˇ ②ㄐㄩㄣˇ
①念ㄐㄩㄥˇ，如：（形）枯窘，困窘，窘迫，窘急，窘步（難於步行），窘蹙（窘迫）。
②念ㄐㄩㄣˇ（又讀）。

【棋】 ①ㄑㄧˊ ②ㄐㄧ
①念ㄑㄧˊ，如：（名）象棋，圍棋。
②念ㄐㄧ，如：（名）萬物根棋（根柢，見史記）。

【期】 ①ㄑㄧˊ ②ㄐㄧ ③ㄑㄧ
①念ㄑㄧˊ，如：（名）期限，日期，期票，期刊。（動）期待，期望。
②念ㄐㄧ，如：（名）期年，期月（見中庸），「期月而已可也」（論語），期服（一週年謂期）。（副）期期（形容口吃而說話不流利貌）。
③念ㄑㄧ，ㄑㄧˊ之又讀。
（例）期ㄐㄧ服的期ㄑㄧˊ限是一年。

【愒】 ①ㄑㄧˋ ②ㄎㄞˋ ③ㄏㄜˋ
①念ㄑㄧˋ，如：（動）汔可小愒（見詩經，同「憩」）。
②念ㄎㄞˋ，如：（動）玩愒（「玩歲而愒日」見漢書，謂偷安歲月，而怠廢職務）。通「渴」貪也，急也。
③念ㄏㄜˋ，如：（動）相恐愒（見集韻）。

【喬】 ①ㄑㄧㄠˊ ②ㄐㄧㄠ
①念ㄑㄧㄠˊ，如：（名）姓喬。（形）喬木（高大）。（動）喬遷（遷居），喬裝（偽裝）。
②念ㄐㄧㄠ，如：（形）喬怯（同憍怯），喬志（謂意志驕逸，見禮記）。（通「驕」）。

【嵌】 ①ㄑㄧㄢ ②ㄑㄧㄢˋ ③ㄎㄢ
①念ㄑㄧㄢ，如：（動）嵌鑲，嵌金。（形）嵌巖（深谷），嵌巉（山勢險峻貌）。
②念ㄑㄧㄢˋ，①（動）之又讀。北平人亦讀ㄑㄧㄢˋ，如：（名）狐嵌。
③念ㄎㄢ，①（動）之又讀）。

【腊】 ①ㄒㄧˊ ②ㄌㄚˋ
①念ㄒㄧˊ，如：（名）腊肉（肉乾）。（形）毒之酋腊者，其殺也滋速（極也，見國語）。
②念ㄌㄚˋ（臘之簡寫），腊月（夏曆十二月）秦人歲終祭神曰腊，故至

今以十二月為臘月。
(例)在腊ㄌㄚˋ月作腊ㄒㄧˊ肉。
註：腊ㄒㄧ肉俗亦曰ㄌㄚˋ ㄖㄡˋ。

【猲】①ㄒㄧㄝ ②ㄏㄜˋ ③ㄍㄜˊ
①念ㄒㄧㄝ，如：(名)猲獢(短喙犬，見爾雅)。
②念ㄏㄜˋ，如：(動)恐猲受賕(見漢書，以威力脅人)，恫疑虛猲(見國策，喘息恐懼)。
③念ㄍㄜˊ同獦，如：(名)猲狚，獸名，狀如狼。見廣韻山海經(玉篇廣韻，作獦狚)。

【閒】①ㄒㄧㄢˊ ②ㄐㄧㄢ ③ㄐㄧㄢˋ
①念ㄒㄧㄢˊ，如：(形)閒暇，閒空，安閒，閒步(散步)，閒錢(指生活必須費用以外之餘款)，閒人，閒話。(副)等閒(莫等閒白了少年頭，見岳飛滿江紅)，眼前一樽又常滿，心中萬事如等閒(見唐張謂詩)，不將春色等閒拋(宋黃庭堅詩)。
②念ㄐㄧㄢ(同「間」)。
③念ㄐㄧㄢˋ(同「間」)，如：(名)閒步(謂步行伺間隙以去，見史記)。閒言(謂異言，語本論語「人不閒於其父母昆弟之言」)。(動)離閒，反閒。

【鄉】①ㄒㄧㄤ ②ㄒㄧㄤˋ ②ㄒㄧㄤˇ(同「響」)
①念ㄒㄧㄤ，如：(名)鄉鎮，鄉公所，鄉民，鄉土，鄉下，故鄉，鄉村。
②念ㄒㄧㄤˋ(同嚮)，如：(名)鄉導。
③念ㄒㄧㄤˇ，如：影鄉之應形聲(漢書董仲舒傳)，通響，救也(見廣雅釋言)，專鄉獨美其福(漢書文帝紀)。
(例)下鄉ㄒㄧㄤ旅行，我作鄉ㄒㄧㄤˋ導。

【惺】①ㄒㄧㄥ ②ㄒㄧㄥˇ
①念ㄒㄧㄥ，如：(形)惺惺(1.聰慧，2.清醒，3.狀鶯聲，「鶯語惺惺野雉驕」見陸游詩，4.骰子之別名)。假惺惺，謂故意裝假。惺忪，動蕩貌。惺惺惜惺惺，謂聰慧之人憐其同類，見水滸，語本元曲曲江池。惺憁，了慧人也，見廣韻。
②念ㄒㄧㄥˇ，如：(動)惺悟，悟也，靜中不昧曰惺，見增韻。

【尋】①ㄒㄩㄣˊ ②ㄒㄧㄣˊ ③ㄒㄩㄝˊ
①念ㄒㄩㄣˊ，如：(動)尋找，尋覓，尋求，尋究，尋樂，尋隙，尋事。(形)尋常，尋俗。(名)尋尺(八尺之長度)。(副)尋卽，尋至。
②念ㄒㄧㄣˊ，如：(動)尋錢的(向人求錢之乞丐)，尋死(意圖自殺)。

③念ㄒㄩㄝˊ，如：(動)尋摸，尋溜，尋摟(目環視有所尋之意)。

(例)他尋ㄒㄩㄣˊ常竟ㄒㄩㄝˊ摸·ㄇㄛ熟人尋ㄒㄧㄣˊ錢。

註：「尋摸」有人寫作「⿰目穴瞞」，「尋摟」寫作「⿰目穴瞜」。

【詐】①ㄓㄚˋ ②ㄓㄚˇ

①念ㄓㄚˋ，如：(動)欺詐，詐騙，詐財。

②念ㄓㄚˇ，如：(動)拿話詐我(以言語試探)。

(例)這匪諜竟詐ㄓㄚˋ財，我拿話一詐ㄓㄚˇ他，他才說了實話。

【湛】①ㄓㄢˋ ②ㄉㄢ ③ㄓㄢˇ ④ㄔㄣˊ ⑤ㄐㄧㄢ ⑥ㄓㄣˋ ⑦ㄧㄣˊ

①念ㄓㄢˋ，如：(形)湛然(安貌)，湛寂(清靜)，精湛，湛恩(深恩)，湛憂(深憂)。(名)姓湛，湛水(水名在河南省)。

②念ㄉㄢ(同耽)快樂也，「子孫其湛」(見詩經賓之初筵)，和樂且湛(詩鹿鳴)。

③念ㄓㄢˇ，吸湛露之浮涼兮(原也，楚辭悲回風)。

④念ㄔㄣˊ，然其荊軻湛七族(沒也，漢書鄒陽傳)，則湛濁在下而清明在上(泥滓也，荀子解蔽)。

⑤念ㄐㄧㄢ，湛熾必絜(漬也，禮記月令)，湛熺必絜(漬也，呂覽注讀瀋釜之瀋)又通「漸」。

⑥念ㄓㄣˋ，湛諸美酒(漬也，禮記內則)。

⑦念ㄧㄣˊ，集雨為霪或作湛。莊子天下篇「沐甚雨」或寫作「沐湛雨」

註：說文段注云「凡湛字引伸之義甚多，其音不一」。

註湛音淫。

【診】①ㄓㄣˇ ②ㄓㄣ

①念ㄓㄣˇ，如：(動)診病，診夢(占夢，見莊子)，診斷，診療，診治。

②念ㄓㄣ(又讀)。

【軸】①ㄓㄨˊ ②ㄓㄡˊ ③ㄓㄡˋ

①念ㄓㄨˊ(讀音)，如：(名)軸轤(同舳艫，方長形之船)，當軸(樞要之地位)。

②念ㄓㄡˊ(語音)，如：(名)車軸，畫軸，軸子，軸兒。(量)一軸。

③念ㄓㄡˋ，如：(名)大軸子(演戲稱末齣為大軸兒，亦稱壓軸子)。

【粥】①ㄓㄨˋ ②ㄓㄡ ③ㄩˋ

①念ㄓㄨˋ，如：(副)粥粥(1.柔弱貌，2.雞相呼聲)，粥粥若無能也(禮記)，羣飛羣啄，羣雌粥粥(見韓愈詩)。

②念ㄓㄡ(①之語音)，如：(名)喝粥，粥廠。

③念ㄩˋ，如：(名)葷粥(ㄒㄩㄣ ㄩˋ)(即獯鬻，夏代北狄之稱)，按：即「匈奴」之轉音，此外「薰

育」「葷允」「獫允」皆此一音之轉。

(例)「葷粥」要讀成(ㄒㄩㄣ ㄩˋ)是北狄之名，不是葷ㄏㄨㄣ粥ㄓㄡ。

【棹】①ㄓㄨㄛ ②ㄓㄠˋ

①念ㄓㄨㄛ(名)(同「桌」)。

②念ㄓㄠˋ(名)(同「櫂」舟之泛稱，如：歸棹，又使舟進行之具曰棹)。買棹(僱船)。

【着】①ㄓㄨㄛˊ ②ㄓㄠˊ ③ㄓㄠ ④·ㄓㄜ

①念ㄓㄨㄛˊ(同著)，(形)着實。(動)着棋，着衣，着色。

②念ㄓㄠˊ(同著③)，(動)着火，着一把手兒，着眼。

③念ㄓㄠ(同著④)，(名)着兒，棋高一着。

④念·ㄓㄜ(同著⑤)，(表動作之進行態)走着，念着，吃着，瞧着。

【椎】①ㄓㄨㄟ ②ㄔㄨㄟˊ

①念ㄓㄨㄟ，如：(名)椎子，脊椎骨。(動)椎剽(椎殺人而剽掠之)。(形)椎魯(愚鈍)。

②念ㄔㄨㄟˊ(又讀)。

【啻】①ㄔˋ ②ㄊㄧˋ

①念ㄔˋ，如：(副)不啻(止,但)。

②念ㄊㄧˋ(又讀)。

【鈔】①ㄔㄠ ②ㄔㄠˋ

①念ㄔㄠ，如：(動)鈔襲，鈔暴(即抄掠，見後漢書)。(名)鈔票。

②念ㄔㄠˋ，如：(名)鈔票(又讀ㄔㄠ票)，錢鈔。

(例)我的鈔ㄔㄠˋ票，被共匪鈔ㄔㄠ掠一空。

【朝】①ㄔㄠˊ ②ㄓㄠ

①念ㄔㄠˊ，如：(介)朝南，朝北。(名)朝廷，朝代，朝服，漢朝，清朝，朝鮮(即韓國)，(動)朝見，朝拜，朝聖，朝山。

②念ㄓㄠ，如：(名)朝(早晨)夕，朝會，今朝，終朝，朝日，朝氣。「朝聞道」，「一朝之忿」，(論語)「一朝之患」。(孟子)。

(例)朝ㄓㄠ會時，朝ㄔㄠˊ野一致升旗。

註：朝鮮原名高麗，一般多說爲「ㄔㄠˊ ㄒㄧㄢ」，本應讀爲「ㄓㄠ ㄒㄧㄢ」。原朝鮮自漢唐以來，久爲我國藩屬，我國向對於無敵對行爲之藩屬，都給予好的名稱。因東方爲日之本，取高麗以先得朝ㄓㄠ而且鮮之意，故名朝鮮。本書亦從俗注爲ㄔㄠˊ ㄒㄧㄢ。

【孱】①ㄔㄢˊ ②ㄘㄢˋ

①念ㄔㄢˊ，如：(形)孱弱，孱軀，孱頊(謂猥賤無能)，孱王(懦弱無能之君，見史記)。(副)君子博學而孱守之(見大戴禮，小貌)。

②念ㄘㄢˋ，如：（名）孱頭（譏稱卑怯者）。
（例）你別看他身體孱ㄔㄢˊ弱，作反共工作可不是個孱ㄘㄢˋ頭・ㄊㄡ。

【場】①ㄔㄤˊ ②ㄔㄤˇ
①念ㄔㄤˊ，如：（名）場面，場合，場所，場院，會場，試場，文場。（量）一場戲，鬧了一場。
②念ㄔㄤˇ（語音），如：（名）場子，操場，市場，會場。
（例）市場ㄔㄤˇ旁邊一家住宅，是連場ㄔㄤˊ隔院。

【婼】①ㄔㄨㄛˋ ②ㄦˊ
①念ㄔㄨㄛˋ，如：（名）人名，魯大夫叔孫婼（見左傳）。（形）不順，見說文。
②念ㄦˊ，如：（名）婼羌（1.漢西域國名，2.新疆省縣名）。

【創】①ㄔㄨㄤˋ ②ㄔㄨㄤ同「瘡」
②ㄔㄨㄤˇ
①念ㄔㄨㄤˋ，如：（動）創造，創始，創辦，創舉，創作，創業，創見，創制權。
②念ㄔㄨㄤ，如：（名）創痕，創口，創痍。
③念ㄔㄨㄤˇ，如：（動）頭創地，創疳（花柳病名）。
（例）爲了創ㄔㄨㄤˋ作，鬧個頭創ㄔㄨㄤˇ地，落得滿面創ㄔㄨㄤ痕。

【稍】①ㄕㄠ ②ㄕㄠˋ
①念ㄕㄠ，如：（名）稍食（祿廩月俸），稍地（距王城三百里之地）。（副）稍微，稍稍（漸漸也）。
②念ㄕㄠˋ（又讀）。

【勝】①ㄕㄥˋ ②ㄕㄥ
①念ㄕㄥˋ，如：（動）勝利，勝敗，優勝，自勝（自制）。（形）勝地，勝會，勝景，勝蹟。（名）方勝，春勝（婦人首飾），名勝。（副）勝過，勝似。
②念ㄕㄥ，如：（動）勝任，不勝（見論語），材木不可勝用也（盡也，見孟子），以爲能勝其任也（孟子）。
（例）我擔任反攻總指揮，不但勝ㄕㄥ任，還必定勝ㄕㄥˋ利。

【盛】①ㄕㄥˋ ②ㄔㄥˊ
①念ㄕㄥˋ，如：（形）茂盛，興盛，盛行，盛年（猶言壯年），盛德，盛意，盛情，盛世（太平之世），盛會，盛筵。（名）姓。（副）盛怒。
②念ㄔㄥˊ，如：（動）盛飯，盛殮，無以供粢盛也，粢盛既潔（孟子）。
（例）這盤盛ㄔㄥˊ魚，那碗盛ㄔㄥˊ肉，這是盛ㄕㄥˋ先生待您的盛ㄕㄥˋ意。

【疎】①ㄕㄨ ②ㄙㄨ
①念ㄕㄨ，如：（名）姓疎。（同「疏」）。

②念ㄙㄨ（又讀）。

【菑】①ㄗ ②ㄗㄞ

①念ㄗ，如：（名）田一歲曰菑，言已墾一年也。姓菑，「菑榛穢聚」（見淮南子，謂茂草），菑畬（謂治田之事，如：「不耕穫，不菑畬（ㄗ一ㄩˊ），凶」，見易經）。

②念ㄗㄞ（名）（同「災」），如：「無菑無害」見詩經。

【訾】①ㄗˇ ②ㄗ

①念ㄗˇ，如：（動）訾短（詆毀），不訾（不限）。（副）訾食（惡食）。（名）訾病（猶言詬病），訾陬ㄗㄡ（複姓）。

②念ㄗ，1.（①之又讀），2.通「貲」財貨也，3.如：（名）姓訾，訾黃（神馬）。

【曾】①ㄗㄥ ②ㄘㄥˊ

①念ㄗㄥ，如：（名）姓曾，曾參ㄕㄣ，曾祖，曾孫。

②念ㄘㄥˊ，如：（副）未曾，曾經，曾有。

（例）曾ㄗㄥ先生曾ㄘㄥˊ說，他願請纓殺敵。

【跐】①ㄘˇ ②ㄘㄞˇ ③ㄘ

①念ㄘˇ，如：（動）踏也，腳跐兩隻船，跐著那角門的門檻子（見紅樓夢），跐腳兒（以足尖著地而立謂之跐腳兒）。（形）跐豸（ㄓˋ）（姿媚，如「增嬋娟以跐豸」見張衡西京賦，亦作此豸）。

②念ㄘㄞˇ（同「跴」）。

③念ㄘ，如：（動）腳踏而滑致使身體傾跌曰跐，如：「腳一跐落下水裏去了」。

【廁】①ㄘˋ ②ㄘㄜˋ ③ㄙˋ

①念ㄘˋ，如：（動）廁身（側身也）。

②念ㄘㄜˋ（①之又讀），如：（名）廁所（便溺之處）。（動）廁身，廁足。

③念ㄙˋ，如：（名）茅廁（廁所）。

【傖】①ㄘㄤ ②ㄔㄥˊ

①念ㄘㄤ，如：（名）傖父ㄈㄨˇ，稱鄙賤之人，見晉書。（形）傖儜，「其聲傖儜」，狀聲之不習於耳者，見唐書。

②念ㄔㄥˊ又讀。

【散】①ㄙㄢˇ ②ㄙㄢˋ

①念ㄙㄢˇ，如：（名）丸散，散文，散兵游勇。（副）散處各地。（形）散亂，散逛，散沙，散慢，散碎。（名）姓散。

②念ㄙㄢˋ，如：（動）散步，散悶兒，散髮（披髮），散場（收場結尾），散心，散開，遣散，疏散，散會，散夥（解散團體），散學（放學）「壯者散於四方」（孟子）。

（例）共匪內部是一盤散ㄙㄢˋ沙，快散ㄙㄢˇ夥兒。

【喪】①ㄙㄤ ②ㄙㄤˋ ③·ㄙㄤ

①念ㄙㄤ，如：（名）「喪事不敢不勉」見論語。喪事，弔喪，婚喪，居喪「喪思哀」（論語）。（形）喪禮，喪服。

②念ㄙㄤˋ，如：（動）喪失，喪命，喪膽，喪心病狂，喪氣，喪家狗（見史記），「天之未喪斯文也」（論語）。

③念·ㄙㄤ，如：（動）哭喪著臉。

（例）共匪喪ㄙㄤ父不居喪ㄙㄤ，眞是喪ㄙㄤ盡天良。

【揖】①ㄧ ②ㄐㄧˋ

①念ㄧ，如：（動）作ㄗㄨㄛ揖，揖客入門，揖讓（1賓主相見之禮見周禮，2猶言禪讓，見書經正義序）。

②念ㄐㄧˋ（與「輯」通，合也），如：（動）普天之下摶心揖志（見史記）。

【椅】①ㄧˇ ②ㄧ

①念ㄧˇ，如：（名）椅子，靠椅。

②念ㄧ，如：（名）椅木（植物名，落葉喬木）。

（例）椅ㄧ木可作椅ㄧˇ子。

【腋】①ㄧˋ ②ㄧㄝˋ

①念ㄧˋ（讀音）。

②念ㄧㄝˋ，如：（名）腋下，腋臭（人體腋下之狐臭）。

【雅】①ㄧㄚ ②ㄧㄚˇ

①念ㄧㄚ，如：（名）雅片（通鴉片）。

②念ㄧㄚˇ，如：（形）文雅，雅致，雅趣，雅興，雅意，雅言（見論語，常言），雅望。（名）一日之雅（交情），大雅，小雅（詩經篇名），雅典（希臘首都），姓雅。（副）雅不欲，雅以爲美（見後漢書）（甚也）。雅愛。

（例）他很文雅ㄧㄚˇ，可惜吸雅ㄧㄚ片。

【菸】①ㄧㄢ ②ㄩˋ

①念ㄧㄢ，如：（名）菸草（亦作烟）。

②念ㄩˋ，如：（形）「葉菸邑而無色兮」言草木殘瘁也，見楚辭。

【渦】①ㄨㄛ ②ㄍㄨㄛ

①念ㄨㄛ，如：（名）旋渦，酒渦（即酒渦兒，笑靨也），渦虫（棲水中之蠕形動物，體面纖毛顫動，卽生水渦）。（動）渦旋（水流盤旋）。

②念ㄍㄨㄛ，如：（名）渦河（水名，在河南省），渦陽（安徽省縣名）。

（例）渦ㄍㄨㄛ河水流湍急時，也有旋渦ㄨㄛ。

【喔】①ㄨㄛˋ ②ㄨ ③ㄛ

①念ㄨㄛˋ，如：（副）喔喔（鷄鳴聲

)。

②念ㄨ(①之又讀)。

③念ㄛ,如:(嘆)喔!原來是這麼回事(表了解),喔唷,喔呀,喔嚄。

【萎】①ㄨㄟ　②ㄨㄟˇ

①念ㄨㄟ,如:(形)枯萎,萎靡不振。(動)哲人其萎乎(人病亦曰萎,見禮記)。

②念ㄨㄟˇ,如:(名)萎蕤(ㄖㄨㄟˊ)(植物名,即葳蕤)。

【隃】①ㄩˊ　②ㄧㄠˊ

①念ㄩˊ,如:(名)隃麋(漢縣名,今陝西汧縣東三十里,其地產墨,故詩文中稱墨曰隃麋)。又同「踰」「卑不隃尊」越也,見漢書匡衡傳。

②念ㄧㄠˊ(同「遙」),如:「隃謂布,何苦而反」,見漢書,英布傳)。

【揄】①ㄩˊ　②ㄧㄠˊ　③ㄧㄡˊ

①念ㄩˊ,如:(動)揶揄(嘲弄),揄揚(稱讚),揄袂(語見莊子,謂垂手衣內而行)。

②念ㄧㄠˊ,如:(名)揄狄(或「揄翟」)(1古王后六服之一,三公及上公之妻之命服)。

③念ㄧㄡˊ,如:(動)或舂或揄(見詩經,抒臼也)。

【媛】①ㄩㄢˋ　②ㄩㄢˊ

①念ㄩㄢˋ,如:(名)名媛,媛女(美女)。

②念ㄩㄢˊ,如:(名)(形)嬋媛(1猶嬋娟(形容人物美好之態度),2猶牽引,如「心嬋媛而傷懷兮」楚辭)。

【惡】①ㄜˋ　②ㄨˋ　③ㄜˇ　④ㄨ

①念ㄜˋ,如:(形)惡人,惡戰,醜惡,凶惡,惡食,惡果,惡名,惡作劇。(名)罪惡,惡習。(副)惡化。

②念ㄨˋ,如:(名)羞惡。(形)可惡。(動)「能惡人」(論語),厭惡,愛惡,惡嫌(厭憎),「如惡ㄨˋ惡ㄜˋ臭」(大學)。

③念ㄜˇ,如:(動)惡心(1欲作嘔吐,2嫌厭之極)。

④念ㄨ,如:(嘆)惡!是何言也(見孟子)。(代)惡在其爲民父母也(見孟子,何也)。

(例)共匪作惡ㄜˋ多端,想起來叫人惡ㄜˇ心,人民都憎惡ㄨˋ之極,惡ㄨ!共匪胡不早亡。

【菴】①ㄢ　②ㄢˇ

①念ㄢ(同「庵」),如:(名)菴舍(謂墓廬。)(動)菴婪(貪也,見晉書)。

②念ㄢˇ,如:(形)菴藹(茂盛貌,如「豐蔚所盛,茂八區而菴藹焉」見左思賦)。

【腌】①ㄤ　②ㄚ　③ㄧㄢ

①念ㄤ，如：（形）腌臢，不潔也。腌臢貨，罵卑鄙之人。腌材料，罵鄙賤之人，見元曲。

②念ㄚ（①之又讀）。

③念ㄧㄢ同「醃」，以塩漬物，如腌肉，腌菜。

（例）他渾身腌ㄤ臢，出了汗，胳肢窩腌ㄧㄢ的慌。

【逼】①ㄅㄧ　②ㄅㄧˋ

①念ㄅㄧ，如：（動）逼迫，逼債，逼上梁山。（形）逼眞，逼近。

②念ㄅㄧˋ（又讀）。

【賁】①ㄅㄧˋ　②ㄅㄣ

①念ㄅㄧˋ，如：（副）賁臨（光臨）。（形）賁然（光明貌），賁如（華飾貌）。

②念ㄅㄣ，如：（名）姓賁，虎賁（賁，勇而疾走，虎賁稱勇士）。

（例）請賁ㄅㄣ先生屈時賁ㄅㄧˋ臨。

【辟】①ㄅㄧˋ　②ㄆㄧˋ

①念ㄅㄧˋ，如：（名）辟王（君王，如「濟濟辟王」見詩經）。（動）辟舉（徵召與選舉），辟邪，又同「避」如：辟世（語見論語），辟易（退避之意，見史記）。

②念ㄆㄧˋ，如：（名）大辟（古時死刑）。（動）辟穀（辟除穀食以求神仙），又同「僻」：辟匿（謂言偏僻，如：「戎王處辟匿」見史記），辟違（語見荀子謂邪僻）。

【遍】①ㄅㄧㄢˋ　②ㄆㄧㄢˋ

①念ㄅㄧㄢˋ讀音，如：（名）遍山線，地名，在熱河省承德縣，產銀。一遍，一次也。（形）同徧，普遍，漫山遍野。遍（徧）體鱗傷。

②念ㄆㄧㄢˋ，語音，同徧，如：（形）遍地。遍地黃金走，單等勤儉人。

註：偏亦同遍。

【稟】①ㄅㄧㄥˇ　②ㄅㄧㄣˇ　③ㄌㄧㄣˇ

①念ㄅㄧㄥˇ，如：（動）稟告，稟白，稟報，稟承（承上之命），稟命（受命也）。（名）稟性，稟賦（天賦的秉性），稟帖（舊時代稱呈文之類）。

②念ㄅㄧㄣˇ（①之又讀）。

③念ㄌㄧㄣˇ，如：（動）通廩，「既稟稱事」賜穀也，見中庸。通懍，敬也，見方言。

【硼】①ㄆㄥˊ　②ㄆㄥ

①念ㄆㄥˊ，如：（名）硼酸，硼砂。

②念ㄆㄥ，如：（形）硼砰（水聲）。

【聘】①ㄆㄧㄣˋ　②ㄆㄧㄥˋ

①念ㄆㄧㄣˋ，如：（動）聘請，聘用，應聘，解聘，聘問。（名）聘禮，聘書。

②念ㄆㄧㄥˋ，如：（動）出聘，聘姑娘（嫁女）。

（例）女家聘ㄆㄧㄥˋ姑娘，男家要出聘ㄆㄧㄣˋ禮。

【嗎】①ㄇㄚˊ ②ㄇㄚˇ ③．ㄇㄚ

①念ㄇㄚˊ，如：（代）幹嗎（同幹麼）。（「甚麼事」之簡略說法）。

②念ㄇㄚˇ，如：（名）嗎啡。

③念．ㄇㄚ，如：（助）是嗎？你好嗎？你來嗎？

（例）嗎ㄇㄚˇ啡是毒品嗎．ㄇㄚ？幹嗎ㄇㄚˊ你不答覆哇？

【瑁】①ㄇㄟˋ ②ㄇㄠˋ

①念ㄇㄟˋ，如：（名）玳瑁（龜類動物，其甲可製飾品）。

②念ㄇㄠˋ，如：（名）古天子所執玉，以合諸侯之圭者，見正字通。

【酩】①ㄇㄧㄥˇ ②ㄇㄧㄥˊ

①念ㄇㄧㄥˇ，如：（副）酩酊大醉。

②念ㄇㄧㄥˊ（又讀）。

【達】①ㄉㄚˊ ②ㄊㄚˋ

①念ㄉㄚˊ，如：（名）達賴，達摩（佛教禪宗始祖），達縣（四川省縣名），達爾文（英，生物學家）。姓氏。（動）通達，達到「已欲達而達人」（論語）。（形）發達，達道，達觀，明達，豁達，達人達士。

②念ㄊㄚˋ，如：（副）挑達（輕薄的樣子）。

（例）達ㄉㄚˊ先生，通情達ㄉㄚˊ理，言行端正，從來沒有挑ㄊㄠ達ㄊㄚˋ的言詞舉動。

【當】①ㄉㄤ ②ㄉㄤˋ ③ㄉㄤˇ ④．ㄉㄤ ⑤ㄔㄥ

①念ㄉㄤ，如：（動）擔當，相當，當心，一夫當關，當政，當國，當罏，謂賣酒，如「文君當罏」見漢書。當選，當差。（介）當午，當晚，當夕，當間兒，當今。（副）（形）表過去，當初，當年，當時（昔也）。當然，應當，當眞。

②念ㄉㄤˋ，如：（名）當鋪，當票兒，勾當。（動）當當，當作，打當（當鋪拍賣），（形）（副）表現時，當天，當年（本年），當時（卽時），適當。

③念ㄉㄤˇ，如：（動）當是（認爲也）。

④念．ㄉㄤ，如：（形）妥當，恰當，晃當（搖動），穩當。

⑤念ㄔㄥ，通鐺，見春聯，如：（名）「漢瓦當文延年益壽，周銅盤銘富貴吉羊ㄒㄧㄤˊ」。

（例）當ㄉㄤ初我當ㄉㄤˇ是上當ㄉㄤˋ了，結果很妥當．ㄉㄤ。

註：「瓦當」二字，字書辭書，加以說明者極少，間或有之，亦釋爲屋上之泥瓦，遂於「當」字不問其意，難明所讀，卽以一般讀法，定爲ㄉㄤ音。玆舉春聯，可見漢之瓦當

，與周之銅盤相對，「瓦當」之文，是「延年益壽」，「銅盤」之銘，是「富貴吉羊」。銅盤是銅製之盤，瓦當是瓦（陶土）製之當，如不知「當」爲「鐺」之簡筆通字，難以武斷其爲何物，今查鐺爲三足溫酒器。述異記（聊無溫鐺，安得飲酒）云「當」是溫酒器。又辭海注「鐺鐺」亦作「當當」（更漏聲），可證古時當與鐺通用，是以字形論，以字義論，「瓦當」一詞，在這春聯裏，讀爲瓦當ㄔㄥ，較讀爲ㄉㄤ者爲合理也。

【滇】①ㄉㄧㄢ　②ㄊㄧㄢˊ

①念ㄉㄧㄢ（名）（1.雲南省別稱，2.古國名，雲南省舊雲南府地）。

②念ㄊㄧㄢˊ（又讀）。

【頓】①ㄉㄨㄣˋ　②ㄉㄨˊ

①念ㄉㄨㄣˋ，如：（名）頓號。（量）一頓，一頓飯。（動）整頓，停頓，頓首，頓足，頓筆。（形）委頓，困頓。（副）頓時，頓刻，頓悟。

②念ㄉㄨˊ，如：（名）冒頓（古時匈奴首領名）。

（例）冒頓ㄉㄨˊ每天也吃三頓ㄉㄨㄣˋ飯。

【馱】①ㄊㄨㄛˊ　②ㄉㄨㄛˋ

①念ㄊㄨㄛˊ，如：（動）背負也，馱東西，馱著。（名）馱轎（用騾馬所駕負之轎）。

②念ㄉㄨㄛˋ，如：（名）馱子（騾馬等所負之貨物）。

（例）用騾馬馱ㄊㄨㄛˊ運貨物，其統稱叫騾馱ㄉㄨㄛˋ子。

【溺】①ㄋㄧˋ　②ㄋㄧㄠˋ

①念ㄋㄧˋ，如：（動）溺水，溺死，溺愛，溺職，溺於酒色。

②念ㄋㄧㄠˋ（語音），如：（名）便溺，溺桶（小便桶）。

（例）這孩子隨地便溺ㄋㄧㄠˋ都不管，眞是溺ㄋㄧˋ愛不明。

【暖】①ㄋㄨㄢˇ　②ㄒㄩㄢ　③ㄋㄤ

①念ㄋㄨㄢˇ，如：（形）溫暖，暖洋洋。（動）暖壽，暖房（遷居或結婚前一日親友往賀）。（名）暖壺（即熱水瓶），暖轎（有帷幔之轎），暖炕（炕洞內通火或置火爐之磚炕），暖鍋（即火鍋兒）。

②念ㄒㄩㄢ，如：（副）暖暖（柔貌，如「暖暖姝姝，而私自悅也」見莊子）。

③念ㄋㄤˇ，如：（形）暖和（變音）。

（例）等天氣暖ㄋㄤˇ和·ㄏㄨㄛ嘍，他要搬家，咱去給他暖ㄋㄨㄢˇ房（暖房亦稱溫居）。

【溜】①ㄌㄧㄡ　②ㄌㄧㄡˋ　③·ㄌㄧㄡ

①念ㄌㄧㄡ，如：（動）溜走，溜冰

，溜達（散步），溜邊兒，溜溝子（諂媚他人）。滑溜，烹飪法之一，如「溜黃菜」。（形）溜光（兒）（甚光滑）。
②念ㄌㄧㄡˋ，如：（量）一溜兒（一行也）。（副）一溜烟。（名）水溜子。（同遛）如溜達。
③˙ㄌㄧㄡ，如：（形）滑溜。
（例）滑梯很滑溜˙ㄌㄧㄡ，排成一溜ㄌㄧㄡˋ，往下溜ㄌㄧㄡ。

【痳】①ㄌㄧㄣˊ ②ㄌㄧㄣˋ
①念ㄌㄧㄣˊ（同淋）（名）痳病。
②念ㄌㄧㄣˋ（又讀）。

【賃】①ㄌㄧㄣˋ ②ㄖㄣˋ
①念ㄌㄧㄣˋ，如：（動）租賃。（名）傭賃（傭工），賃舂（米工）。
②念ㄖㄣˋ（讀音）。

【零】①ㄌㄧㄥˊ ②ㄌㄧㄢˊ
①念ㄌㄧㄥˊ，如：（形）零數，零星，零碎，零丁（伶仃），零亂，零落，零雨（徐雨）。（副）零賣，零用。
②念ㄌㄧㄢˊ，如：（名）先零，（漢時羌族，據有今青海境）。

【虜】①ㄌㄨˇ ②ㄌㄨㄛˇ
①念ㄌㄨˇ，如：（動）虜掠，虜獲。（名）俘虜（戰時俘獲之敵軍）。
②念ㄌㄨㄛˇ（又讀）。

【落】①ㄌㄨㄛˋ ②ㄌㄠˋ ③ㄌㄚˋ
①念ㄌㄨㄛˋ，如：（動）降落，落雨，一落千丈，落款（題字），落在一塊兒，落伍。（形）墮落，寥落，冷落，廓落，零落。（副）落成，落落大方，落落寡合，著落。（名）村落，部落，落花生，降落傘，一落書，一落碗。
②念ㄌㄠˋ，如：（動）落地（著地），落價，落枕，乾落兒（白得），落色ㄕㄞˇ（褪色）。
③念ㄌㄚˋ，如：（動）落下，落了，落字，丟三落四，落場，落空ㄎㄨㄥ。
（例）行軍時落ㄌㄨㄛˋ伍，落ㄌㄚˋ的很遠，結果落ㄌㄠˋ頓申斥。

【亂】①ㄌㄨㄢˋ ②ㄌㄢˋ
①念ㄌㄨㄢˋ，如：（形）混亂，紊亂，亂世，亂邦，亂臣賊子（作亂之臣見孟子）。（動）叛亂。（名）亂臣（治亂之臣，見論語）。
②念ㄌㄢˋ，如：（名）亂子（謂禍事），惹亂兒（招禍）。（副）亂葬崗子（無主而任貧民埋葬之墓地）。（形）亂七八糟。

【葛】①ㄍㄜˊ ②ㄍㄜˇ
①念ㄍㄜˊ，如：（名）葛草，葛粉，葛衣，葛巾，諸葛（複姓），葛藤，葛屨履霜（喻儉不中禮，語本詩經）。（動）糾葛。
②念ㄍㄜˇ，如：（名）姓葛，葛天氏

，葛嶺（地名，浙江杭縣西湖之北）。

（例）諸葛ㄍㄜˊ亮到過葛ㄍㄜˇ嶺嗎？

【隔】①ㄍㄜˊ ②ㄐㄧㄝ ③ㄐㄧㄝˊ ④ㄐㄧㄝˋ ⑤ㄍㄜ

①念ㄍㄜˊ，如：（動）阻隔，隔開，隔離，隔別。隔肢（搔人癢處，使人發笑也）。隔不住（禁不住也）。（名）隔膜，隔閡，隔夜。

②念ㄐㄧㄝ（語音，又讀），如：（名）隔房．ㄈㄤ（鄰居），隔山（同父異母而生）。（形）隔年（經過一年）。（動）隔著門兒。

③念ㄐㄧㄝˊ，如：（名）隔斷（室內之牆壁），隔教（意思是宗教信仰不同者，其後專指清眞教徒而言）。

④念ㄐㄧㄝˋ，如：（名）隔壁兒（ㄐㄧㄝˋㄅㄧㄜㄦ）。

⑤念ㄍㄜ，如：（名）隔褙（兒）（硬厚之紙板，亦有用布帛製成者）。

（例）鐵幕裏的人，都是家無隔ㄍㄜˊ宿之糧，房內的隔ㄐㄧㄝˊ斷，是拿紙隔ㄍㄜ褙，和隔ㄐㄧㄝˋ壁兒隔ㄍㄜˊ開，隔ㄐㄧㄝ著一層窗戶紙，都不敢交談。

【感】①ㄍㄢˇ ②ㄏㄢˋ

①念ㄍㄢˇ，如：（名）感情，感冒，感慨。（動）感覺，感想，感激，感動，感染，感化，銘感，感謝，感人以德。

②念ㄏㄢˋ（通撼），如：（動）「無感我帨兮」（見詩經，搖動也）。

【幹】①ㄍㄢˋ ②ㄏㄢˊ

①念ㄍㄢˋ，如：（名）軀幹，枝幹，箭幹，才幹，幹部。（動）幹事（辦理事務），幹了（．ㄌㄜ）（糟了，壞了），幹麼（ㄇㄚˊ），好好幹（認眞工作）。（形）幹才，幹練，幹員。

②念ㄏㄢˊ，如：（名）井幹（1井上之木欄，2樓名，見漢書，幹亦作榦）。

【過】①ㄍㄨㄛˋ ②ㄍㄨㄛ ③．ㄍㄨㄛ

①念ㄍㄨㄛˋ，如：（名）過失，過錯，過年．ㄋㄧㄢ（即明年）。（動）經過，過門（謂女子婚嫁），過目（看也），過年（除夕），過問，過不著。（副）過去，過分，過度，過火，過於，過不去。

②念ㄍㄨㄛ，如：（名）姓氏，古國名。（副）過逾（太甚，過分），過福（謂人享受已優厚而猶不知足），過了（超過限度）。

③念．ㄍㄨㄛ，如：（副）走過去，吃過，看過，穿過，玩兒過，想過，作過。

（例）過ㄍㄨㄛ先生他來過．ㄍㄨㄛ了，您經過ㄍㄨㄛˋ這裏，往前走十公尺就到了，再走就過ㄍㄨㄛˋ了。

【楷】①ㄎㄞˇ ②ㄐㄧㄝ

①念ㄎㄞˇ，如：（名）楷書（正體字），楷模（模範），木名（曲阜孔林有之）。

②念ㄐㄧㄝ（木名之又讀）。

【嗑】①ㄏㄜˋ ②ㄎㄜˋ

①念ㄏㄜˋ，如：（名）噬ㄕˋ嗑（卦名）。（副）嗑嗑（1多言，2笑聲）。

②念ㄎㄜˋ，如：（動）嗑瓜子兒，嗑牙（猶磕牙，閒談）。

【貉】①ㄏㄜˊ ②ㄏㄠˊ ③ㄇㄛˋ

①念ㄏㄜˊ，如：（名）貉子ㄗˇ（貉之小者）。（貉，獸名，其皮可作珍貴裘料）「與衣（一）狐貉者立」見論語，喻穿狐貉裘衣也。

②念ㄏㄠˊ①之語音，如：（名）貉絨（貉皮之柔密者）。貉子．ㄗ，貉①。

③念ㄇㄛˋ，如：（名）北狄人。（形）靜也。

註：貈ㄏㄜˊ論語曰：狐貈之厚以居。說文段注曰：凡狐貉連文者，皆當作此貈字，今乃皆假貉爲貈，造貊爲貉矣。貉ㄇㄛˋ者貊之或字。按貈似狐善睡。據正字通曰，貉形似狸，銳頭尖鼻，貌深厚，溫滑可爲裘。墨客揮犀曰，貉狀似兔，性嗜紙，人或畜之，行數十步輒睡，以物擊竹警之乃起，既行復睡，俗云善睡曰貉睡，語即本此。貊爲猛獸，出哀牢夷（種族名，在今雲南省保山，永平二縣境）後漢書西南夷傳注曰，貊大如驢，狀頗似熊多力。又廣志曰，貊色蒼白，其皮溫煖。是貈，貉，貊三者大小不同，狀亦有異，而其皮可以爲裘則一。字亦可通假。

【號】①ㄏㄠˋ ②ㄏㄠˊ ③．ㄏㄠ

①念ㄏㄠˋ，名：（名）國號，別號，口號，號令，記號，符號，商號，店號，軍號，號角，號碼兒，第一號。（動）號召，號於國中（見莊子）（發令也），號爲竹林七賢（見晉書，稱謂也）。

②念ㄏㄠˊ，如：（動）呼號，號泣，號啕，怒號，號喪。（號泣於旻天」（孟子），式號式呼（詩）。（名）烏號（弓名）。

③念．ㄏㄠ，如：（名）稱號，記號兒，字號。

（例）我們反攻號ㄏㄠˋ角一響，殺得共匪鬼哭神號ㄏㄠˊ。

【滑】①ㄏㄨㄚˊ ②ㄍㄨˇ

①念ㄏㄨㄚˊ，如：（形）光滑，滑溜，滑頭滑腦，狡滑。（名）滑頭（狡滑之人），滑梯，滑鐵盧（比利時一村，拿破崙大敗於此），性滑，滑縣（河南省縣名），（動）滑冰，滑雪。

②念ㄍㄨˇ，如：（形）滑稽，奸滑①。

（名）禽滑釐（墨子弟子）。
（例）他因爲愛說滑ㄍㄨˇ稽，人家說他滑ㄏㄨㄚˊ頭滑ㄏㄨㄚˊ腦。
註：滑稽應讀ㄍㄨˇ·ㄐㄧ，今人多讀成ㄏㄨㄚˊ·ㄐㄧ，漸有人云亦云，積非成是之勢。

【賄】①ㄏㄨㄟˋ ②ㄏㄨㄟˇ
①念ㄏㄨㄟˋ，如：（名）財貨。（動）賄賂，賄選（以財物賄取選票）。
②念ㄏㄨㄟˇ（又讀）。

【會】①ㄏㄨㄟˋ ②ㄏㄨㄟˇ ③ㄎㄨㄞˋ ④ㄍㄨㄟˋ ⑤ㄎㄨㄛ
①念ㄏㄨㄟˋ，如：（名）機會，都會，商會，委員會。（動）會見，會客，聚會，領會，會悟，體會，會意，會心，會同，會考，會賬。（副）會逢其適（語本文中子，今用爲適遇其時之謂，現亦有作適逢其會者），會當（心有豫期也）。
②念ㄏㄨㄟˇ，如：（副）一會兒。
③念ㄎㄨㄞˋ，如：（名）會計，會計年度。姓也，漢武陽令，會栩。
④念ㄍㄨㄟˋ，如：（名）會稽（浙江省舊縣名）。
⑤念ㄎㄨㄛ，會撮（項椎也，莊子人間世「會撮指天」）。
（例）會ㄍㄨㄟˋ稽縣政府的會ㄎㄨㄞˋ計，會ㄏㄨㄟˋ客時，一會兒ㄏㄨㄟˇㄦ就走了。

【葷】①ㄏㄨㄣ ②ㄒㄩㄣ
①念ㄏㄨㄣ，如：（名）葷油（豬之脂肪），葷菜（肉食品之通稱），葷腥（稱魚肉等食品），葷辛（謂臭味劇烈之菜，如葱蒜等）。（形）謂言語或小說等之涉猥褻者，（今俗言黃色的）。
②念ㄒㄩㄣ，如：（名）葷粥（ㄩˋ）（即獫狁，夏代北狄之稱，語見史記，葷允（即獫狁，語見漢書）。

【慌】①ㄏㄨㄤ ②·ㄏㄨㄤ
①念ㄏㄨㄤ，如：（名）恐慌。（副）慌忙，慌張。（動）心慌。（形）慌惚（猶恍惚）。
②念·ㄏㄨㄤ，如：（副）煩的慌，悶的慌，累的慌（含難以忍受之義，亦讀·ㄏㄥ）。
（例）慌慌ㄏㄨㄤ張張跑了一趟，回來眞累的慌·ㄏㄨㄤ·ㄏㄥ。

【賈】①ㄐㄧㄚˇ ②ㄍㄨˇ ③ㄐㄧㄚˋ
①念ㄐㄧㄚˇ，如：（名）姓賈。
②念ㄍㄨˇ，如：（名）賈人（商人），賈船（商船），商賈，王孫賈（魯人），屠岸賈（春秋時晉國奸臣）。（動）賈禍，賈害（自招其禍），賈利（取利），賈怨（招怨）。
③念ㄐㄧㄚˋ（同「價」）「求善賈而沽諸」見論語。「則市賈不二」見孟子。

(例)賈ㄐㄧㄚˇ家胡同，商賈ㄍㄨˇ雲集，就是言不二賈ㄐㄧㄚˋ。

【嗟】①ㄐㄧㄝ ②ㄐㄩㄝ ③ㄐㄧㄝˋ

①念ㄐㄧㄝ，如：(名)嗟歎詞(文法上稱表示情感之詞)。(歎)嗟嗟(1重歎聲，2歎美聲)。(副)嗟來食(語本禮記，謂憫其窮餓，呼使來食，今並泛喻予人以惠，而不以禮貌)，嗟重(歎美而器重之，見唐書)。

②念ㄐㄩㄝ，①之又讀。

③念ㄐㄧㄝˋ，如：(副)咄嗟(1謂時之極速，猶言呼吸間，2呵叱之意)。

【楬】①ㄐㄧㄝˊ ②ㄑㄧㄚˋ

①念ㄐㄧㄝˊ，如：(名)表楬，謂表事物之小木椿。楬豆(祭品以木所製之高腳碟)，楬櫫(謂有所表識)。

②念ㄑㄧㄚˋ，如：(名)止樂器，卽敔(ㄩˇ)，「鞉鼓控楬壎篪」見禮樂記。楬豆，祭器也，「夏后氏以楬豆」(禮記，明堂位)。

註：國語辭典中楬豆讀為ㄐㄧㄝˊ，按「楬」屬入聲，分列月，黠，屑，三韻，依經籍纂詁楬豆一詞列入黠韻，黠字依國音標準彙編讀ㄒㄧㄚˊ，但黠字尚有ㄐㄧㄝˊ之一念，而黠韻中讀ㄚ者亦多。關於國語辭典中楬字讀法未敢非是，今兩存之。

【解】①ㄐㄧㄝˇ ②ㄐㄧㄝˋ ③ㄒㄧㄝˋ

①念ㄐㄧㄝˇ，如：(名)見解。(動)解手兒(大小便)，排解，勸解，和解，解答，解釋，解決，解衣，瓦解，了解，理解，分解，解散。

②念ㄐㄧㄝˋ，如：(動)解送，解糧，解款，起解。(名)解元(科舉時鄉試第一名)，解差(押解犯人之差役)，解子(卽解差)。

③念ㄒㄧㄝˋ，如：(名)姓解，解縣(山西省縣名)。

(例)我不瞭解ㄐㄧㄝˇ解ㄒㄧㄝˋ先生怎會中了解ㄐㄧㄝˋ元。

【勦】①ㄐㄧㄠˇ ②ㄔㄠ

①念ㄐㄧㄠˇ，如：(動)勦匪，勦共，勦撫兼施。

②念ㄔㄠ(又讀)，如：(動)勦襲(猶抄襲)。

【腳】(同脚) ①ㄐㄧㄠˇ ②ㄐㄩㄝ ③˙ㄐㄧㄡ

①念ㄐㄧㄠˇ(語音)，如：(名)手腳，小腳，腳夫，腳步，脚力(運送費)，山腳，日腳，月腳，油腳(渣滓)。

②念ㄐㄩㄝˊ(讀音)，如：(名)腳色，腳本，腳兒(演員)。

③念˙ㄐㄧㄡ，如：(名)裹腳(女人纏足的布條兒)。

(例)扮演這個腳ㄐㄩㄝˊ色，還要拿

裏腳・ㄐㄧㄡ布條兒裏腳ㄐㄧㄠˇ哪。

【較】①ㄐㄧㄠˋ ②ㄐㄧㄠˇ ③ㄐㄩㄝˊ

①念ㄐㄧㄠˋ，如：（動）比較，較量，較眞兒（認眞），較勁兒（1比較勇力，2加厲）。（形）較著，較然（明顯），較大，較多，較高。

②念ㄐㄧㄠˇ（又讀）。

③念ㄐㄩㄝˊ（通角），如：（動）獵較。

（例）獵較ㄐㄩㄝˊ是古時田獵時，奪取禽獸以祭，並不是比較ㄐㄧㄠˋ打獵。

【僅】①ㄐㄧㄣˇ ②ㄐㄧㄣˋ

①念ㄐㄧㄣˇ，如：（副）僅有，僅可，僅夠，僅僅。

②念ㄐㄧㄣˋ（又讀）。

【禁】①ㄐㄧㄣˋ ②ㄐㄧㄣ

①念ㄐㄧㄣˋ，如：（名）禁中，宮禁，禁地，禁令，禁衞軍。（動）禁止，監禁，禁煙，禁火，禁夜，忌禁。

②念ㄐㄧㄣ，如：（副）禁不起（有人誤寫爲經不起，錯了。），禁穿耐用，不禁不由兒地（不期然而然）。

（例）因爲不禁ㄐㄧㄣ用，所以禁ㄐㄧㄣˋ止出售。

【鉛】①ㄑㄧㄢ ②ㄧㄢˊ

①念ㄑㄧㄢ，如：（名）鉛鐵，鉛筆，鉛粉，鉛絲，鉛字，鉛印。

②念ㄧㄢˊ（1①之讀音，2同「沿」循也，如「鉛之重之」見荀子。

【嗛】①ㄑㄧㄢ ②ㄒㄧㄢˊ ③ㄑㄧㄢˇ ④ㄑㄧㄢˋ

①念ㄑㄧㄢ（同「謙」）。

②念ㄒㄧㄢˊ，如：（動）口有所銜，恨也，（「鳥嗛肉蜚其上」見漢書）（「心嗛之而未發也」，見史記）。

③念ㄑㄧㄢˇ，如：（名）頰嗛（猴之頰內有袋，能暫時貯藏食物，稱曰頰嗛）。（形）嗛嗛（1小貌，2不足之意）。

④念ㄑㄧㄢˋ（同「歉」）。

【綅】①ㄑㄧㄣ ②ㄒㄧㄢ

①念ㄑㄧㄣ，如：（動）（以朱線綴甲曰綅，如「貝胄朱綅」見詩經）。

②念ㄒㄧㄢ，如：（名）綅冠，（黑經白緯也，見禮記釋文）。

【嗆】①ㄑㄧㄤ ②ㄑㄧㄤˋ

①念ㄑㄧㄤ，如：（動）吃飯太急嗆著了，嗆食（鳥食），嗆哼（ㄊㄨㄣ）（愚貌）。

②念ㄑㄧㄤˋ，如：（動）嗆鼻子，咳嗆（氣觸鼻）。

（例）因這氣味嗆ㄑㄧㄤˋ鼻子，所以吃飯吃嗆ㄑㄧㄤ了。

【搶】①ㄑㄧㄤˇ　②ㄑㄧㄤ　③ㄔㄨㄤˇ

①念ㄑㄧㄤˇ，如：（動）搶奪，搶刼，搶修，搶先，搶嘴（爭先發言），刀搶一搶（刮薄刀剪之刃使鋒利）。

②念ㄑㄧㄤ，如（形）搶風（逆搶），吃順不吃搶。

③念ㄔㄨㄤˇ，如：（動）搶地（見國策「布衣之怒亦以頭搶地耳」）（撞也）。

（例）你搶ㄑㄧㄤˇ先走，也是搶ㄑㄧㄤ風兒。

註：ㄑㄧㄤˇ嘴，ㄑㄧㄤˇ話，爲爭先說話之意，國語辭典用搶奪之搶。或有用「誩」字見說文誩部。從二人競言也，讀ㄑㄧㄤˋ。

【傾】①ㄑㄧㄥ　②ㄑㄧㄥˊ　③ㄎㄥ

①念ㄑㄧㄥ，如：（形）傾斜。（動）傾倒ㄉㄠˇ（1跌倒，2謂極端賞識感佩）。傾倒ㄉㄠˋ（1倒出，2謂暢言，如「傾倒罄竭」見宋史），傾覆，傾軋，傾服，傾向，傾心，傾國（全國）。傾家蕩產。傾國傾城（讚美人之詞見漢書）。

②念ㄑㄧㄥˊ（又讀）。

③念ㄎㄥ，如：（動）傾人（猶坑人，陷害他人也），傾家蕩產。

（例）歌女舞女有幾個貞的傾ㄑㄧㄥ國傾ㄑㄧㄥ城，只憑著燈下的脂粉化裝傾ㄎㄥ人。

【溪】①ㄒㄧ　②ㄑㄧ

①念ㄒㄧ，如：（名）溪流，小溪，溪水。

②念ㄑㄧ（又讀）。

【暇】①ㄒㄧㄚˋ　②ㄒㄧㄚˊ

①念ㄒㄧㄚˋ，如：（形）閒暇，空暇。

②念ㄒㄧㄚˊ（又讀）。

【廈】①ㄒㄧㄚˋ　②ㄕㄚˋ

①念ㄒㄧㄚˋ，如：（名）廈門（地名）。

②念ㄕㄚˋ（語音），如：（名）高樓大廈，後廈（屋椽接出部分），廈子，前廊後廈。

（例）廈ㄒㄧㄚˋ門的街道兩旁都是高樓大廈ㄕㄚˋ。

【楨】①ㄓㄣ　②ㄓㄥ

①念ㄓㄣ，如：（名）楨木，楨基（根木），楨幹（喻賢才）。

②念ㄓㄥ（又讀）。

註：見「貞」字註解說明。

【著】①ㄓㄨˋ　③ㄓㄨㄛˊ　③ㄓㄠˊ　④ㄓㄠ　⑤·ㄓㄜ

①念ㄓㄨˋ，如：（動）著作，著書。（形）著名，顯著，「形則著，著則明」（中庸）。

②念ㄓㄨㄛˊ，如：（動）著手，著衣

，著力，著棋，著色。（名）著落。（副）著實。

③念ㄓㄠˊ，如：（動）著火，著用（中用），著一把手兒（助一臂之力）。（副）打著了，得著，睡著了。

④念ㄓㄠ，如：（動）著涼，著水（沾水），著急，著雨，著風。（名）著兒，失著，假著子，有一著兒（方法）。

⑤念˙ㄓㄜ，如：（助）站著，坐著，看著，怎麼著。

（例）整天爲他的著ㄓㄨˋ作著ㄓㄨㄛˊ想，房子著ㄓㄠˊ火也不著ㄓㄠ急，還坐著˙ㄓㄜ想哪。

【傳】①ㄔㄨㄢˊ　②ㄓㄨㄢˋ

①念ㄔㄨㄢˊ，如：（動）傳遞，傳播，傳授，傳世，傳統，傳揚，傳教，傳道，傳喚，傳訊，傳達。（名）傳單，傳票。

②念ㄓㄨㄢˋ，如：（名）傳記，「於傳有之」孟子。自傳，經傳，傳驛（謂設站傳遞文書），傳舍（驛站所設之房舍，以便行人休息者），左傳（書名）。

（例）這一本傳ㄓㄨㄢˋ記，給大家傳ㄔㄨㄢˊ閱。

【煞】①ㄕㄚˋ　②ㄕㄚ

①念ㄕㄚˋ，如：（名）煞神（凶神），回煞（陰陽家稱人死後，魂復歸來之謂回煞）。（動）煞尾，煞筆，收束也。（形）煞氣騰騰（兇像），滿臉煞氣。（副）急煞（至急）苦煞，煞費苦心。（代）有煞用呢（甚麼）。

②念ㄕㄚ（1（動）（副）之又讀），如：（動）煞車（停車），煞賬（結賬），煞住（停住），煞性子（猶煞氣，宣洩怒氣），2如：（動）用力煞腰帶（緊縛），煞暑氣，煞濕氣（減，祛）。（助）我煞（猶我啊）。

【蛻】①ㄕㄨㄟˋ　②ㄊㄨㄟˋ

①念ㄕㄨㄟˋ，如：（動）蛻化，蛻變。

②念ㄊㄨㄟˋ（又讀），如：（名）蟬蛻，蠶蛻，（幼蟲脫下之皮，可入藥）。

【孶】①ㄗ　②ㄗˋ

①念ㄗ，如：（副）孶孶，勤勉之意，如「鷄鳴而起，孶孶爲善者，舜之徒也」，見孟子。通「滋」（動）蕃生也，如「蝗蟲孶蔓」，見後漢書。「孶萌萬物」，見漢書。「陽氣生而孶茂也」，見晉書。

②念ㄗˋ，如：（動）孶尾（乳化曰孶，交接曰尾，如「鳥獸孶尾」見書經，言鳥獸將生子也）。

【載】①ㄗㄞˋ　②ㄗㄞˇ

①念ㄗㄞˋ，如：（助）裝載，載貨，記載，載福，怨聲載道，「天下莫能載然」，見中庸。（名）重載，

載輪而載（見詩經，爾載之「載」謂所載之物也）。（副）載拜（即再拜）。

②念ㄗㄞˇ，如：（名）一載（一年也）。

（例）這一載ㄗㄞˋ這船載ㄗㄞˋ過多少貨，有記載ㄗㄞˇ嗎？

【賊】①ㄗㄟˊ ②ㄗㄜˊ

①念ㄗㄟˊ（語音），如：（名）盜賊，奸賊，蟊賊（食苗之蟲），國賊。（副）賊亮（光亮異常）。（形）賊頭賊腦（舉動鬼祟之謂），賊心（邪曲之心），賊眼，賊性，賊肉（嘲人肥胖曰長一身賊肉）。

②念ㄗㄜˊ（讀音），如：（動）賊害（殺害），賊夫人之子（見論語，害也），賊虐（殘害）。

【雌】①ㄘ ②ㄘˊ

①念ㄘ，如：（名）雌性（陰性），雌老虎（母老虎）。（副）雌伏（退藏也），雌聲（柔聲）。（動）雌答．ㄉㄚ（呵叱），雌牙露嘴（猶齜牙咧嘴）。

②念ㄘˊ（又讀）。

註：說文呰ㄗˇ同訾，苛也，段注苛亦當作訶，大聲斥責之意。呰與吡不同，吡ㄘ集韻解爲歠食，無食。但據國語辭典國音字典，吡讀ㄘ，斥責之意，解「雌答」爲呵叱，取自醒世姻緣傳，似不如認「斥」「吡」訛爲ㄘ所據近理也。

【塞】①ㄙㄜˋ ②ㄙㄞ ③ㄙㄞˋ ④ㄙㄟ

①念ㄙㄜˋ，如：（動）阻塞，閉塞，淤塞，充塞，「充塞仁義也」。（孟子）。塞責（敷衍了事）。

②念ㄙㄞ，如：（動）塞住，塞滿。（名）塞子，瓶塞兒。

③念ㄙㄞˋ，如：（名）塞外，塞垣（猶長城），邊塞，要塞。（又姓氏），塞翁失馬（見淮南子，今喻事爲福爲禍，不能以一時論定），邦君樹塞門（論語）。

④念ㄙㄟ，如：（動）塞牙（謂食物塞入齒縫中）。

（例）我在塞ㄙㄞˋ外作戰時，槍膛堵塞ㄙㄜˋ，不知是誰拿瓶塞ㄙㄞ兒給塞ㄙㄟ上了。

【綏】①ㄙㄨㄟ ②ㄙㄨㄟˊ ③ㄊㄨㄛˇ

①念ㄙㄨㄟ，如：（動）綏靖（安撫）。（名）綏遠（省名），小綏（旌旗，見禮記），執綏（登車手挽之索）。

②念ㄙㄨㄟˊ（又讀）。

③念ㄊㄨㄛˇ同妥，止也，「使民以勸綏謗言」，見國語。

【遂】①ㄙㄨㄟˋ ②ㄙㄨㄟˊ

①念ㄙㄨㄟˋ，如：（動）未遂，順遂，遂心，遂願。（副）遂伐之，人心遂定（即，就），遂即。（連）

遂致（於是）。
②念ㄙㄨㄟˋ（又讀）。

【頌】①ㄙㄨㄥˋ ②ㄖㄨㄥˊ ③ㄩㄥ

①念ㄙㄨㄥˋ，如：（名）頌詞，雅頌（指詩經），「雅頌各得其所」見論語。（動）頌揚，頌美，頌讚。
②念ㄖㄨㄥˊ通容，如：（動）頌繫（謂寬容之，不桎梏也，見漢書）。「世以鮑焦爲無從頌而死者，皆非也」。見史記魯仲連傳．意謂皆以爲不能自寬容而取死。頌禮（猶言威儀見漢書）。又通「公」如：「它郡國吏欲來捕亡人者，頌共禁不與」，見漢書吳王濞傳。
③念ㄩㄥ通庸，如：頌磬東西，見儀禮大射。
註：「頌」字意本貌也，見說文（注）鍇曰此容儀字。歌頌者美盛德之形容也，故通作「頌」。後人因而亂之，定以此爲歌頌字。

【衙】①ㄧㄚˊ ②ㄩˊ

①念ㄧㄚˊ，如：（名）衙門（舊時代官署），衙役（衙門的差役）。又姓氏，漢長平令衙卿。晉督護衙傳。彭衙，春秋宋地名。
②念ㄩˊ，如：（副）「導飛廉之衙衙」行貌，見楚辭。

【葉】①ㄧㄝˋ ②ㄕㄜˋ

①念ㄧㄝˋ，如：（名）樹葉，書葉，中葉，末葉，姓葉。（量）一葉扁舟。
②念ㄕㄜˋ，如：（名）葉縣（河南省縣名），葉公問政（論語）。（例）葉ㄕㄜˋ縣的樹，根深葉ㄧㄝˋ茂。
註：姓氏之「葉」應依地名（春秋楚邑名）讀爲ㄕㄜˋ但今多誤讀爲ㄧㄝˋ。

【葯】①ㄧㄠˋ ②ㄩㄝˋ

①念ㄧㄠˋ，如：（名）植物名即白芷（國藥之一）。
②念ㄩㄝˋ（讀音）（與藥通）。

【飲】①ㄧㄣˇ ②ㄧㄣˋ

①念ㄧㄣˇ，如：（名）飲食店，飲羽（箭沒羽）。（自動）飲水，飲酒，飲恨，飲泣，飲彈，飲水思源（喻不忘本）。
②念ㄧㄣˋ，如：（他動）飲牛，飲馬（使牲畜喝水曰飲），酌而飲寡人（見禮記，檀弓下）。（例）我飲ㄧㄣˇ酒，你去飲ㄧㄣˋ馬。

【微】①ㄨㄟˊ ②ㄨㄟ

①念ㄨㄟˊ，如：（形）微妙，細微，微弱，衰微，卑微，微小。（副）微行。（名）微生（複姓），或作尾生，莊子，韓非子，史記，漢書，皆作「尾生」論語作「微生」。
②念ㄨㄟ（又讀）。

【與】①ㄩˇ ②ㄩˊ ③ㄩˋ

①念ㄩˇ，如：（連）我與他，與其（

如「禮與其奢也寧儉」見論語）。（介）送與張先生一本書，你與我想一個計策，俺如何與他爭得（見水滸）。（名）黨與，與國「民吾同胞，物吾與也」見西銘（同類也）。（動）給與，賜與，歲不我與（見論語，待也），與已（從已，見國語），與人爲善者也（見孟子，助也）。

②念ㄩˊ（通歟字），如：舜其大孝也與？（中庸），其爲人之本與？（論語）。

③念ㄩˋ，如：（動）參與，與聞。（又通「豫」）。

（例）你與ㄩˋ他都參與ㄩˋ其事與ㄩˊ？

【暈】①ㄩㄣ ②ㄩㄣˋ ③ㄧㄣˋ

①念ㄩㄣ，如：（動）暈倒。（名）暈頭（喻人頭腦不清，行動乖謬者）。暈頭巴腦（神志不清貌）。

②念ㄩㄣˋ，如：（名）月暈（月光不明），暈氣（日光所射之彩色）。（動）暈車，暈船，血暈（婦女產後失血病）。

③念ㄧㄣˋ，如：（名）血暈（受傷後內出血皮下見青紫色）。

（例）她因血暈ㄩㄣˋ，所以暈ㄩㄣˋ船暈ㄩㄣ倒了。

【雍】①ㄩㄥ ②ㄩㄥˋ

①念ㄩㄥ，如：（形）雍和，雍睦，雍容華貴（華貴大方），雍穆（和也）。（名）雍正皇帝，雍山（在陝西），雍水（在陝西）。姓雍。

②念ㄩㄥˋ（又讀），如：（名）雍州（古九州之一）。

【蛾】①ㄜˊ ②ㄧˇ

①念ㄜˊ，如：（名）姓蛾（魏東平將軍蛾青，乃普大夫蛾析之後）。蠶蛾，燈蛾，蛾子，蛾眉（稱美人眉，或美人之代詞，如「黃金不惜買蛾眉」見白居易詩）。（形）斷双蛾蛾（巨也，見太玄），干鉞蛾蛾（敗亂貌，見太玄）。又通「俄」如「始爲小使，蛾而大幸」見漢書，蛾，頃刻也。

②念ㄧˇ同蟻，如：（名）「蛾子時術之」幼蟻也，見禮記學記，以蟻之勤勞，喻人之勤學也。蛾賊，即黃巾賊，喻其衆也，見後漢書皇甫規傳。

【隘】①ㄞˋ ②ㄜˋ

①念ㄞˋ，如：（名）要隘，關隘，隘嶺，在江西省。隘路（狹路也）。（形）狹隘，隘巷（陋巷），隘窘（窮困），隘慴（窮戚）。

②念ㄜˋ（通「阨」）阻止之也「齊王隘之」，「三國隘秦」，皆見國策。

【奧】①ㄠˋ ②ㄩˋ

①念ㄠˋ，如：（名）奧地利，奧林比亞（即奧林比克）。（形）深奧，奧妙，奧秘。

②念ㄩˋ，如：（名）奧李（植物名，

實大如李，可食，卽郁李，或稱英梅，雀梅）。（形）奧㶇（謂幽暗汙濁之境，見漢書）。
（例）奧ㄠ地利也產奧ㄩˋ李嗎？

【榜】①ㄅㄤˇ ②ㄅㄥˋ ③ㄅㄥ
①念ㄅㄤˇ，如：（名）文榜，發榜，張榜，榜樣，金榜題名。（動）榜式，標榜。
②念ㄅㄥˋ，如：（動）榜笞（扑擊），榜掠（鞭笞），進船曰榜。（名）榜人（船夫），榜女（舟人之女），榜歌。
③念ㄅㄥ，外：（動）矯正木之不直，又所以輔弓弩也（見說文）。

【膀】①ㄅㄤˇ ②ㄆㄤˊ ③ㄅㄤˋ ④ㄆㄤ
①念ㄅㄤˇ，如：（名）膀子，（肩膀卽肩也），膀臂（喻得力助手）。
②念ㄆㄤˊ，如：（名）膀胱（俗又名尿脬）。
③念ㄅㄤˋ，如：（動）弔膀子（男女眉目傳情）。
④念ㄆㄤ，如：（動）臉膀了（謂浮腫）。（名）奶膀子（俗謂乳房）。
（例）臉都膀ㄆㄤ了，還去弔膀ㄅㄤˋ子呢，不怕人家打掉膀ㄅㄤˇ子。
註：肌肉浮漲之ㄆㄤ，有人寫作「胖」或寫作「膖」，今按國語辭典作「膀」。

【裨】①ㄅㄧˋ ②ㄆㄧˊ
①念ㄅㄧˋ，如：（名）裨益，裨補。
②念ㄆㄧˊ，如：（形）裨海（小海，語見史記），裨將（偏將），裨王（小王，語見史記）。
（例）裨ㄆㄧˊ將能忠勤職守，對主帥也裨ㄅㄧˋ益非淺。

【摽】①ㄅㄧㄠ ②ㄆㄧㄠˇ ③ㄅㄧㄠˋ
①念ㄅㄧㄠ，如：（動）「摽使者出諸大門之外」，麾也，見孟子。又通「標」如：摽榜（同「標榜」），摽幟（標幟）。
②念ㄆㄧㄠˇ，如：（動）落也，摽梅，「初笄夢桃李，新粧應摽梅」，見鄭世翼詩，喻女子當嫁之時也，語本詩經，召南摽有梅。
③念ㄅㄧㄠˋ，1俗謂相糾結，如「兩條腿摽的很緊」「他們倆摽著胳膊走」。2俗謂相親附，或相偎暱，如「他們總在一塊兒摽著」。

【賓】①ㄅㄧㄣ ②ㄅㄧㄣˋ
①念ㄅㄧㄣ，如：（名）賓客，來賓，賓朋，賓至如歸（言招待周至），賓從ㄗㄨㄥˋ（來賓之侍從）。姓氏。（動）賓服（古時諸侯入貢賓見天子，如「暴民不作，諸侯賓服」，見禮樂記。
②念ㄅㄧㄣˋ同擯，如：（動）賓棄「予惟四方罔攸賓」見詩經。
（例）莊子上有一句「先生居山林，以賓ㄅㄧㄣˋ寡人」，賓字在這裏是

擯卻的意思，不是以寡人爲賓ㄅㄧㄣ客。

【頗】①ㄆㄛ ②ㄆㄛˇ

①念ㄆㄛ，如：（形）偏頗（不平正）。（名）頗黎（即玻璃），②之語音。

②念ㄆㄛˇ（讀音），如：（名）姓頗。（副）頗好，頗念，頗耐（不可耐），或作「叵耐」。

【漂】①ㄆㄧㄠ ②ㄆㄧㄠˇ ③ㄆㄧㄠˋ

①念ㄆㄧㄠ，如：（動）漂浮，漂流，漂泊，漂洋過海，漂蕩，漂搖不定。

②念ㄆㄧㄠˇ，如：（動）漂洗，漂白。（名）漂粉，漂布，漂母（賜飯韓信之漂衣嫗，見史記）。

③念漂ㄆㄧㄠˋ，如：（形）漂亮。（動）漂賬（欠賬不還），漂了（謂事無成或失去）。

（例）這匹漂ㄆㄧㄠˇ布，看著很漂ㄆㄧㄠˋ亮，就是輕漂漂ㄆㄧㄠ的。

【嫖】①ㄆㄧㄠˊ ②ㄆㄧㄠ

①念ㄆㄧㄠˊ，如：（動）嫖妓，嫖娼，嫖窰子（狎妓俗稱），吃、喝、嫖、賭。

②念ㄆㄧㄠ，如：（形）嫖姚（同「票姚」）（勁疾貌）。同「僄」輕也。

【摸】①ㄇㄛ ②ㄇㄠ

①念ㄇㄛ，如：（動）摸索，摸不清，摸摸，摸黑兒。

②念ㄇㄠ（又讀），如：摸不著。

【麼】①ㄇㄛˊ ②˙ㄇㄚ ③ㄇㄚˊ ④˙ㄇㄜ

①念ㄇㄛˊ，如：（形）（動）么麼（1細小2忖度ㄉㄨㄛˋ）。

②念˙ㄇㄚ，如：（動）那個麼（同嗎）。

③念ㄇㄚˊ，如：（代）幹麼。

④念˙ㄇㄜ，如：（代）甚麼。（形）甚麼人。（助）去麼。（代）那麼。

（例）我么麼ㄇㄛˊ著，你沒什麼˙ㄇㄜ不好的意思，你想幹麼ㄇㄚˊ。

【漫】①ㄇㄢˋ ②ㄇㄢˊ

①念ㄇㄢˋ，如：（動）瀰漫，漫出（流出）。（形）浪漫，漫山遍野。（副）漫罵（亂罵），漫不經心，漫遊，漫筆（隨筆）。

②念ㄇㄢˊ，如：（副）漫漫（長遠貌，無涯際貌），漫天，漫天討價。

（例）共匪漫ㄇㄢˋ天扯謊，漫ㄇㄢˊ說我，就是傻子也知道。

註：國校高級國語課本第一冊第九課「迷漫」一詞，查無出處，可能是手民之誤，應爲「瀰漫」如：「渢瀁彌漫，浩如河漢」，大水貌，見文選潘岳西征賦。「彌漫林谷」徧滿也，見宋書符端志。「彌漫數百

里」徧滿也，見三國志。彌同瀰，如：「戰雲瀰漫」佈滿也，見國語辭典瀰字註。「端溪瀰漫駛」水盈滿也，見楊衡峽山寺詩。「芙蓉澤國瀰漫雨，禾黍田家掩冉風」，見高啟秋日江居詩。「瀰漫如四瀆之流」大水貌，見舒元輿牡丹賦序。

【蒙】①ㄇㄥˊ ②ㄇㄥˇ

①念ㄇㄥˊ，如：（名）蒙，卦名，坎下艮上，微昧闇弱之名，見易經。「蒙竊惑焉」自稱謙詞，見文選張衡西京賦。姓氏，如蒙恬，秦之名將，發明毛筆。蒙古，地名，有內蒙外蒙之分，為我國領土之一部，位於我國最北部。蒙族，我國五大種族之一。蒙化，蒙自，雲南省縣名。蒙城，安徽省縣名。蒙山，廣西省縣名。又山名，山東，山西，江西，湖北，四川，雲南等省皆有之。蒙陰，山東省縣名。蒙莊（即莊周，戰國蒙人，又稱蒙叟）。蒙養院，即幼稚園。「蒙以養正」（蒙者，啟蒙之教育也，語本易經）。（動）蒙恩，蒙難，上下相蒙，上下相欺騙也。（形）愚蒙，闇昧也，蒙昧，昏昧也。蒙蒙（盛貌，「微霜降之蒙蒙」，見楚辭七諫自悲）。「手若蔑蒙」（蔑蒙，言其疾也，見淮南子）。

②念ㄇㄥˇ蒙古，蒙族之又讀。

註：蒙古一詞，以口語習慣，多從又讀，雖是連上聲，因古字應讀輕聲，蒙字仍讀上聲，不變調。

【閩】①ㄇㄧㄣˊ ②ㄇㄧㄣˇ

①念ㄇㄧㄣˊ，如：（名）福建省別稱，閩江（源出福建）。

②念ㄇㄧㄣˇ（又讀）。

【幕】①ㄇㄨˋ ②ㄇㄛˋ

①念ㄇㄨˋ，如：（名）帳幕，布幕，幕僚（今稱秘書人員），幕府（將軍府），幕賓（今稱長官之密友）。

②念ㄇㄛˋ（通「漠」），如：（名）幕朔（謂北方沙漠之地），幕南，幕北。

【蜚】①ㄈㄟˇ ②ㄈㄟ

①念ㄈㄟˇ，如：（名）（1害蟲名，體輕如蚊，食稻花。2獸名）。蜚蠊（即蟑螂）。

②念ㄈㄟ（通「飛」），如：蜚語同「飛語」。如「乃有蜚語，為惡言聞上」見史記。（名）蜚狐即飛狐（1關隘名，在河北省淶源縣，今又稱為黑石嶺，2舊縣名，隋置，即今河北省淶源縣）。

【漯】①ㄊㄚˋ ②ㄌㄟˇ

①念ㄊㄚˋ，如：（名）漯河（源出山東），漯灣河（在河南省）。

②念ㄌㄟˇ，如：（名）漯水（出雁門）。

【嘍】①ㄌㄡˊ ②ㄌㄡˇ ③˙ㄌㄡ

①念ㄌㄡˊ，如：(名)嘍囉(强盜之兵卒)。(副)嘍唳(鳥聲)。
②念ㄌㄡˇ，如：(副)嗹嘍(言語煩絮)。
③念．ㄌㄡ，如：(助)得嘍，好嘍，反攻嘍。

【摟】①ㄌㄡˊ ②ㄌㄡ ③ㄌㄡˇ
①念ㄌㄡˊ，如：(動)摟其處子(見孟子，牽也)。
②念ㄌㄡ，如：(動)摟攬(包攬)，摟錢(搜括金錢)。(副)摟頭(迎頭)。
③念ㄌㄡˇ，如：(動)摟抱。
(例)共匪摟ㄌㄡ了錢，摟ㄌㄡˇ著美女作樂，要是抓著他，我就摟ㄌㄡ頭蓋頂的，打他個賊死。

【榴】①ㄌㄧㄡˊ ②．ㄌㄧㄡ
①念ㄌㄧㄡˊ，如：(名)榴月(五月)，榴火，榴江(廣西省縣名)，手榴彈。
②念．ㄌㄧㄡ，如：(名)石榴。
(例)榴ㄌㄧㄡˊ火是說石榴．ㄌㄧㄡ開花紅似火。

【遛】①ㄌㄧㄡˊ ②ㄌㄧㄡˋ
①念ㄌㄧㄡˊ，如：(名)逗遛(故意留連)。
②念ㄌㄧㄡˋ，如：(副)遛達(散步)，遛大街，遛馬，遛食兒，遛早兒。
(例)吃飽了遛ㄌㄧㄡˋ食兒，可不能在馬路上逗遛。

【綸】①ㄌㄨㄣˊ ②ㄍㄨㄢ
①念ㄌㄨㄣˊ，如：(名)姓綸，絲線曰綸，綸詔(天子詔書)，綸音(同上)。(形)紛綸(猶紛紜繁亂也)。
②念ㄍㄨㄢ，如：(名)綸巾(青絲綬之中，三國時諸葛亮所創)。
(例)他扮演諸葛亮，手執羽扇，頭戴綸ㄍㄨㄢ巾，也像是有滿腹的經綸ㄌㄨㄣˊ。

【綠】①ㄌㄩˋ ②ㄌㄨˋ
①念ㄌㄩˋ，如：(語音)(形)綠的，花紅柳綠，綠衣使者(郵差)。
②念ㄌㄨˋ，如：(名)綠林。
(例)綠ㄌㄨˋ林強盜並不穿綠ㄌㄩˋ色衣服。

【嘎】①ㄍㄚ ②ㄍㄚˊ
①念ㄍㄚ(狀聲之字)，如：嘎叭(物之斷裂聲)，嘎吱(物折聲)，嘎嘎(笑聲)，嘎巴(乾凝固結)，嘎迸脆(極脆之意)，嘎啦(狀霹雷聲)。(名)嘎雅河(在吉林省)。
②念ㄍㄚˊ，如：(名)嘎嘎兒(1.謂兩端尖中大之物，2.戲謂調皮之人，3.食品之一，用玉米麵製成，作小球形，以羹湯調之)，嘎嘎兒天(謂晨夕涼，中午熱之天氣)，嘎嘎棗兒(兩端尖中間大之棗)。

【閣】①ㄍㄜˊ ②ㄍㄜˇ ③ㄍㄠˇ

①念ㄍㄜˊ，如：（名）樓閣，閨閣，內閣，閣揆。（動）出閣（出嫁也）。（代）閣下。

②念ㄍㄜˇ（同擱）。

③念ㄍㄠˇ，如：（名）文昌閣，呂祖閣（專稱庵觀中有閣樓以祀神者）。（例）此地有一座文昌閣ㄍㄠˇ，閣ㄍㄜˊ下參觀過嗎？

【蓋】①ㄍㄞˋ ②ㄍㄜˇ ③ㄏㄜˊ ④．ㄍㄞ

①念ㄍㄞˋ，如：（動）遮蓋，掩蓋，蓋世，蓋房子。（名）鍋蓋，蓋的（被也），蓋碗兒。（連）孔子罕稱命，蓋難言也（見史記，因為之意）。（助）蓋聞聖人遷徙無常。蓋上世嘗有不葬其親者（發語詞）。

②念ㄍㄜˇ，如：（名）姓蓋。

③念ㄏㄜˊ（通盍），如：「子蓋言子之志於公乎？」（見禮記檀弓）。

④念．ㄍㄞ，如：（名）舖蓋（被褥之通稱）。（例）蓋ㄍㄜˇ先生既蓋ㄍㄞˋ新房子，蓋ㄏㄜˊ不買套新舖蓋．ㄍㄞ呢？

【膏】①ㄍㄠ ②ㄍㄠˋ

①念ㄍㄠ，如：（名）油膏，藥膏，枇杷膏，膏肓（ㄏㄨㄤ）疾甚曰病入膏肓，語本左傳，膏粱（肥肉與美穀，見孟子），膏腴（謂土地肥美），膏雨（甘露）。（動）膏澤（恩澤）。

②念ㄍㄠˋ，如：（動）膏油（兒）（謂塗油於車軸或機械上），陰雨膏之（見詩經，潤也）。（例）陰雨膏ㄍㄠˋ之，瘠土變膏ㄍㄠ壤。

【嘏】①ㄍㄨˇ ②ㄐㄧㄚˇ

①念ㄍㄨˇ，如：（名）祝嘏（祝壽），嘏命（大命）。

②念ㄐㄧㄚˇ，如：（形）大也，遠也，凡物壯大謂之嘏，見說文。

【慨】①ㄎㄞˇ ②ㄎㄞˋ

①念ㄎㄞˇ，如：（名）感慨。（副）慨歎，慨允，慨諾，慨憤。（副）慷慨。

②念ㄎㄞˋ（又讀）。

【慷】①ㄎㄤ ②ㄎㄤˇ

①念ㄎㄤ，如：（副）慷慨。

②念ㄎㄤˇ（又讀）。

【匱】①ㄎㄨㄟˋ ②ㄍㄨㄟˋ

①念ㄎㄨㄟˋ，如：（動）匱乏，匱盟（私盟也，見左傳）。

②念ㄍㄨㄟˋ（同櫃）。

【嘑】①ㄏㄨ ②ㄏㄨˋ

①念ㄏㄨ（同「呼ㄏㄨ」），如：（動）嘑曰（謂大聲報曉，語見周禮），仰天大嘑（號也，見漢書）。

②念ㄏㄨˋ，如：（動）嘑爾而與之（

咄啐之貌，見孟子）。

【劃】①ㄏㄨㄚˋ ②ㄏㄨㄚˊ

①念ㄏㄨㄚˋ，如：（動）計劃，劃分，劃定，劃界，劃時代，整齊劃一。

②念ㄏㄨㄚˊ，如：（動）劃開，劃拉（1.胡嚕，2.扒拉，3.喻潦草作字），劃一道子。

（例）這孩子，在我稿紙上，亂劃ㄏㄨㄚˊ拉一陣，無法按原定計劃ㄏㄨㄚˋ完成了。

【槐】①ㄏㄨㄞˊ ②ㄏㄨㄟˊ

①念ㄏㄨㄞˊ，如：（名）槐樹。

②念ㄏㄨㄟˊ，如：（名）桃槐（漢時葱嶺間小國）（又讀桃槐ㄏㄨㄞˊ）。

【誨】①ㄏㄨㄟˋ ②ㄏㄨㄟˇ

①念ㄏㄨㄟˋ，如：（動）教誨，誨人不倦，訓誨。

②念ㄏㄨㄟˇ（又讀）。

【僥】①ㄐㄧㄠˇ ②ㄧㄠˊ

①念ㄐㄧㄠˇ，如：（形）僥倖（同徼幸）。

②念ㄧㄠˊ，如：（名）僬僥（1.蠻族名，見爾雅，2.倭人國也）。

（例）僬僥ㄧㄠˊ國的人，高一尺五寸，也能生存，眞是僥ㄐㄧㄠˇ倖。

註：「僥倖」二字，意謂求利不止。語出莊子在宥「此以人之國僥倖幾何，僥倖而不喪人之國乎？」。「僥倖」二字，覬非望也。見集韻。「徼」本音交，禮中庸「小人行險以徼幸」。左傳昭公六年「而徼幸以成之」。又哀公十六年「以險徼幸者，其求無厭」。國語晉語「我以徼幸，人孰信我」。史記袁盎傳「聖主不乘危而徼幸」。說苑敬愼「徼幸者，伐性之斧也」。漢書陳湯傳「爭欲乘危徼幸生事於蠻夷」。後漢書張衡傳「跕身以徼倖」。莊子盜跖「徼倖於封侯富貴」。後漢書吳漢傳「上智不處危以僥倖」。晉書李密傳「庶劉僥倖，得保餘年」。是僥，徼音義同也，或謂「徼」本字作「憿」，說文心部，憿幸也。

【監】①ㄐㄧㄢ ②ㄐㄧㄢˋ

①念ㄐㄧㄢ，如：（名）監獄，監察院，監印，監牢。（動）監督，監工，監考，監禁，監視。

②念ㄐㄧㄢˋ，如：（名）太監，欽天監，國子監，監生（入國子監肄業者），姓監。（動）監視四方（見詩經，視也）。

（例）北平的國子監ㄐㄧㄢˋ，共匪給改成「人民」監ㄐㄧㄢ獄了。

【漸】①ㄐㄧㄢˋ ②ㄐㄧㄢ ③ㄐㄧㄢˇ ④ㄔㄢˊ

①念ㄐㄧㄢˋ，如：（副）漸漸，逐漸，漸進。

②念ㄐㄧㄢ，如：（動）漸染（習而

徐變也)。漸摩(謂感化)。歐風東漸。(名)漸臺(1星名,2浸於水中之臺榭)。

③念ㄐ一ㄢˇ,(動)徐徐而進。(名)卦名(巽艮),水名(卽浙江,見水經)。

④念ㄔㄢˊ與「巉」通,漸漸之石(詩)。

(例)民國以來,歐風漸漸ㄐ一ㄢˋ東漸ㄐ一ㄢ。

【箐】①ㄐ一ㄥ ②ㄑ一ㄢˋ

①念ㄐ一ㄥ,如:(名)笭箐(小籠)。

②念ㄑ一ㄢˋ,如:(名)滇黔謂大竹林爲箐。(動)張竹弓弩曰箐。

【漆】①ㄑ一 ②ㄑㄩˋ ③ㄑ一ㄝˋ

①念ㄑ一,如:(名)漆樹,油漆,漆皮,漆布,漆雕(複姓)。(動)以漆髹物曰漆。

②念ㄑㄩˋ(語音),如:(形)漆黑。

③念ㄑ一ㄝˋ「漆漆」容也,自反也(自修整)。

(例)用漆ㄑ一漆ㄑ一桌子,漆ㄑ一的漆ㄑㄩˋ黑。

【齊】①ㄑ一ˊ ②ㄗ ③ㄓㄞ ④ㄐ一ˋ ⑤ㄐ一ㄢˇ

①念ㄑ一ˊ,如:(名)齊國。南北齊。山東之別名,姓齊,齊女(蟬之別稱)。(動)齊家治ㄔˊ國,齊名。(形)整齊,齊全,齊備,齊眉。(副)一齊。

②念ㄗ,如:(名)齊衰(ㄘㄨㄟ)(喪服),攝齊升堂(見論語,衣下曰齊),以共齊盛(見禮記,同粢,祭品,黍稷也),子見齊衰(ㄘㄨㄟ)者(論語)。

③念ㄓㄞ(通齋),(形)齊明聖服,齊莊中正(中庸)。(名)子之所愼,齊、戰、疾(見論語)。

④念ㄐ一ˋ(通劑),如:火齊(火侯也),「火齊必得」(見禮月令),五齊(古造酒分清濁五等之法也)。

⑤念ㄐ一ㄢˇ與「翦」通,(動)馬不齊髦(儀禮)。

(例)齊ㄓㄞ戒沐浴,衣冠整齊ㄑ一ˊ,著齊ㄗ衰喪服,用五齊ㄐ一ˋ之法所製的酒,祭奠亡魂。

【槍】①ㄑ一ㄤ ②ㄔㄥ

①念ㄑ一ㄤ,如:(名)(同「鎗」)手槍,槍林彈雨。(動)槍替(謂考試時,代人作文,倩人爲之曰槍,蓋將(ㄑ一ㄤ)之誤書,見新方言)。又同「搶ㄑ一ㄤ」如:見獄吏則頭槍地(見漢書)。

②念ㄔㄥ,如:(名)欃槍(ㄔㄢˊㄔㄥ)(卽慧星,見爾雅)。

【戧】①ㄑ一ㄤˋ ②ㄑ一ㄤ

①念ㄑ一ㄤˋ,如:(動)支持,「戧上一根木頭」。戧金(器物上飾金之法),戧柱(從旁支撐之柱,房

屋將傾倒時用之）。

②念ㄑㄧㄤ，如：（動）戧轍兒走（逆，不順），說戧了（決裂）。

註：㈠國語辭典中「說戧了」之ㄑㄧㄤ或有寫作「啌」者，按「啌」咄也，廣韻謂是嗔語。

註：㈡國語辭典中戧轍兒走謂「戧」逆也，或有寫作「搶」讀爲ㄑㄧㄤ者，按「搶」有拒也之解釋，見廣韻又有突也之解釋。

註：㈢玉篇中謂「戧」是古「創」字。

【誒】①ㄒㄧ　②ㄝˋ

念念ㄒㄧ，如：（動）「誒笑狂只」見楚辭，笑樂也。（歎）「動誒厥生」歎聲，見漢書。可惡之辭，見說文。

②念ㄝˋ，感歎詞，表答應，又表招呼。

【滎】①ㄒㄧㄥˊ　②ㄧㄥˊ

①念ㄒㄧㄥˊ，如：（名）滎澤，滎陽，均爲河南省縣名。

②念ㄧㄥˊ（又讀）。

【需】①ㄒㄩ　②ㄖㄨˊ　③ㄖㄨㄢˇ　④ㄋㄨㄛˋ

①念ㄒㄩ，如：（名）軍需，所需。（動）需要，需求。

②念ㄖㄨˊ柔滑貌。如「其需弱者來使」（見國策）。

③念ㄖㄨㄢˇ（同「輭」見周禮）。

④念ㄋㄨㄛˋ（同「懦」，如「馬不契需」見周禮）。

【漩】①ㄒㄩㄢˊ　②ㄒㄩㄢˋ

①念ㄒㄩㄢˊ，如：（名）漩渦（流水回旋如穴）。

②念ㄒㄩㄢˋ，如：（名）漩兒（又讀）。

【熏】①ㄒㄩㄣ　②ㄒㄩㄣˋ

①念ㄒㄩㄣ，如：（動）熏魚，熏雞（謂以木柴木屑之烟灼炙食物，使有特異之美味，常寫作「燻」），臭氣熏人。今天他熏了我一頓（俗謂嚴厲斥責曰熏人），「衆口熏天」，感天也，見呂氏春秋。熏灼。

②念ㄒㄩㄣˋ，如：（動）給煤氣熏著了。這個人都熏了，誰也不願同他共事（謂人名聲之惡劣使人盡知）。（名）熏香（喻誹謗人，或揭人隱私，揚人過惡之言，如言「一灑這個熏香，大家全知道了」。又（名）熏香（盜賊用以迷醉人的有毒之香）。

【遜】①ㄒㄩㄣˋ　②ㄙㄨㄣˋ

①念ㄒㄩㄣˋ，如：（形）謙遜，遜順。（動）遜位（皇帝讓位），遜色（品質較差），此遜於彼（不及）。（名）姓遜。

②念ㄙㄨㄣˋ（又讀）。

【蜡】①ㄓㄚˋ　②ㄔㄚˋ

①念ㄓㄚˋ，如：（名）蜡月（稱舊曆十二月），蜡祭（謂年終祭神）。

②念ㄔㄚˋ，如：（名）八蜡（古田功告成時，有八蜡之祭，所祭皆與農事有關者）。

註：㈠八蜡：先嗇一（神農）司嗇二（后稷），農三（古之田畯）郵，表，畷四（郵田間廬舍，表田間道路，畷田土疆界，卽始創廬舍表道路分疆界以利人者），貓虎五（爲其食田鼠野獸），坊六（堤坊），水庸七（溝，圳），昆蟲八（蝗螟之類，祝其不爲害也）。

註：㈡「蜡」秦人謂「臘」。

【摘】①ㄓㄜˊ ②ㄓㄞ

①念ㄓㄜˊ，如：（動）摘要，指摘，摘錄，摘擲爲禮（見莊子，謂屈折手足）。

②念ㄓㄞ（語音），如：（動）摘借（借貸），摘瓜。

【摺】①ㄓㄜˊ ②ㄓㄜˇ

①念ㄓㄜˊ，如：（名）摺子（紙之摺疊成頁者），奏摺（古上皇帝書），摺扇。（動）摺疊。轉摺之勢（曲折）。

②念ㄓㄜˇ，如：（名）摺子（折疊之痕）。（動）摺子了（喻事務糟了）。

（例）這件衣服都是摺ㄓㄜˇ兒，不知是怎麼摺ㄓㄜˊ的。

【翟】①ㄓㄞˊ ②ㄓㄜˊ ③ㄉㄧˊ

①念ㄓㄞˊ（語音）姓。

②念ㄓㄜˊ（讀音）姓。

③念ㄉㄧˊ，1.山雉長尾者，2.樂舞所用之長雉，3.同「狄」北方種族，4.姓。

【禎】①ㄓㄣ ②ㄓㄥ

①念ㄓㄣ，如：（名）禎祥（福兆，見中庸）。

②念ㄓㄥ（又讀）。

【蓁】①ㄓㄣ ②ㄑㄧㄣˊ

①念ㄓㄣ，如：（形）蓁蓁（1.植物盛茂，如「其葉蓁蓁」見詩經，2.積聚貌，如「蝮蛇蓁蓁」見楚辭）又通「榛」。（名）如蓁莽（卽榛莽，謂叢木衆草），「逃於深蓁」，見莊子。

②念ㄑㄧㄣˊ，如：（名）蓁椒（卽秦椒，1.卽花椒，始產於秦，故名，2.卽辣椒）。

【漲】①ㄓㄤˋ ②ㄓㄤˇ

①念ㄓㄤˋ，如：（動）膨漲，漲縮，漲開了，煙塵漲天（彌漫也，見南詩）。

②念ㄓㄤˇ，如：（動）漲價，漲水，漲潮，漲落，漲錢，漲架子。

註：增高時念漲ㄓㄤˇ，向橫處發展時念漲ㄓㄤˋ。

【種】①ㄓㄨㄥˇ ②ㄓㄨㄥˋ

①念ㄓㄨㄥˇ，如：（名）種子，種類，種族，人種。（形）種種。（副

)種切。

②念ㄓㄨㄥˋ，如：(動)種地，種田，種花，種牛痘，種因，種瓜得瓜。(例)國人都罵共匪是個壞種ㄓㄨㄥˇ，你看吧，他們一定種ㄓㄨㄥˋ惡因，得惡報。

【裳】①ㄔㄤˊ ②ㄕㄤ ③˙ㄕㄤ

①念ㄔㄤˊ，如：(名)上稱衣，下稱裳，霓裳羽衣曲，樂曲名，唐明皇所修定。(形)裳裳(光明貌，見詩經)。

②念ㄕㄤ(又讀)。

③念˙ㄕㄤ，如：(名)衣裳。

(例)下身之衣稱裳ㄔㄤˊ，衣裳˙ㄕㄤ是衣服的通稱。

【稱】①ㄔㄥ ②ㄔㄥˋ ③ㄔㄣˋ

①念ㄔㄥ，如：(動)稱讚，稱道，稱揚，稱頌，稱譽，稱許，稱謝，稱呼，稱謂，稱兵，稱觴(舉杯)。

②念ㄔㄥˋ，如：(動)稱職，稱身(衣服長短合體)。(名)亦作「秤」。

③念ㄔㄣˋ，如：(動)稱錢(富有)，稱心，稱願(猶趁願)，稱意(遂其所欲)。

(例)人稱ㄔㄥ毛賊東是殺人魔王，把他上了天稱ㄔㄥˋ(刑法之一種)，大家才稱ㄔㄣˋ願哪。

【碩】①ㄕˊ ②ㄕㄨㄛˋ

①念ㄕˊ，如：(名)碩士(學位)。(形)碩望(賢德負重望者)，碩量(度量寬宏)，碩大無朋(壯大無比也，見詩經)。

註：碩本音ㄕˊ屬陌韻原無破音，古諺有「人莫知其子之惡，莫ㄇㄛˋ知其苗之碩」(見大學)「碩」叶「惡」字之韻，故讀爲ㄕㄨㄛˋ，國語辭典註爲「語音」未敢贊同。

【骰】①ㄕㄞˇ ②ㄊㄡˊ

①念ㄕㄞˇ(語音)，如：(名)骰子(亦作色子，賭具)，擲骰子(賭博)，打骰兒，骰子塊兒(小四方碎塊之物)。

②念ㄊㄡˊ(讀音)，如：(名)骰子令(宴會時以擲骰勸飲曰骰子令)，骰子選(猶今之陞官圖)。

【摻】①ㄕㄢ ②ㄕㄢˇ ③ㄘㄢˋ ④ㄔㄢ

①念ㄕㄢ，如：(形)摻摻女手(手纖細貌，見詩經)。

②念ㄕㄢˇ，如：(動)摻執子之袪兮(持也，見詩經)。

③念ㄘㄢˋ，如：(名)漁陽摻撾(ㄓㄨㄚ)(鼓曲名)。

④念ㄔㄢ，如：(動)摻和(混合也)，摻假。

【署】①ㄕㄨˇ ②ㄕㄨˋ

①念ㄕㄨˇ，如：(名)官署，公署。

②念ㄕㄨˋ，如：(動)署名，署理，布署(部署)。

(例)長官公署ㄕㄨˇ的命令，要行政長官署ㄕㄨˋ名。

【說】①ㄕㄨㄛ ②ㄕㄨㄟˋ ③ㄩㄝˋ

①念ㄕㄨㄛ，如：(動)說話，說明，說情，演說，說謊，說親。(名)小說兒(故事書)。

②念ㄕㄨㄟˋ，如：(動)游說。「故就湯而說之」(孟子)。(名)說客，說士。

③念ㄩㄝˋ(同悅)(動)「學而時習之不亦說乎」(見論語)，「非不說子之道」(論語)，「吾說夏禮」(中庸)。

(例)蘇秦很會說ㄕㄨㄛ話，他去游說ㄕㄨㄟˋ六國，君王大說ㄩㄝˋ。

【漱】①ㄙㄡˋ ②ㄕㄨˋ ③ㄙㄡ

①念ㄙㄡˋ讀音，如：(動)盥漱(謂盪口，見禮記)，漱滌(洗滌)，冠帶垢，和灰請漱(見禮記，澣洗也)，善溝者水漱之(見考工記，言爲水所剝蝕)。漱玉「飛漱鳴玉」謂泉流激石，聲若擊玉，見陸機詩。「漱石枕流」，孫子荆曰，「枕流欲洗其耳，漱石欲勵其齒」，見世說排調。(名)漱玉詞，宋李清照之詞集。

②念ㄕㄨˋ語音，如：(名)漱口盂兒(卽漱口杯)。漱液，漱口用之藥類溶液。(動)漱口。

③念ㄙㄡ通涑。澣也，如：「諸母不漱裳」見禮內則。

【粽】①ㄗㄨㄥˋ ②ㄓㄨㄥˋ

①念ㄗㄨㄥˋ，如：(名)粽子(角黍也)。

②念ㄓㄨㄥˋ(又讀)。

【嗾】①ㄙㄡˇ ②ㄗㄨˊ

①念ㄙㄡˇ，如：(動)嗾使。

②念ㄗㄨˊ(又讀)。

【銚】①ㄧㄠˊ ②ㄉㄧㄠˋ ③ㄓㄠˋ

①念ㄧㄠˊ，如：(名)姓銚。田器之一種。銚芅，卽羊桃。

②念ㄉㄧㄠˋ，如：(名)銚子(燒器，釜之小有柄及出水口者)。

③念ㄓㄠ化學名，放射性金屬原質之一(Brevium, BV)。

【蔫】①ㄧㄢ ②ㄋㄧㄢ

①念ㄧㄢ，如：(形)物不鮮，見廣韻。

②念ㄋㄧㄢ，如：(動)花蔫了(將凋謝)。(副)蔫不咭兒的，蔫蔫兒的(悄悄之意)，蔫溜(暗中逃去)。(形)蔫土匪(譏人面作誠實，心地陰險)，蔫甘(。ㄍㄢ)(謂性情和善，態度平靜)。

【厭】①ㄧㄢˋ ②ㄧㄢ ③ㄧˋ ④ㄧㄚ ⑤ㄧㄝ

①念ㄧㄢˋ，如：(動)厭惡，厭恨，

厭煩，厭氣，貪得無厭，厭世。
②念ㄧㄢ，如：(形)厭厭其苗(勢盛茂，見詩經)，淡而不厭(中庸)。(副)厭厭夜飲(安，久，見詩經)，厭厭如滅(暫見也，見漢書)。
③念ㄧˋ，如：厭浥行露(溼也，詩經)。
④念ㄧㄚˋ，如：(名)厭勝錢(厭勝錢有五，一體之間，龍馬並著，形長而方，見博古圖)。(動)伏也，鎮也。「以菟爲厭勝之術」(見後漢書)。
⑤念ㄧㄝˋ，如：(名)厭次(漢縣名)。
(例)淡而不厭ㄧㄢˋ，是說表面看，好像清淡，但不會令人討厭ㄧㄢˋ。

【窨】①ㄧㄣˋ ②ㄒㄩㄣˋ
①念ㄧㄣˋ，如：(名)地窨子(地室)。久藏曰窨。
②念ㄒㄩㄣˋ謂以茉莉花置茶葉中使染其香，如：(動)窨茶葉。

【誣】①ㄨˊ ②ㄨ
①念ㄨˊ，如：(動)誣告，誣陷，誣罔(以無爲有)，誣衊(ㄇㄧㄝˋ)。
②念ㄨ(語音)。

【斡】①ㄨㄛˋ ②ㄍㄨㄢˇ
①念ㄨㄛˋ，如：(動)斡旋(轉圜之意)，斡轉，斡運(旋轉運行)。
②念ㄍㄨㄢˇ(動)主領也。如「欲擅斡山海之貨」見漢書。

【蜿】①ㄨㄢ ②ㄨㄢˇ
①念ㄨㄢ，如：(形)蜿蜒(1蛇類行貌，2屈曲貌)，蜿蜿(龍行貌)。
②念ㄨㄢˇ(又讀)。

【聞】①ㄨㄣˊ ②ㄨㄣˋ
①念ㄨㄣˊ，如：(動)聞到(聽也)，聞聽，聞見．ㄐㄧㄢ(嗅得其氣味)，聞訊，聞一知十(語本論語，稱人之聰穎)，聞雞起舞(喻奮起及時，見晉書)。(名)見聞，新聞，姓聞，聞人(複姓)。
②念ㄨㄣˋ，如：(名)聲聞(聲望也)，聞人(有名之一)，聞達(「不求聞達於諸侯」見諸葛亮文，謂被稱譽，拔擢)，聞望(名望)，令聞廣譽施於身(孟子)。(形)在邦必聞，在家必聞(論語)。
(例)新聞ㄨㄣˊ記者，聲聞ㄨㄣˋ很高。

【語】①ㄩˇ ②ㄩˋ
①念ㄩˇ，如：(名)語言，語調，語音，成語，論語(四書之一)。(動)自言自語。
②念ㄩˋ，如：(他動)吾語汝(告，教戒)，「子語魯太師樂曰」(論語)。
(例)論語ㄩˇ上所載「吾語ㄩˋ女」這句話的含義，就是我告訴你。

【遠】①ㄩㄢˇ ②ㄩㄢˋ
①念ㄩㄢˇ，如：（形）遠處，長遠，深遠，遠大，遠因，遠近，遠親，遠見。（動）遠足。
②念ㄩㄢˋ，如：（動）諸侯遠己（見國語，疏也），是以君子遠庖廚也（見孟子，遠離也），不仁者遠矣（見論語，去之也），遠之則怨（論語）。
（例）敬鬼神而遠ㄩㄢˋ之，這句話雖不中ㄓㄨㄥˋ不遠ㄩㄢˇ矣。

【獃】①ㄞˊ ②ㄉㄞ
①念ㄞˊ，如：（形）癡獃，獃笨（同呆）。
②念ㄉㄞ（又讀），如：（名）獃子。（形）獃頭獃腦，獃氣（傻氣）

【熬】①ㄠˊ ②ㄠ
①念ㄠˊ，如：（動）熬油，熬湯，熬粥，熬藥，熬油（兒）（謂妄費燈油），熬煎（喻痛苦極甚），熬夜（兒）（夜間因事支持不睡），熬不過（無法忍耐支持）。
②念ㄠ，如：（動）熬白菜，熬頭．ㄊㄡ（有不順心事），熬心（解仝熬頭）。
（例）共匪實行「人民公社」，人們要熬ㄠˊ夜兒趕工，可是連熬ㄠ白菜都吃不上。

【嘔】①ㄡˇ ②ㄡ ③ㄡˋ ④ㄒㄩ
①念ㄡˇ，如：（動）嘔吐，嘔心（謂嘔出心血，極言其苦心力索之意），嘔血（吐血），嘔泄（上吐下瀉）。
②念ㄡ（①之又讀）又與「謳」通，如：「歌嘔」。
③念ㄡˋ，如：（動）嘔氣（謂惹氣，動氣，鬥氣）。
④念ㄒㄩ，如：（副）嘔喻，嘔嘔（和悅貌）。（動）嘔附（謂愛養，見淮南子），上下相嘔（蒸也，見揚雄文）。

【罷】①ㄅㄚˋ ②．ㄅㄚ ③ㄆㄧˊ
①念ㄅㄚˋ，如：（動）罷免，欲罷不能，罷工，罷官。（助）罷了。
②念．ㄅㄚ，如：（助）來罷，去罷，好罷。同（吧）。
③念ㄆㄧˊ（同疲）。如：益州罷弊（見諸葛亮文）。
（例）好罷．ㄅㄚ，他不做好事咱就罷ㄅㄚˋ免他。

【蔔】①ㄅㄛˊ ②．ㄅㄛ
①念ㄅㄛˊ（讀音）。
②念．ㄅㄛ，如：（名）蘿蔔，「菔」同「蔔」字。

【暴】①ㄅㄠˋ ②ㄆㄨˋ
①念ㄅㄠˋ，如：（形）暴風雨，暴君，暴躁，粗暴，暴病，暴行。（動）暴虐，暴動，暴虎馮ㄆㄧㄥˊ河（見論語，博虎），暴殄天物（見書經），自暴自棄（見孟子）。（名）

姓氏，暴勝之（漢武帝時河東人）。
②念ㄆㄨˋ，如：（動）暴露，暴骨，暴之於民而受之（見孟子，顯露也），暴揚。（同曝）。一暴十寒（孟子）。
（例）共匪殘暴ㄅㄠˋ不仁，終必暴ㄆㄨˋ骨原野。

【磅】①ㄅㄤˋ　②ㄅㄥˋ　③ㄆㄤ
①念ㄅㄤˋ，如：（量）一磅（英美衡名，常衡每磅合我國12.16034178兩，金衡藥衡合我國10.00625兩。（名）磅秤，以磅計重之衡器。
②念ㄅㄥˋ又讀，於「過磅」，以磅秤衡量叫過磅。
③念ㄆㄤ，如：（形）磅礴（1廣大，2充塞），磅硠，狀聲詞（石聲）。

【鄙】①ㄅㄧˇ　②ㄅㄧˋ
①念ㄅㄧˇ，如：（名）鄙師（官名）。（動）鄙視，鄙夷（鄙薄之），心鄙之。（形）鄙陋，卑鄙，鄙吝（見識淺短，吝惜錢財），鄙人（1邊野之人，2自謙之詞）。
②念ㄅㄧˋ（又讀）。

【蝙】①ㄅㄧㄢ　②ㄅㄧㄢˇ
①念ㄅㄧㄢ，如：（名）蝙蝠。
②念ㄅㄧㄢˇ（又讀）。

【魄】①ㄆㄛˋ　②ㄊㄨㄛˋ
①念ㄆㄛˋ，如：（名）體魄，魂魄，魄力（猶言毅力）。
②念ㄊㄨㄛˋ，如：（動）落魄（謂志行衰惡，失業無聊，猶落拓）。
（例）當年他魄ㄆㄛˋ力充沛，不料今日落魄ㄊㄨㄛˋ如此。

【澎】①ㄆㄥ　②ㄆㄥˊ
①念ㄆㄥ，如：（動）澎湃。
②念ㄆㄥˊ，如：（名）澎湖。
（例）澎ㄆㄥˊ湖海濱的海浪，湃ㄆㄥ湃洶湧。

【劈】①ㄆㄧ　②ㄆㄧˇ
①念ㄆㄧ，如：（動）劈開，劈頭，劈面，刀劈斧砍。
②念ㄆㄧˇ，如：（名）劈柴。
（例）劈ㄆㄧ劈ㄆㄧˇ柴．ㄔㄞ，是用斧頭把木柴劈ㄆㄧ開。

【僻】①ㄆㄧˋ　②ㄅㄟˋ
①念ㄆㄧˋ，如：（形）邪僻，乖僻，偏僻。
②念ㄅㄟˋ語音，如：（形）僻靜，僻道（幽靜之路）。
（例）這個人性情乖僻ㄆㄧˋ，專愛走僻ㄅㄟˋ道兒。

【撇】①ㄆㄧㄝ　②ㄆㄧㄝˇ
①念ㄆㄧㄝ，如：（動）撇開，撇棄，撇沫子（取液體表面之泡沫）。
②念ㄆㄧㄝˇ，如：（動）撇嘴（1表示輕視之意，2小兒將哭貌），撇蘭（如抽籤，畫蘭葉爲之），撇到遠處去（遠投擲）。（名）一撇（

書法向左斜下之一筆「丿」)。
(例)他只顧撇ㄆㄧㄝˇ蘭了，別的事都撇ㄆㄧㄝ開不管)

【鋪】①ㄆㄨ ②ㄆㄨˋ ③.ㄆㄨ ④ㄈㄨ

①念ㄆㄨ，如：(動)鋪設，鋪張，鋪排，鋪床(展開床上被褥而鋪設之)。(名)鋪蓋(被褥之統稱)，鋪蓋捲兒，鋪陳.ㄔㄣ(碎布)。

②念ㄆㄨˋ同舖，如：(名)店鋪，牀鋪，十里鋪(舊時每隔十里設一郵亭曰鋪)，鋪保，鋪子(店鋪也)，鋪眼兒(俗稱商號)。

③念.ㄆㄨ，如：(名)當ㄉㄤˋ鋪.ㄆㄨ。

④念ㄈㄨ，陳設也。鋪頌(方言)東齊曰鋪頌，猶秦晉言抖擻也。今云鋪排，即鋪頌之聲轉。每見家有喪事，延請僧衆於靈前作道場，司其佈置之職者，北平人稱之曰鋪ㄆㄨ排.ㄅㄞ。

(例)這個店鋪ㄆㄨˋ是當鋪.ㄆㄨ，太鋪ㄆㄨ張了。

註：今以ㄆㄨ寫作鋪，ㄆㄨˋ寫作舖(資暇集)市肆中筐筥等鱗次其物以粥ㄩˋ者曰(星貨鋪)。

【摩】①ㄇㄛˊ ②ㄇㄚ

①念ㄇㄛˊ，如：(動)摩擦，摩練，摩拳擦拳，摩弄，觀摩，揣摩(測度也)。(名)摩登(現代之意)。

②念ㄇㄚ，如：(動)摩挲.ㄙㄚ(用手掌撫摩衣物使之平貼)。

(例)我來摩ㄇㄚ挲.ㄙㄚ衣服，你觀摩ㄇㄛˊ一番就會了。

【膜】①ㄇㄛˋ ②ㄇㄛˊ

①念ㄇㄛˋ，如：(名)眼膜，肋膜，薄膜，膜外(度外)。

②念ㄇㄛˊ，如：(動)膜拜(長跪而拜)。①之又讀。

【模】①ㄇㄛˊ ②ㄇㄨˊ

①念ㄇㄛˊ，如：(名)模形，模範，楷模。(形)模糊(同糢)，模稜兩可。(動)模仿，模擬。

②念ㄇㄨˊ，如：(名)模子(製金屬或陶器之型具)，模樣(面貌也)。

(例)這兩個模ㄇㄛˊ型一樣，大概是一個模ㄇㄨˊ子做的。

【蔓】①ㄇㄢˋ ②ㄨㄢˋ ③ㄇㄢˊ

①念ㄇㄢˋ，如：(名)蔓草(蔓生草)。(動)蔓延(不斷也)。蔓衍(廣延)。(形)蔓說(贅雜之說)。

②念ㄨㄢˋ，如：(名)瓜蔓，(語音)。

③念ㄇㄢˊ，如：(名)蔓菁.ㄐㄧㄥ，植物名，即蕪菁。

(例)葫蘆蔓兒ㄨㄢˋㄦ蔓ㄇㄢˋ延之處，還可以種蔓ㄇㄢˊ菁.ㄐㄧㄥ。

【瞑】①ㄇㄧㄥˊ ②ㄇㄧㄥˋ ③ㄇㄧㄢˋ ④ㄇㄧㄢˊ

①念ㄇㄧㄥˊ，如：（動）瞑目（1閉目，2喻人死無所繫戀），瞑瞑（視不審貌）。
②念ㄇㄧㄥˋ（①之又讀）。
③念ㄇㄧㄢˋ，如：（動）瞑眩「若藥弗瞑眩，厥疾弗瘳」瞑眩者，令人憤悶之意也，見書經說命。
④念ㄇㄧㄢˊ同眠，如：「致命於帝，然後得瞑些」見楚辭招魂。

【瘩】①．ㄉㄚ　②ㄉㄚˊ
①念．ㄉㄚ，如：（名）疙瘩。
②念ㄉㄚˊ疙瘩之讀音，又（名）瘩背（中醫瘡名，卽搭手）。

【彈】①ㄉㄢˋ　②ㄊㄢˊ
①念ㄉㄢˋ，如：（名）子彈，槍彈，炮彈，彈弓。（形）彈丸之地（見國策），槍林彈雨。
②念ㄊㄢˊ，如：（動）彈琴，彈劾，彈壓，彈珠兒，彈指，彈鋏（馮驩語，今用爲窮乏而有所希望之詞）。（名）彈力，彈性，彈詞，彈簧。
（例）在槍林彈ㄉㄢˋ雨中，他還有閒情彈ㄊㄢˊ琴。

【墮】①ㄉㄨㄛˋ　②ㄏㄨㄟ
①念ㄉㄨㄛˋ，如：（動）墮落，墮雲霧中（謂爲所迷罔），墮胎，墮斁ㄉㄨˋ（墮落敗壞，見漢書）。又同「惰」字，如：（名）墮民（卽惰民）。
②念ㄏㄨㄟ（同隳），毀壞。

【嘽】①ㄊㄢ　②ㄔㄢˇ
①念ㄊㄢ，如：（形）嘽嘽駱馬（嘽嘽喘息也，見詩經），徒御嘽嘽（見詩經，舒暢而喜樂曰嘽嘽），王旅嘽嘽（盛也，見詩經），嘽緩（見禮記，寬綽，舒緩）。
②念ㄔㄢˇ，如：（形）「其樂心感者，其聲嘽以緩」，寬舒之意（見禮記）。

【調】①ㄊㄧㄠˊ　②ㄉㄧㄠˋ
①念ㄊㄧㄠˊ，如：（動）調和，調停，調解，調處，調理，調養，調笑，調弄，調戲，調撥，調唆，烹調。（名）調羹（湯匙也）。
②念ㄉㄧㄠˋ，如：（名）聲調，腔調，曲調，調字，才調（才幹），戶調（戶口稅）。（動）調動，調換（掉換），調差，調遣，調遷，調度，調皮，調查。
（例）音調ㄉㄧㄠˋ要協調ㄊㄧㄠˊ。

【撓】①ㄋㄠˊ　②ㄋㄠ
①念ㄋㄠˊ，如：（動）不屈不撓，撓節（屈節），撓屈（屈服），阻撓，撓擾，攪撓，撓折（催折），撓癢癢（兒）（搔癢）。
②念ㄋㄠ，如：（動）撓鴨子（逃走，鴨子謂足也），撓癢（又讀）。
（例）我若不加阻撓ㄋㄠˊ，他就撓ㄋㄠ鴨子了。

【蝻】①ㄋㄢˇ ②ㄋㄢˊ
①念ㄋㄢˇ，如：（名）蝻子（蝗子孵化而未能飛者）。
②念ㄋㄢˊ（又讀）。

【瘧】①ㄋㄩㄝˋ ②ㄧㄠˋ
①念ㄋㄩㄝˋ，如：（名）瘧疾，瘧蚊。
②念ㄧㄠˋ，如：（名）瘧子（瘧疾之俗稱）。
（例）他被瘧ㄋㄩㄝˋ蚊叮了，發起瘧ㄧㄠˋ子來了。

【撈】①ㄌㄠˊ ②ㄌㄠ
①念ㄌㄠˊ，如：（名）撈什子（謂厭惡之物）。
②念ㄌㄠ語音，如：（動）撈起，打撈，撈本兒（1賭輸再賭，2遇事吃虧，想法找回來），撈摸（探物水中尋求也）。（名）撈麵（食品，過水麵也）。

【潦】①ㄌㄠˋ ②ㄌㄠˇ ③ㄌㄧㄠˊ
①念ㄌㄠˋ（通「澇」）水淹。
②念ㄌㄠˇ，如：（形）1雨大貌，2路上流水。
③念ㄌㄧㄠˊ，如：（動）潦草（草率），潦倒。（名）古水名，即今遼河。
（例）「旱潦ㄌㄠˋ得收」這幾個字寫的太潦ㄌㄧㄠˊ草了。

【厲】①ㄌㄧˋ ②ㄌㄞˋ
①念ㄌㄧˋ，如：（形）厲害，厲鬼，厲風（暴風），正言厲色。（動）厲民（虐待人民），厲節（高其氣節，見晉書），勉厲，秣馬厲兵（磨利兵器，見左傳），厲行。（名）姓厲。又通「礪」。
②念ㄌㄞˋ（同「癩」），如：「漆身爲厲」見史記。
（例）他漆身爲厲ㄌㄞˋ，好像是病的很厲ㄌㄧˋ害．ㄏㄞ。

【撩】①ㄌㄧㄠˊ ②ㄌㄧㄠ
①念ㄌㄧㄠˊ，如：（動）撩逗，撩撥，撩人（引動人），撩理（料理也）。撩東割西（猶言捨此就彼，見朱子語錄）。
②念ㄌㄧㄠ，如：（動）撩起衣裳，撩水（以手舀水而灑之），撩了他一眼。
（例）那小姐撩ㄌㄧㄠ起衣裳在河邊撩ㄌㄧㄠ水，她撩ㄌㄧㄠˊ了我一眼，眞是美麗撩ㄌㄧㄠˊ人。
註：ㄌㄧㄠ水之ㄌㄧㄠ或寫作「敹」，ㄌㄧㄠ一眼之ㄌㄧㄠ應從目。國語辭典「敹」字，解爲縫紉法之一種。「瞭」字未收ㄌㄧㄠ音。

【蓼】①ㄌㄧㄠˇ ②ㄌㄨˋ
①念ㄌㄧㄠˇ，如：（名）姓蓼，蓼花（植物名），蓼花（．ㄏㄨㄚ）（糯米麵作成之食物，中空，外有糖衣）。

②念ㄌㄨˋ，如：（形）蓼蓼（長大貌，如：「蓼蓼者莪」見詩經）。（名）蓼莪（詩經篇名）。

（例）蓼ㄌㄧㄠˇ先生，講蓼ㄌㄨˋ莪篇。

【諒】①ㄌㄧㄤˋ ②ㄌㄧㄤˊ

①念ㄌㄧㄤˋ，如：（動）原諒，諒解，諒不爲怪，諒可（推想）。（形）君子貞而不諒（固執也，見論語）。（名）姓諒，諒山（越南之一省）。

②念ㄌㄧㄤˊ，如：（動）諒闇，諒陰（聲皆爲ㄌㄧㄤˊ ㄢ）（天子居喪之謂）。

【輪】①ㄌㄨㄣˊ ②ㄌㄨㄣ

①念ㄌㄨㄣˊ，如：（量）一輪兒（輪流一週）。（名）車輪，輪船，輪廓，姓輪，輪廣（地形南北曰輪，東西曰廣）。（動）輪流，輪班（兒），輪轉。（形）輪奐（高大華美，如「輪奐一新」見宋史），「美哉輪焉，美哉奐焉」（禮記檀弓下）。

②念ㄌㄨㄣ（同「掄」）手與臂旋輪。

（例）輪ㄌㄨㄣˊ流表演輪ㄌㄨㄣ火球。

【論】①ㄌㄨㄣˋ ②ㄌㄨㄣˊ

①念ㄌㄨㄣˋ，如：（名）論文，論著，論理學。（動）評論，辯論，討論，論斷，論罪，論年，論月。

②念ㄌㄨㄣˊ，如：（名）論語。

（例）論ㄌㄨㄣˊ語一書，言論ㄌㄨㄣˋ正確。

【履】①ㄌㄩˇ ②ㄌㄧˇ

①念ㄌㄩˇ，如：（名）木履，操履（行爲），履歷，福履綏之（履，祿也，見詩經），賜我先君履（領土，見左傳）。（動）履行，履約，如臨深淵，如履薄冰（見詩經，左傳，論語，孝經），履新（上任）。

②念ㄌㄧˇ（又讀）。

【頦】①ㄏㄞˊ ②ㄎㄜ ③ㄎㄜˊ

①念ㄏㄞˊ，如：（名）下頦（頭下曰頦）。

②念ㄎㄜ，如：（名）下巴頦兒。結巴頦子（喻人說話口吃）。

③念ㄎㄜˊ，如：頦兒（卽下巴頦兒）。

註：北平讀此字爲ㄏㄞˊ又有ㄏㄞˇ之一讀，如頦ㄏㄞˇ下一部鬍鬚飄灑胸前。

【糊】①ㄏㄨˊ ②ㄏㄨˋ ③ㄏㄨ

①念ㄏㄨˊ，如：（名）糨糊（卽糨子，麵粉類製，用以粘物。亦可讀爲ㄐㄧㄤˋ．ㄏㄨ）。（動）糊窗戶紙。（形）模糊（看不清楚）。（副）燒糊了（燒焦了）。糊塗（不清楚不明白的意思）。

②念ㄏㄨˋ，如：（動）糊弄（草草了事）。（名）麵糊（麵粉合水調爲漿糊，爲製食品之用）。糊刷（裱糊用具）。

③念ㄏㄨˋ，如：（動）糊上。
（例）窗戶有縫ㄈㄥˋ，不糊ㄏㄨˊ窗戶紙，弄把泥糊ㄏㄨˋ上了，眞是糊ㄏㄨˋ弄事。
註：㈠ㄏㄨˋ弄之ㄏㄨˋ或寫作「摢」。㈡糊ㄏㄨˋ上之糊，本字作「敷」，輕唇訛為喉音，遂讀ㄏㄨ寫作「糊」。今閩南語猶將ㄈ訛讀為ㄏ。

【價】①ㄐㄧㄚˋ ②·ㄍㄚ
①念ㄐㄧㄚˋ，如：（名）價值，價錢，價格，物價，價兒，價廉物美，代價。
②念·ㄍㄚ，如：（副）副詞語尾，如：震天價響，竟天價燒起來，（本吳語）。
（例）拍賣的喊價ㄐㄧㄚˋ兒，喊的震天價·ㄍㄚ響。

【儉】①ㄐㄧㄢˇ ②ㄐㄧㄢˋ
①念ㄐㄧㄢˇ，如：（動）節儉，儉省，勤儉，儉樸。
②念ㄐㄧㄢˋ（又讀）。

【劇】①ㄐㄩˋ ②ㄐㄧˊ
①念ㄐㄩˋ，如：（名）戲劇，劇本，話劇。（形）劇烈，劇病。
②念ㄐㄧˊ（又讀）。

【緝】①ㄑㄧ ②ㄑㄧˋ ③ㄐㄧ
①念ㄑㄧ，如：（動）縫紉法之一，細密縫之，線迹短小密接作直行，如：緝邊。
②念ㄑㄧˋ，如：（動）通緝，緝私，緝捕，緝拿，緝麻（接麻）。（形）緝穆（謂和睦，見三國志），緝熙（明而廣也，見詩經）。
③念ㄐㄧ，②之又讀。

【錢】①ㄑㄧㄢˊ ②ㄐㄧㄢˇ
①念ㄑㄧㄢˊ，如：（名）姓錢，金錢，錢糧。（量）一錢（一兩的十分之一）。
②念ㄐㄧㄢˇ，如：（名）古田器。

【請】①ㄑㄧㄥˇ ②ㄑㄧㄥ ③ㄑㄧㄥˊ
①念ㄑㄧㄥˇ，如：（動）請求，請願，請託，請示，請命，請罪，請假，請纓，請客，請大夫，請香臘，請神祇（購買敬神之物品曰請，以示敬也）。
②念ㄑㄧㄥ，如：（名）請室（謂監獄，見漢書）。
③念ㄑㄧㄥˊ，1.舊同「情」，如：「惟其耳目之請」見墨子。2.同「擎」如：「請受」（⑴擎受，承受也，見元曲選。⑵猶言薪水錢糧，見水滸傳）。

【趣】①ㄑㄩˋ ②ㄘㄨˋ
①念ㄑㄩˋ，如：（名）興趣，趣味，旨趣，意趣，有趣，趣聞。
②念ㄘㄨˋ（同趨，同促）。
（例）古時趣字與促ㄘㄨˋ字通用，你說多有趣ㄑㄩˋ。

【蝦】①ㄒㄧㄚ　②ㄏㄚˊ

①念ㄒㄧㄚ，如：（名）魚蝦，龍蝦，蝦米，蝦仁兒。

②念ㄏㄚˊ，如：（名）蝦蟆。

（例）蝦ㄏㄚˊ蟆就是青蛙，俗名田雞，是兩棲動物，並不是對蝦ㄒㄧㄚ。

【蝎】①ㄒㄧㄝ　②ㄏㄜˊ

①念ㄒㄧㄝ（同「蠍」），如：蝎子（毒蟲，可入藥）。

②念ㄏㄜˊ（木中蠹虫）。

【頡】①ㄒㄧㄝˊ　②ㄐㄧㄚˊ　③ㄐㄧㄝ

①念ㄒㄧㄝˊ，如：（副）頡頏（鳥飛上下）。（名）姓頡。

②念ㄐㄧㄚˊ，如：（動）盜頡資糧（減剋也，掠除也，見唐書）。

③念ㄐㄧㄝ（①之又讀）。

【寫】①ㄒㄧㄝˇ　②ㄒㄧㄝˋ

①念ㄒㄧㄝˇ，如：（動）寫字，寫生，寫意（無拘束之愉快），寫憂（舒洩憂悶），寫照（泛謂一切事象之描寫），寫實。

②念ㄒㄧㄝˋ，1.（「卸」同），如：「宮車其寫」2.寫意兒（猶寫意，畫法之一派）。

【噓】①ㄒㄩ　②ㄕ

①念ㄒㄩ，如：（動）吹噓，噓寒送暖，噓唏（謂悲泣氣咽而抽息）。謂火或熱氣之放射高熱，如：蒸饅頭的熱氣噓了手。

②念ㄕ，如：（嘆）表鄙斥，噓！靜點兒，不要說話。

（例）他在政見發表會上，自我吹噓ㄒㄩ，結果噓ㄕ聲四起。

【質】①ㄓˊ　②ㄓˋ

①念ㄓˊ，如：（名）性質．ㄓ，本質，資質，素質，質地，質料。（動）質問，質疑，質責，質正。（形）質直（謂正直，如：「質直而好義」見論語），質樸（即作質朴，謂樸實無文）。

②念ㄓˋ，如：（動）典質。（名）人質（以人作抵押），質權，質庫（當鋪）。

（例）去質ㄓˊ問他爲什麼還要人質ㄓˋ。

【遮】①ㄓㄜ　②ㄓㄜˇ

①念ㄓㄜ，如：（動）遮蔽，遮蓋，遮攔，遮斷，遮瞞。

②念ㄓㄜˇ，如：（動）遮醜，遮說，遮羞臉兒（藉題掩飾醜事）。

（例）不論共匪怎樣遮ㄓㄜˇ說，他能遮ㄓㄜ住天下人的耳目嗎？

【嘲】①ㄓㄠ　②ㄔㄠˊ

①念ㄓㄠ，如（1.讀音）（動）嘲風咏月，嘲訕。2.鴉嘲，嘲哳ㄓㄚˊ（⑴樂器相雜聲，⑵語聲，⑶鳥聲）

②念ㄔㄠˊ（語音），如：（動）嘲笑

，嘲弄，嘲惹，嘲撥）

【暫】①ㄓㄢˋ ②ㄗㄢˋ

①念ㄓㄢˋ，如：（副）暫時，暫且。

②念ㄗㄢˋ（讀音）。

【徵】①ㄓㄥ ②ㄓˇ

①念ㄓㄥ，如：（動）徵兵，徵文，徵收，徵求，徵集，徵信，寡人是徵（問也，見左傳），杞不足徵也（證也，見論語）。（名）姓徵，徵候（謂可爲事實徵驗之兆候），徵兆，象徵。

②念ㄓˇ，如：（名）五音之一「宮、商、角、徵、羽」。

【撞】①ㄓㄨㄤˋ ②ㄔㄨㄤˊ

①念ㄓㄨㄤˋ，如：（動）衝撞，頂撞，撞球，撞騙。

②念ㄔㄨㄤˊ（讀音）。甲將木棍直投與乙，謂之ㄔㄨㄤˊ。

【噌】①ㄔㄥ ②ㄘㄥ ③ㄘㄥˇ

①念ㄔㄥ，如：（形）「聲噌吰（ㄏㄨㄥˊ）而似鐘音」（見司馬相如賦，壯闊之聲）。

②念ㄘㄥ，如：噌人（叱人也）。

③念ㄘㄥˇ，如：他們倆人說噌了（決裂之意）。

【澄】①ㄔㄥˊ ②ㄉㄥˋ ③ㄓㄣˋ

①念ㄔㄥˊ，如：（形）澄明（清明貌），澄澈（清澈也）。（名）澄邁，澄海（廣東縣名），澄城（陝西縣名）。

②念ㄉㄥˋ，如：（動）澄清（兒）（沉澱而清之），沙裏澄金。（名）澄沙（卽豆沙）。

③念ㄓㄣˋ，如：水混（ㄏㄨㄣˋ）了，把它澄澄就清朗・ㄌㄤ了。（例）這桶水澄ㄉㄥˋ清了以後，澄ㄔㄥˊ清見底。

註：澄讀ㄓㄣˋ，在北平口語如此讀法，國語辭典未收此音。

【衝】①ㄔㄨㄥ ②ㄔㄨㄥˋ

①念ㄔㄨㄥ，如：（名）要衝，衝車（兵車之一種），首當其衝（緊要之處）。（動）衝突，衝撞，衝動，衝鋒，怒髮衝冠。

②念ㄔㄨㄥˋ，如：（動）衝東走，衝盹兒，衝你的面子。（形）衝勁兒，嗓子很衝（音宏亮），酒很衝。

（例）衝ㄔㄨㄥ鋒時，衝ㄔㄨㄥˋ著共匪衝ㄔㄨㄥ殺。

【適】①ㄕˋ ②ㄉㄧˊ ③ㄊㄧˋ ④ㄉㄧ ⑤ㄓ ⑥ㄓㄜˊ

①念ㄕˋ，如：（動）適人（女子出嫁也），適齊（往齊國去之意），不二適（從也見書經）。（形）舒適。（副）合適，適合，適可，適當，適魏，適值，適間，適口，適中。

②念ㄉㄧˊ同嫡，如：（名）適孫，適

室，適親。（形）適當，「無適也」（見論語）。（名）「立適以長不賢」見公羊傳，隱公元年。

③念ㄊㄧˋ，如：（形）適適然驚（驚視自失的情態，見莊子秋水）。

④念ㄉㄧˊ，如：（形）適歷（稀疏分佈得恰好）。

⑤念ㄓˊ，往也，見集韻。

⑥念ㄓㄜˊ通謫，如「勿予禍適」見詩經殷武。「適見于天」見禮記昏儀。「人不足與適也」見孟子離婁。

（例）隨便管人家叫適ㄉㄧˊ孫，多不合適ㄕˋ啊！

【誰】①ㄕㄟˊ ②ㄕㄨㄟˊ

①念ㄕㄟˊ（語音），如：（代）誰想，你是誰。

②念ㄕㄨㄟˊ（讀音），如：（代）誰料，誰知，誰人。

註：口語或白話文一律應從語音。

【熟】①ㄕㄨˊ ②ㄕㄡˊ

①念ㄕㄨˊ，如：（讀音）（形）成熟，熟練，煮熟。（副）熟悉，熟睡，熟識。（名）熟地（中藥名）。

②念ㄕㄡˊ（語音），如：（形）熟字，熟人，熟手兒，熟菜，熟路，熟客，熟人（兒）。

【數】①ㄕㄨˋ ②ㄕㄨˇ ③ㄕㄨㄛˋ ④ㄘㄨˋ ⑤ㄙㄨˋ

①念ㄕㄨˋ，如：（名）數兒，數目，數學，氣數，刼數，數奇（謂命運乖舛而不相合）。（形）數人，數年，數月。

②念ㄕㄨˇ，如：（動）數一數，數數ㄕㄨˇ兒，數錢，數罵，數落，（叨念），衆人中之最者，如：「數他好」「數他壞」。（名）數伏，數九，數來寶。

③念ㄕㄨㄛˋ，如：（副）數見不鮮，數數（屢次，見三國志），「事君數，斯辱矣，朋友數，斯疏矣」（見論語）。

④念ㄘㄨˋ，如：（形）數罟不入汚池（見孟子，細密也）。

⑤念ㄙㄨˋ，如：（向）數珠（念佛珠串）。

（例）你數ㄕㄨˇ數ㄕㄨˋ這串數ㄙㄨˋ珠兒的數ㄕㄨˋ目有多少。

【蔡】①ㄘㄞˋ ②ㄙㄚˋ

①念ㄘㄞˋ，如：（名）姓蔡。春秋國名，在河南上蔡，新蔡，汝南等地。

②念ㄙㄚˋ，如：（動）同「𣦼」放也，如：「周公殺管叔而蔡ㄙㄚˋ蔡叔」（見左傳）。

（例）蔡ㄙㄚˋ蔡ㄘㄞˋ叔，就是把蔡叔（名度，周武王之弟）放了。

【醋】①ㄘㄨˋ ②ㄗㄨㄛˋ

①念ㄘㄨˋ，如：（動）吃醋（嫉妒）。（名）醋意，酸醋，醋墁子，醋勁兒，醋心（胃酸過多症）。

②念ㄗㄨㄛˋ（古「酢」）。

【撕】①ㄙ ②ㄒㄧ

①念ㄙ,如:(動)撕開,撕破,撕爛,撕布,撕打。

②念ㄒㄧ,如:(動)提撕(提挈)。

(例)提撕ㄒㄧ是相扶持的意思,不是提起來撕ㄙ開。

【賜】①ㄙˋ ②ㄘˋ

①念ㄙˋ(讀音),如:(動)恩賜,賞賜,賜示,賜教,賜給,惠賜,賜福,賜死。

②念ㄘˋ,(語音)。

【艘】①ㄙㄠ ②ㄙㄡ

①念ㄙㄠ,如:(量)一艘船。

②念ㄙㄡ(又讀)。

【誼】①ㄧˋ ②ㄧˊ

①念ㄧˋ,如:(名)友誼,鄉誼,世誼,情誼,又與「義」通,如:誼士(同義士,見班固文),與「議」通,如:「論誼考問」(見漢書)。

②念ㄧˊ(又讀)。

【養】①ㄧㄤˇ ②ㄧㄤˋ

①念ㄧㄤˇ,如:(動)養成,養育,養鷄,養豬,生養,撫養,保養,教養,養病,調養,營養。(名)養母,養女。

②念ㄧㄤˋ,如:(動)奉養,養親,養志(謂承順父母之志,如「事親若曾子,則可謂養志也」見孟子),養生送死(語本孟子),是謂能養,不敬何以別乎?(論語)。

(例)奉養ㄧㄤˋ父母,是報養ㄧㄤˇ育之恩。

註:上育下曰ㄧㄤˇ,下奉上曰ㄧㄤˋ。

【蔚】①ㄨㄟˋ ②ㄩˋ

①念ㄨㄟˋ,如:(名)植物名,一稱牡蒿。「設蔚施伏」喻草木繁盛,見淮南子兵略。(形)「其文蔚也」指文采,見易經。

②念ㄩˋ,如:(名)蔚州,今山西省靈丘縣。蔚縣,今屬察哈爾省。姓氏。(形)蔚藍,喻色深青而明淨。「水色天光共蔚藍」見韓駒詩。「上有蔚藍天」見杜甫詩。

【樂】①ㄩㄝˋ ②ㄌㄜˋ ③ㄌㄠˋ ④ㄧㄠˋ

①念ㄩㄝˋ,如:(名)音樂,樂器,樂理,樂章,管弦樂,「不敢作禮樂焉」(中庸),姓氏。

②念ㄌㄜˋ,如:(動)樂了(笑了)。(形)快樂,樂園,樂土,樂天,樂觀,樂事,樂善好施,樂意(願意)。

③念ㄌㄠˋ,如:(名)樂亭(河北省縣名),樂陵(山東省縣名),蓮花樂(民間曲藝)。

④念ㄧㄠˋ,如:(動)智者樂水(見論語),樂群(見禮記)。

(例)樂ㄌㄠˋ亭縣有位姓樂ㄩㄝˋ的,

愛好音樂ㄩㄝˋ，處世很樂ㄌㄜˋ觀。

【熨】①ㄩㄣˋ　②ㄩˋ

①念ㄩㄣˋ，如：（名）熨斗。（動）熨衣裳。

②念ㄩˋ，如：（形）熨貼（1.平服妥貼之意，2.謂事妥貼）。

【緼】①ㄩㄣˋ　②ㄩㄣ

①念ㄩㄣˋ，如：（名）「衣敝緼袍」，見論語，謂以舊絮或碎麻者於其中，指粗惡之衣。緼黂（亂麻著裏之衣，如：「昔宋國有田夫常衣緼黂」見列子）。（動）緼釀（猶言和調，如「以相嘔咐緼釀」見淮南子）。緼巡（並行貌，如「緼巡歐紆」見後漢書）。

②念ㄩㄣ（名）赤黃色。絪緼（同「氤氳」烟雲瀰漫之狀）。

【歐】①ㄡ　②ㄡˇ

①念ㄡ，如：（名）姓歐，歐洲，歐陽（複姓）。又同「嘔」，如：（動）歐吐，歐絲（吐絲），歐泄（上吐下瀉）。又同「毆」如「良愕然，欲歐之」（見史記留侯世家）。又同「謳」（歌唱）。

②念ㄡˇ（同「嘔」）。

【壁】①ㄅㄧˋ　②ㄅㄧˇ

①念ㄅㄧˋ，如：（名）牆壁，壁壘（營壘），其山絕壁千尋（山厓也，見隋書）。壁報，壁門（營門也），壁錢（蛛蛛類，作巢壁上，大如錢，故名），壁宿（星名，廿八宿之一），壁人（謂藏人於壁中，語見史記），壁衣（遮蓋牆壁之布帛），壁魚（蠹魚別名），壁上觀（謂坐觀成敗而不加幫助，語本史記）。

②念ㄅㄧˇ於（名）「隔壁兒」一詞念ㄅㄧˇ（ㄐㄧㄝˋ ㄅㄧˇ ㄜˊㄦ）。

【餔】①ㄅㄨ　②ㄅㄨˇ

①念ㄅㄨ，如：（名）餔餟（食與飲，如：「徒餔餟也」見孟子）。餔時（謂將晚之時），又「同哺」。

②念ㄅㄨˇ，（與「哺」通，以食食ㄙˋ人，如「呂后因餔之」見漢書）。

【噴】①ㄆㄣ　②ㄆㄣˋ　③ㄈㄣˋ　④.ㄈㄣ

①念ㄆㄣ，如：（動）噴水，噴射，噴飯，噴叭，噴勃（謂氣極盛）。（名）噴泉，噴霧器，噴火山。

②念ㄆㄣˋ，如：（副）噴香，噴鼻兒香。

③念ㄈㄣˋ，如：（名）噴嚏。

④念.ㄈㄣ，如：（名）嚏噴。（例）打個嚏噴.ㄈㄣ把飯噴ㄆㄣ出來了，還噴ㄆㄣˋ香的哪。

【螃】①ㄆㄤˊ　②ㄅㄤˇ

①念ㄆㄤˊ，如：（名）螃蟹，螃蜞（即蟛蜞，蟹屬，體小色紅）。

②念ㄅㄤˇ，如：（名）即蟛蜞。

【螞】①ㄇㄚˇ ②ㄇㄚ ③ㄇㄚˋ

①念ㄇㄚˇ，如：（名）螞蟻，螞蝗（蟥）。

②念ㄇㄚ，如：（名）螞螂（蜻蜓之別名）。

③念ㄇㄚˋ，如：（名）螞蚱（蝗蟲之別名）。

（例）螞ㄇㄚˋ蚱和螞ㄇㄚ螂大小差不多，就是不如螞ㄇㄚˇ蟻知道合羣。

【磨】①ㄇㄛˊ ②ㄇㄛˋ

①念ㄇㄛˊ，如：（動）磨練，研磨，磨刀，折磨，磨粉，磨滅（消滅也），琢磨，磨蹭（拖延也），磨功夫，磨勁兒，磨著（求之不已），磨人（幼兒故意纏擾大人）。

②念ㄇㄛˋ，如：（名）磨房，石磨，磨坊。（動）磨車（掉轉）。

（例）磨ㄇㄛˋ齒子都磨ㄇㄛˊ光了。

【燜】①ㄇㄣ ②ㄇㄣˋ

①念ㄇㄣ，如：（動）燜肉（用微火久煮，並不使洩氣謂之燜）。

②念ㄇㄣˋ（又讀）。

【澠】①ㄇㄧㄣˇ ②ㄕㄥˊ

①念ㄇㄧㄣˇ，如：（名）澠池（河南省縣名），澠河（水名，出河南澠池縣西北），澠坂（在河南澠池縣西北，戰國時趙秦二王會於此）。

②念ㄕㄥˊ，如：（名）澠水（水名，在山東省臨淄縣西北）。

【蕃】①ㄈㄢˊ ②ㄈㄢ

①念ㄈㄢˊ，如：（形）蕃茂（繁茂）。（動）蕃衍（蕃息），蕃育（蕃息），蕃息（孳生衆多），蕃殖（生長茂盛）。

②念ㄈㄢ（通「番」），如：（名）蕃薯（卽番薯），蕃椒（卽番椒），蕃船（外國船），蕃坊（宋代稱外僑居留之地）。

【墳】①ㄈㄣˊ ②ㄈㄣˋ ③ㄅㄣˇ

①念ㄈㄣˊ，如：（名）墳墓，墳地，上墳，墳圈兒（ㄑㄩㄢㄦ）。（形）墳起（凸起），墳然（順貌，如「墳然若一父之子」見管子）。

②念ㄈㄣˋ，如：（形）白墳，黑墳，赤地墳（謂土膏肥，見書經）。

③念ㄅㄣˇ，如：（動）公祭地，地墳（謂土沸起，見左傳）。

（例）墳ㄈㄣˊ山子，有時地墳ㄅㄣˇ。

【諷】①ㄈㄥˋ ②ㄈㄥˊ

①念ㄈㄥˋ，如：（動）諷誦（背誦），諷刺（以婉言隱語相譏），諷諫（婉言隱語諫勸），諷味（諷誦而玩味）。

②念ㄈㄥˊ（又讀）。

【縛】①ㄈㄨˊ ②ㄈㄛˋ

①念ㄈㄨˊ，如：（動）束縛（用繩纏束）。

②念ㄈㄛˋ（又讀）。

【導】①ㄉㄠˋ　②ㄉㄠˇ

①念ㄉㄠˋ，如：（動）領導，引導，教導，開導，指導。（名）導演，導言，導師，導火線。

②念ㄉㄠˇ（語音）。

註：除讀文言文外，應讀語音。

【擔】担　①ㄉㄢ　②ㄉㄢˋ

①念ㄉㄢ，如：（動）担任，担當，担待，担心，担憂，担負，擔不起，擔挑ㄊㄧㄠ兒（擔担子）。

②念ㄉㄢˋ，如：（名）担子。（量）一擔（容量一石，或重量一百斤曰一擔）。

（例）這麼重的担ㄉㄢˋ子，你担ㄉㄢ得動嗎？

【澹】①ㄉㄢˋ　②ㄊㄢˊ

①念ㄉㄢˋ，如：（形）澹然，澹泊（同「淡泊」）。（副）慘澹經營。

②念ㄊㄢˊ，如：（名）澹臺，1.複姓，澹臺滅明，孔子弟子。2.湖名在江蘇吳縣。

【擋】①ㄉㄤˋ　②ㄉㄤˇ

①念ㄉㄤˋ，如：（動）摒擋。

②念ㄉㄤˇ，如：（動）阻擋，擋駕，抵擋，擋住（阻止也）。（名）排擋，車擋（同攩）。

（例）他摒擋ㄉㄤˋ一切，準備要走，被朋友擋ㄉㄤˇ駕了。

【燉】①ㄉㄨㄣˋ　②ㄉㄨㄣ

①念ㄉㄨㄣˋ，如：（動）燉雞，燉肉（隔湯煮物），燉酒，燉藥（器內盛水或汁液等，置爐上使溫之謂）。

②念ㄉㄨㄣ，如：（名）燉煌（亦作敦煌，即今甘肅敦煌縣）。

【頭】①ㄊㄡˊ　②˙ㄊㄡ

①念ㄊㄡˊ，如：（名）頭顱，兩頭，山頭，頭目，工頭，頭腦，兩頭牛，頭緒，頭陀，渡頭，月頭，盡頭，頭銜。（形）頭等，頭年，頭頭是道。

②念˙ㄊㄡ，如：（助）舌頭，木頭，石頭，上頭，下頭，前頭，後頭，手指頭，說頭，看頭。

（例）有個工頭ㄊㄡˊ，領頭兒（ㄊㄡˊㄦ）反共，頭ㄊㄡˊ一刀，就割下匪黨頭ㄊㄡˊ目的舌頭˙ㄊㄡ。

【靦】①ㄊㄧㄢˇ　②ㄇㄧㄢˇ

①念ㄊㄧㄢˇ，如：（形）靦臉（謂面皮厚，不以恥為恥），靦顏（面帶慚愧），有靦面目（慚愧貌，見詩經）。

②念ㄇㄧㄢˇ，如：（形）靦覥（同「腼腆」，羞澀貌）。

【擂】①ㄌㄟˊ　②ㄌㄟˋ

①念ㄌㄟˊ，如：（名）擂鉢（研物之乳鉢），擂槌（研物之槌）。（動）擂墨（研墨），擂鼓（擊鼓），

擂磚(乞丐以磚擊胸乞討)。
②念ㄌㄟˋ，如：(名)擂台(武術家比武之台)，打擂(在擂台比武)

【燎】①ㄌㄧㄠˊ ②ㄌㄧㄠˇ ③ㄌㄧㄠ

①念ㄌㄧㄠˊ，如：(動)燎獵(縱火田間行獵)。(形)燎原(喻火盛難滅或禍亂難平)。(名)燎炬(火把)，庭燎(古祭祀或朝會時，在庭前點起之火把)。(副)燎朗(光明)，燎燎(明顯貌)。
②念ㄌㄧㄠˇ，如：(動)燎毛(1燒毛，2喻容易)，燎髮(喻容易)，燎毛子氣(灼毛羽之氣味)。
③念ㄌㄧㄠ，如：(名)燎漿泡(燙傷腫起如痘者)，燎泡(即燎漿泡)。

【遴】①ㄌㄧㄣˊ ②ㄌㄧㄣˋ

①念ㄌㄧㄣˊ，如：(動)遴選，遴柬(猶遴選，見唐書)，遴集(謂類集羣遊，見法言)。(名)姓遴。
②念ㄌㄧㄣˋ，(通「吝」)，如：(形)遴嗇(同「吝嗇」如「性實遴嗇」見漢書)。

【擄】①ㄌㄨˇ ②ㄌㄨㄛˇ

①念ㄌㄨˇ，如：(動)擄掠，搶擄(奪也)。
②念ㄌㄨㄛˇ(又讀)。

【龍】①ㄌㄨㄥˊ ②ㄌㄨㄥˇ

①念ㄌㄨㄥˊ，如：(名)姓龍，龍顏，龍袍，龍庭，龍行虎步(上皆喻帝王)，龍駒(1謂良馬，2稱人幼而智慧者)。(形)龍馬精神(喻老人而健者)，龍潭虎穴(喻險地)，龍鐘(1年老體衰，2潦倒失意，3垂淚貌)。
②念ㄌㄨㄥˇ(通「壟」)，如：(動)龍斷(同「壟斷」)。

【轂】①ㄍㄨˇ ②ㄍㄨ

①念ㄍㄨˇ，如：(名)輦轂(車輪中心之圓木)，轂下(謂輦轂之下，喻帝都)。(形)轂擊肩摩(喻地方繁盛)。
②念ㄍㄨ，如：(名)車轂轆(車輪)，轂轆兒(1小車輪，2圓柱形物之一節，如言一轂轆兒香腸兒)。

【龜】①ㄍㄨㄟ ②ㄐㄩㄣ ③ㄑㄧㄡ

①念ㄍㄨㄟ，如：(名)烏龜。(形)龜齡(喻長壽)，龜鑑(龜卜鏡照，喻前知與反省)，龜玉(謂重器，如「龜玉毀於櫝中」，見論語)。
②念ㄐㄩㄣ(同皸)，如：(形)(動)龜裂「不龜手之藥」(見莊子)(皮膚或地皮寒燥破裂)。
③念ㄑㄧㄡ，如：(名)龜茲(漢時西域國名，即今新疆庫車縣地)。
(例)大陸同胞被毛賊東害的手足胼胝，皮膚龜ㄐㄩㄣ裂，都罵毛賊東

那個老烏龜ㄍㄨㄟ是龜ㄑㄧㄡ八入（ㄖˋ）的。

【駭】①ㄏㄞˋ ②ㄒㄧㄝˋ

①念ㄏㄞˋ，如：（動）駭怕，驚駭，駭怪（驚詫），駭惋（驚歎），驚濤駭浪（波浪洶猛），駭汗，駭突（馬驚），協風旁駭（散見陸機詩）。

②念ㄒㄧㄝˋ（又讀）。

【橫】①ㄏㄥˊ ②ㄏㄥˋ

①念ㄏㄥˊ，如：（名）縱橫，平橫，橫線，橫笛。（形）橫目，橫行，橫肉，橫了心，橫臥，橫陳。（副）橫豎。

②念ㄏㄥˋ，如：（形）橫暴，蠻橫，橫禍，橫逆，「其待我以橫逆」（見孟子），橫財，橫事，橫死（自殺或他殺，抑暴病而死）「橫政之所出」（孟子）。

（例）共匪橫ㄏㄥˊ行霸道，蠻橫ㄏㄥˋ不講理，橫ㄏㄥˊ豎我非殺不可。

【稽】①ㄐㄧ ②ㄑㄧˇ

①念ㄐㄧ，如：（動）稽延，稽遲，稽核，稽查，稽古（考古），相稽（計較）。（形）滑ㄍㄨˇ稽，易使人發笑之語言動作。

②念ㄑㄧˇ，如：（動）稽首（叩頭至地之敬禮），稽顙（居喪時所行之禮，以額觸地）。

【蕉】①ㄐㄧㄠ ②ㄑㄧㄠˊ

①念ㄐㄧㄠ，如：（名）芭蕉，香蕉，未漚治之麻曰蕉。蕉嶺，廣東縣名。蕉布，蕉麻纖維織成之布。蕉葛，甘蕉莖纖維織成之葛。蕉扇，蕉葉製之扇。

②念ㄑㄧㄠˊ，如：（形）蕉萃（同「憔悴」如「雖有姬姜，不棄蕉萃」見左傳）。

【徼】①ㄐㄧㄠˋ ②ㄐㄧㄠ ③ㄐㄧㄠˇ ④ㄧㄠ

①念ㄐㄧㄠˋ，如：（名）徼外（猶言域外）。

②念ㄐㄧㄠ，如：（動）「惡ㄨˋ徼以為知者」，見論語。徼，伺察也。「小人行險以徼幸」見中庸，覬求非分，徼謂求，幸謂所不當得而得者。

③念ㄐㄧㄠˇ，如：（動）徼倖（謂獲得意外之利益，或獲免於不幸之事）。

④念ㄧㄠ，如：（動）徼福（祈福，求福）。「徼麋鹿之野獸」，見司馬相如文，徼，遮也。

【頸】①ㄐㄧㄥˇ ②ㄍㄥˇ

①念ㄐㄧㄥˇ，如：（名）頸項，頭頸。

②念ㄍㄥˇ，如：（名）脖頸子（頸之後部）。

【鋸】①ㄐㄩˋ ②ㄐㄩ

①念ㄐㄩˋ，如：（名）大鋸（木匠用

具），鋸條，鋸齒，電鋸（電動之鋸也），鋸末（鋸木之木屑）。（動）鋸木頭，鋸斷。

②念ㄐㄩ，如：（動）鋸碗，鋸鍋（1鋸補破鍋，2使之離而復合）。

（例）用鋸ㄐㄩˋ怎麼能鋸ㄐㄩ碗兒哪。

【親】①ㄑㄧㄣ ②ㄑㄧㄥˋ

①念ㄑㄧㄣ，如：（名）雙親，親族，親戚，親事。（副）親自，親眼，親手兒，親身，親口。（動）親近，親嘴兒，親君子。（形）親愛，親近，親密，親熱。

②念ㄑㄧㄥˋ，如：（名）親家（夫妻之雙方父母對稱，叫兒女親家）。「百官四姓，親家婦女」（見後漢書）。

（例）我嫂子的親ㄑㄧㄣ生母，我稱她親ㄑㄧㄥˋ娘，我們是親ㄑㄧㄣ戚。

【彊】①ㄑㄧㄤˊ ②ㄑㄧㄤˇ ③ㄐㄧㄤˋ

①念ㄑㄧㄤˊ（同强），如：（形）彊志（猶强記，謂記憶力特强，如：「博文彊志」見史記），彊弩之末（盛勢就衰之喻，見漢書），天下固畏齊之彊也（見孟子）。（名）彊禦（謂豪强多力，見詩經），彊梁（强橫，如「彊梁者不得其死」見說苑）。

②念ㄑㄧㄤˇ（同强），如：（副）勉彊。

③念ㄐㄧㄤˋ（同强），如：（形）彊顏（謂不知恥辱，如「所謂彊顏耳」見漢書）。（又讀ㄑㄧㄤˇ ㄧㄢˊ）。

【嬛】①ㄑㄩㄥˊ ②ㄒㄩㄢ ③ㄏㄨㄢˊ

①念ㄑㄩㄥˊ，如：（形）「嬛嬛在疚」，見詩經，無所依怙之意，同「煢煢」「惸惸」。

②念ㄒㄩㄢ，如：（形）嬛佞（謂輕佻而長於口才，如「質性嬛佞」見史記）。

③念ㄏㄨㄢˊ，如：（名）嫏嬛（亦作瑯嬛，天帝藏書處），ㄚ（ㄧㄚ）嬛兒（ㄏㄨㄚㄦ），同「ㄚ鬟」，俗稱婢女曰ㄚ嬛。

【歙】①ㄒㄧˋ ②ㄕㄜˋ

①念ㄒㄧˋ（與「吸」「翕」並通），如：（形）歙習（同「翕習」，舒緩貌），歙歙（同「翕翕」，謂小人黨與之合，或曰不善之貌）。（名）歙艴，赤色也，「丹桂歙艴而電烻」，見王延壽賦。

②念ㄕㄜˋ，如：（名）歙縣（安徽縣名），歙硯，江西婺源縣歙溪所產之歙石，製成之硯。

【賢】①ㄒㄧㄢˊ ②ㄒㄧㄢˋ

①念ㄒㄧㄢˊ，如：（形）賢人，賢士

，賢者，賢能，賢哲，賢良，賢德（善良之品行），賢弟，賢甥，賢妻，賢內助。（動）賢勞（劬勞，如「此莫非王事，我獨賢勞也」見孟子）。（名）姓賢。

②念ㄒㄧㄢˋ（孔，穿，「五分其轂之長，去一以爲賢」見攷工記）。

【縣】①ㄒㄧㄢˋ　②ㄒㄩㄢˊ

①念ㄒㄧㄢˋ，如：（名）縣長，縣政府，縣官，縣印，縣令，知縣（舊稱縣長）。

②念ㄒㄩㄢˊ（通懸）。

（例）縣ㄒㄧㄢˋ長室縣ㄒㄩㄢˊ掛一方縣ㄒㄧㄢˋ印。

【興】①ㄒㄧㄥ　②ㄒㄧㄥˋ

①念ㄒㄧㄥ，如：（動）興兵，興革，興學，興辦，復興，時興（盛行，流行）。（形）興盛，興旺，興奮，興隆。（副）興許（或許），不興（不許）。

②念ㄒㄧㄥˋ，如：（名）興趣，興致，興味，興頭兒。（形）高興。（副）興匆匆。

（例）他的生意興ㄒㄧㄥ隆，所以興ㄒㄧㄥˋ致很好。

【醒】①ㄒㄧㄥˇ　②ㄒㄧㄥ

①念ㄒㄧㄥˇ，如：（動）清醒，酒醒，醒覺，醒悟，醒目，醒世。

②念ㄒㄧㄥ（又讀）。

【學】①ㄒㄩㄝˊ　②ㄒㄧㄠˊ

①念ㄒㄩㄝˊ，如：（動）學習。（名）學校，學生，學年，學期，學業，學分，學問，學友，學徒，學長，學究，學籍。

②念ㄒㄧㄠˊ，如：（動）學買賣（學徒），學舌，學好了，學說。

（例）學ㄒㄩㄝˊ生怎能不學ㄒㄧㄠˊ好呢？

【諼】①ㄒㄩㄢ　②ㄕㄨㄢˋ

①念ㄒㄩㄢ，如：（動）「虛造詐諼之策」，欺詐也，見漢書。「永矢弗諼」見詩經，諼，忘也。與「萱」通，如：（名）「焉得諼草」見詩經。

②念ㄕㄨㄢˋ，如：（動）他把人諼了（俗亦作「涮」），戲以謊言欺騙之謂也。

【遲】①ㄔˊ　②ㄓˋ

①念ㄔˊ，如：（形）遲鈍，遲莫（遲暮）。（動）遲緩，遲疑，遲誤，遲延。（副）遲遲。（名）姓。

②念ㄓˋ，如：（動）朕思遲直士（見後漢書，待，望也），遲帝還，趙王死，（見漢書，及也）。（副）將也，如：遲明，遲旦。

（例）天遲ㄓˋ明矣，勿再遲ㄔˊ延。

【燒】①ㄕㄠ　②ㄕㄠˋ

①念ㄕㄠ，如：（動）燃燒，燒飯，燒茶，燒火，發燒（人體溫度過高

），燒死了（譏人乍遇富貴或得意事，而忘形胡爲，或竟自促壽命）。（名）燒餅，燒酒，燒賣。

②念ㄕㄠˋ，如：（名）野燒（焚燒野草）。「野燒明山郭」（見嚴維詩），野火紅於燒（白居易詩）。

（例）焚燒ㄕㄠ野草之火和燐火，都叫野燒ㄕㄠˋ。

【踹】①ㄕㄨㄢˋ ②ㄔㄨㄞˋ

①念ㄕㄨㄢˋ，如：（動）踹足而怒（躍也，見淮南子）。（名）足跟也，見玉篇。

②念ㄔㄨㄞˋ，如：（動）踹開門（踢）。踹營（蹂踏之），被人給踹了（破壞）。

註：踹ㄔㄨㄞˋ，辭源釋爲「足跟用力著地也」。按：以足尖用力著物曰踢，以腳掌脚跟用力著物曰踹。

【擇】①ㄗㄜˊ ②ㄓㄞˊ

①念ㄗㄜˊ，如：（動）選擇，擇吉開，張，擇鄰，擇交（選擇良友），牛羊何擇焉（分別，見孟子）。

②念ㄓㄞˊ（又讀），如：（動）擇席（遷易臥處，則睡眠不安，謂之擇席），擇食（偏食），擇刺（食魚而檢去其刺），擇日子（卜也），擇毛兒（吹毛求疵），擇手貨（謂選剩之劣品，亦稱擇手），擇乾淨（謂卸脫責任），擇不開（分解不開）。

【操】①ㄘㄠ ②ㄘㄠˋ ③˙ㄘㄠ

①念ㄘㄠ，如：（名）操行，操守，節操，琴操，操場，姓操。（動）操刀，操演，操練，操舟，操××業（從事），操××音（說），操心，操神，操縱。

②念ㄘㄠˋ（又讀）（北平不用此音）。

③念˙ㄘㄠ，如：（名）曹操。

（例）呂伯奢是曹操˙ㄘㄠ操ㄘㄠ刀殺的。

【錯】①ㄘㄨㄛˋ ②ㄘㄨˋ

①念ㄘㄨㄛˋ，如：（名）錯子，錯刀，他山之石可以爲錯（磨刀石，見詩經），錯亂，錯誤，錯覺，錯兒，錯處，錯綜。（動）犬牙交錯，錯車。（副）錯愛，錯怪。

②念ㄘㄨˋ，如：（動）錯直（安置）（同措）。「舉直錯諸罔」（論語）。

（例）錯ㄘㄨˋ置念錯ㄘㄨˋ是不錯ㄘㄨㄛˋ的，不過現在通讀爲錯ㄘㄨㄛˋ了。

【遺】①ㄧˊ ②ㄨㄟˋ

①念ㄧˊ，如：（動）拾遺，小遺，遺失，遺忘，遺忽，遺傳，遺棄，遺落，遺憾，遺恨，遺愛（見左傳），遺囑，遺產，遺風。

②念ㄨㄟˋ，如：（動）遺書（以書信與人之謂），遺贈，爾有母遺（左傳）。（名）姓。

（例）遺ㄨㄟˋ書是以書信與人，不是

遺一ˊ失書籍。

【燕】①一ㄢˋ ②一ㄢ

①念一ㄢˋ，如：(名)燕子，小燕兒，燕窩，趙飛燕(古美女名)。(副)燕居，燕息，燕好。(動)燕享(同宴饗)(同宴，讌)。

②念一ㄢ，如：(名)燕國(戰國七雄之一)，燕丹(燕王喜之太子)，燕京(北平)，姓燕，燕京大學。

(例)燕一ㄢ王愛吃燕一ㄢˋ窩。

【豫】①ㄩˋ ②ㄒ一ㄝˋ

①念ㄩˋ，如：(名)姓豫，豫山(在河南省)，豫州(古九州之一)，河南省之別稱。(動)干豫，豫附(謂心悅而歸向，見史記)，豫政(與聞政事，見後漢書)，吾王不豫，吾何以助(見孟子)，豫，遊也)。(形)猶豫，豫怠(謂貪安樂而怠懈，見書經)。又同「預」，如：(副)豫先，豫防，豫備，豫料。

②念ㄒ一ㄝˋ，如：(名)豫則鉤楹內(見儀禮，與「榭」通)。

【擁】①ㄩㄥˇ ②ㄩㄥ

①念ㄩㄥˇ，如：(動)擁抱，擁護，擁擠，蜂擁直上。

②念ㄩㄥ(又讀)。

【噯】①ㄞˇ ②ㄞˋ

①念ㄞˇ，如：(嘆)噯！話不是那麼說(表否定)。

②念ㄞˋ，如：(嘆)噯！這年頭兒，大家都是如此(表傷感或痛惜)，噯呀(同「哎呀」)。

【薄】①ㄅㄛˊ ②ㄅㄠˊ ③ㄅㄛˋ

①念ㄅㄛˊ讀音，如：(形)薄田(不肥之田)，如履薄冰(見詩經，左傳，論語)，薄命，輕薄，淺薄，非薄，薄弱，薄禮，「其所厚者薄」(大學)，「時使薄斂」(中庸)，厚此薄彼(言待遇不平也)「薄責於人」(論語)。

②念ㄅㄠˊ語音，如：(名)薄厚，薄餅，薄脆(餅類)。

③念ㄅㄛˋ，如：(名)薄荷·ㄏㄜ，薄荷油，薄荷糖。

(例)拿一張薄ㄅㄠˊ紙，包一塊薄ㄅㄛˋ荷，這是送給您的薄ㄅㄛˊ禮。

【繃】①ㄅㄥ ②ㄅㄥˇ ③ㄅㄥˋ ④·ㄅㄥ

①念ㄅㄥ，如：(名)繃子(刺綉時用以撐緊布帛者)，繃帶，繃簧(機械上之彈簧)。(動)繃騙(欺騙)，繃繃場面(勉强敷衍局面)，繃衣裳邊(稀疏縫之)。

②念ㄅㄥˇ，如：(動)繃著臉兒(面無笑容)，繃不住(忍不住)。

③念ㄅㄥˋ，如：(動)繃開(裂開)。(名)繃磁兒(古磁器有龜裂紋)，繃鼓子(小鼓)。

④念．ㄅㄥ，如：（形）老繃（1.喻經久而堅固，2.喻人經事多老成持重）。
（例）老萊子繃ㄅㄥˇ件彩衣穿上，手持繃ㄅㄥˇ鼓兒，作兒戲娛親，他父母看見，繃ㄅㄥˇ不住笑了。

【避】①ㄅㄧˋ ②ㄅㄟˋ
①念ㄅㄧˋ，如：（名）避雷針。（動）逃避，躲避，避難，避暑。
②念ㄅㄟˋ（又讀），（動）避雨，避風。

【臂】①ㄅㄧˋ ②ㄅㄟˋ
①念ㄅㄧˋ，如：（名）臂膊（兩臂）。（動）臂助（幫助之意）。
②念ㄅㄟˋ，如：（名）胳臂。

【蟆】①ㄇㄚˊ ②．ㄇㄚ
①念ㄇㄚˊ，如：（名）蝦蟆（本音）。
②念．ㄇㄚ，如：（名）蝦蟆。

【繆】①ㄇㄡˊ ②ㄇㄧㄠˋ ③ㄇㄧㄡˋ ④ㄇㄨˋ
①念ㄇㄡˊ，如：（名）繆篆（新莽六書，第五種）。（形）綢繆（1.猶纏綿，2.使之堅固，3.花朵密貌）
②念ㄇㄧㄠˋ，如：（名）姓繆。
③念ㄇㄧㄡˋ，如：（形）繆巧（詐術與智巧），「臨邛令繆爲恭敬」詐也，見漢書。繆醜，秦檜死後寧宗改謚。考諸三王而不繆，同謬，見中庸。
④念ㄇㄨˋ通穆，（副）「孔子有所繆然思焉」深思也，見家語，關壯繆，人名，後人稱關羽。

【糜】①ㄇㄧˊ ②ㄇㄟˊ
①念ㄇㄧˊ，如：（名）姓糜，糜粥。（動）糜費（浪費），糜爛（謂如糜之爛，不可收拾，如「糜爛其民」見孟子，言蹂躪其民也）。
②念ㄇㄟˊ（語音又讀），如：（名）糜子（黍類，不黏）。

【謎】①ㄇㄧˊ ②ㄇㄟˋ ③ㄇㄧˋ
①念ㄇㄧˊ，如：（名）謎語，謎底，猜謎。
②念ㄇㄟˋ，如：（名）謎兒（謎語）。（又讀）。
③念ㄇㄧˋ（又讀）。
（例）猜謎ㄇㄧˊ兒，不能先看謎ㄇㄧˊ底。

【繁】①ㄈㄢˊ ②ㄆㄛˊ ③ㄆㄢˊ
①念ㄈㄢˊ，如：（形）繁華，繁盛，繁多，繁雜，繁瑣，繁重。（名）繁分數。
②念ㄆㄛˊ，如：（名）姓繁。
③念ㄆㄢˊ，如：（名）繁纓（馬肚帶）。
（例）繁ㄆㄛˊ先生工作很繁ㄈㄢˊ忙。

【縫】①ㄈㄥˊ ②ㄈㄥˋ
①念ㄈㄥˊ，如：（動）縫紉，縫衣服

。（名）裁縫·ㄈㄥ，縫工，縫紉機。

②念ㄈㄥˋ，如：（名）縫兒，門縫，窗戶縫，裂縫兒。

（例）你縫ㄈㄥˋ衣服，這裏要留個縫ㄈㄥˋ兒。

【檔】①ㄉㄤˋ ②ㄉㄤˇ

①念ㄉㄤˋ，如：（量）一檔子事。（名）檔案。

②念ㄉㄤˇ（又讀）。

【盪】①ㄉㄤˋ ②ㄊㄤˋ

①念ㄉㄤˋ，如：（動）盪滌，盪口，盪舟，盪寒（猶「搪寒」），「率騎出盪」，抵禦也，見宋史。（形）盪盪（空曠貌，如「聽其言洋洋滿耳，若將可遇，求之盪盪，如繫風捕影，終不可得」，見漢書）。

②念ㄊㄤˋ（同「趟」），如：走一盪。

【摺】①ㄌㄧㄝˊ ②ㄒㄧˊ ③ㄓㄜˊ

①念ㄌㄧㄝˊ，如：（名）「帛爲摺」，摺，袷衣也，見禮玉藻。

②念ㄒㄧˊ，如：（名）袴摺，騎服也古戎衣之異稱，「弓弩隊各五十人黑袴摺」（晉書輿服志）。

③念ㄓㄜˊ，如：（名）百摺裙，摺曲（地質學名詞，謂地殼因冷縮致地層成屈曲凹凸狀）。

【濤】①ㄊㄠˊ ②ㄊㄠ

①念ㄊㄠˊ，如：（名）波濤（波浪也），松濤（大的聲音，風吹松響，其聲如濤）。

②念ㄊㄠ（又讀）。

【擰】①ㄋㄧㄥˊ ②ㄋㄧㄥˇ ③ㄋㄧㄥˋ

①念ㄋㄧㄥˊ，如：（動）擰衣服，擰嘴，擰眉瞪眼（發怒貌）。

②念ㄋㄧㄥˇ，如：（動）擰開（扭之使開），擰葱（謂弄錯），擰了（1謂弄錯，2謂改廢）。（名）擰兒（意見不合）。

③念ㄋㄧㄥˋ，如：（形）擰脾氣（倔强），擰性，擰種（詈人性情倔强之稱）。

（例）他脾氣眞擰ㄋㄧㄥˋ，叫他寫字，他把鋼筆擰ㄋㄧㄥˇ壞了，氣的爸爸擰ㄋㄧㄥˊ他的胳臂。

【膿】①ㄋㄨㄥˊ ②ㄋㄥˊ

①念ㄋㄨㄥˊ，如：（名）流膿，膿血債（謂鞭笞之痛）。

②念ㄋㄥˊ（語音），如：（名）膿包（譏人之無用），瘡破了流膿。

【療】①ㄌㄧㄠˊ ②ㄌㄧㄠˋ

①念ㄌㄧㄠˊ，如：（動）治療，療養，診療，療飢（解餓，充飢），療貧（救貧）。

②念ㄌㄧㄠˋ（又讀）。

【瞭】①ㄌㄧㄠˇ　②ㄌㄧㄠˋ

①念ㄌㄧㄠˇ，如：（名）瞭如指掌。（動）瞭解，明瞭。（形）瞭亮，瞭然。

②念ㄌㄧㄠˋ，如：（動）瞭望，瞭哨，瞭高兒（1臨高瞭哨，2大店舖有專任巡迴監察之人，也叫瞭高兒的）。

（例）站在瞭ㄌㄧㄠˋ望臺上一看，就明瞭ㄌㄧㄠˇ了。

【磷】①ㄌㄧㄣˋ　②ㄌㄧㄣˊ　③ㄌㄧㄥˊ

①念ㄌㄧㄣˋ，如：（形）「磨而不磷」薄也，見論語。磷磷「磷磷爛爛，色采澔汗」，喻玉石之采色，見漢書司馬相如賦。（名）雲母別名，片片如紙，性柔有彈力，能耐火，有紅，白，黑三種。

②念ㄌㄧㄣˊ，如：（形）「汎汎東流水，磷磷水中石」通粼粼，水中見石貌，見文選劉楨詩。通「燐」非金屬化學固體原質之一。

②念ㄌㄧㄥˊ，如：（形）砰磷「徑入雷室之砰磷鬱律兮」，砰磷鬱律，雷聲也，見漢書司馬相如傳。

【歛】斂　①ㄌㄧㄢˋ　②ㄌㄧㄢˇ

①念ㄌㄧㄢˋ，如：（動）斂迹（不敢縱恣），斂步，斂足，斂容（正容），聚斂，斂財，斂怨（積怨）。（名）姓斂。

②念ㄌㄧㄢˇ（①（動）之又讀），如：（動）斂錢（收集錢財）。

（例）歛ㄌㄧㄢˋ先生為籌款勞軍去歛ㄌㄧㄢˇ錢。

【顆】①ㄎㄜ　②ㄎㄜˇ

①念ㄎㄜ，如：（量）一顆珍珠，顆粒（圓形物，一枚叫一顆），（名）顆顆珠，曲牌名。

②念ㄎㄜˇ（土塊）。

【檜】①ㄎㄨㄞˋ　②ㄍㄨㄟˋ

①念ㄎㄨㄞˋ，如：（名）檜木，檜柏，又與「鄶」通。

②念ㄍㄨㄟˋ（又讀），如：秦檜（宋朝的奸臣）。

【嚇】①ㄏㄜˋ　②ㄒㄧㄚˋ

①念ㄏㄜˋ，如：（動）恫嚇，恐嚇，嚇詐。（副）嚇嚇（笑聲），嚇殺

②念ㄒㄧㄚˋ，如：（動）嚇唬，嚇一跳，嚇掉魂，嚇著了（因受驚而昏迷不醒）。

（例）共匪把他恐嚇ㄏㄜˋ的驚嚇ㄒㄧㄚˋ失魂。

【還】①ㄏㄞˊ　②ㄏㄨㄢˊ　③ㄒㄩㄢˊ

①念ㄏㄞˊ（語音），如：（副）還有，還好，還是，還沒來。

②念ㄏㄨㄢˊ（讀音），如：（動）還家，還鄉，償還，歸還，還我河山

，還賬，還手兒，還原兒，還願。
（名）姓還。
③念ㄒㄩㄢˊ（同旋）。
（例）：還ㄏㄞˊ要多久，我們才能衣錦還ㄏㄨㄢˊ鄉啊？

【豁】①ㄏㄨㄛ　②ㄏㄨㄛˋ　③ㄏㄜˋ　④ㄏㄨㄚˊ

①念ㄏㄨㄛ，如：（動）豁命（拚命），豁出去（謂不顧成敗），豁著（1猶拚著，2猶寧可，寧願），豁鼻子（揭發秘密之謂）。（名）豁子（裂口），豁口子，豁口兒，豁子嘴兒（謂口唇有缺口之人）。
②念ㄏㄨㄛˋ，如：（動）豁免（免除），豁蕩（言無拘束）。（形）豁達。（副）豁如，豁然開朗。
③念ㄏㄜˋ，如：（形）豁亮（寬敞明亮）。
④念ㄏㄨㄚˊ，如：（動）豁拳（同「划拳」）即拇戰。

【獲】①ㄏㄨㄛˋ　②ㄏㄨㄞˊ

①念ㄏㄨㄛˋ，如：（動）獲得，獲罪，不獲（不能）。（名）臧獲（女奴）。
②念ㄏㄨㄞˊ，如：（名）獲鹿（河北省縣名）。
（例）我勦匪時在獲ㄏㄨㄞˊ鹿縣獲ㄏㄨㄛˋ得很大的勝利。

【濟】①ㄐㄧˋ　②ㄐㄧˇ

①念ㄐㄧˋ，如：（動）救濟，濟事，濟貧，濟世，濟急。（名）姓濟，濟公傳（小說名）。
②念ㄐㄧˇ，如：（名）濟南，濟水（源出河南），濟陽（山東縣名）。（形）濟濟（衆多貌），人才濟濟，濟濟多士。
（例）我們現在是人才濟濟ㄐㄧˇ，早日反攻，去救濟ㄐㄧˋ大陸上的苦難同胞吧。

【謙】①ㄑㄧㄢ　②ㄑㄧㄢˋ

①念ㄑㄧㄢ，如：（形）謙遜，謙讓，謙和，謙虛，謙恭。
②念ㄑㄧㄢˋ（與「慊」通，滿足也），如：「此之謂自謙」見大學。

【蹌】①ㄑㄧㄤ　②ㄑㄧㄤˋ

①念ㄑㄧㄤ，如：（形）「濟濟蹌蹌」（威儀，見詩經），鳥獸蹌蹌（舞貌，見書經），啾啾蹌蹌（行貌，見揚雄賦），巧趨蹌兮（巧趨貌，見詩經），蹌捍凌越（馬疾走貌，見傅毅賦）。
②念ㄑㄧㄤˋ，如：（形）踉蹌（同「踉蹡」行不正貌，如「君來好呼出，踉蹌越門限」見韓愈詩）。

【趨】①ㄑㄩ　②ㄘㄨˋ

①念ㄑㄩ，如：（動）趨向，趨奉，趨附，趨利，趨承，趨時，趨勢，趨炎附勢。
②念ㄘㄨˋ（同趣，促也）。
（例）趨ㄑㄩ前趨ㄘㄨˋ請。

【禧】①ㄒㄧ ②ㄒㄧˇ
①念ㄒㄧ，如：(名)新禧，年禧，恭禧(向人道賀，亦曰恭禧)。
②念ㄒㄧˇ(又讀)。

【戲】①ㄒㄧˋ ②ㄏㄨ ③ㄏㄨㄟ
①念ㄒㄧˋ，如：(動)戲弄，遊戲，調戲，兒戲，戲耍。(名)戲劇，戲院，戲法兒(魔術也)。姓戲。
②念ㄏㄨ，如：(嘆)於戲(同嗚呼)。
③念ㄏㄨㄟ(同麾)，如：(名)戲戟(古時武器)。
(例)於ㄨ戲ㄏㄨ！共匪這臺沐猴戲ㄒㄧˋ卽將終場嘍。

【鮮】①ㄒㄧㄢ ②ㄒㄧㄢˇ ③・ㄒㄧㄢ ④ㄒㄧㄢˋ
①念ㄒㄧㄢ，如：(名)朝鮮，鮮薑，鮮菜，鮮魚，鮮卑，姓鮮，鮮于(複姓)，鮮味(美味)。(形)新鮮，鮮美，鮮明，鮮亮，鮮血，鮮紅。
②念ㄒㄧㄢˇ，如：(形)鮮(少也)，鮮仁矣(論語)，鮮民(謂無父母窮獨之民，見詩經)，君子之道鮮矣(盡也，見易繫辭)。「其爲人也孝弟，而好犯上者鮮矣」(論語)。
③念・ㄒㄧㄢ，如：(形)新鮮(1鮮美也，2奇異也)。
④念ㄒㄧㄢˋ與「獻」通，天子乃鮮羔開氷(禮)。
(例)姓鮮ㄒㄧㄢ的那小子，本質不壞，可是一當了共匪就寡廉鮮ㄒㄧㄢˇ恥，你說多新鮮・ㄒㄧㄢ哪。

【輾】①ㄓㄢˇ ②ㄋㄧㄢˇ
①念ㄓㄢˇ，如：(動)輾轉(1循環反覆，2謂非直接)。
②念ㄋㄧㄢˇ(同「碾」)。

【賺】①ㄓㄨㄢˋ ②ㄗㄨㄢˋ
①念ㄓㄨㄢˋ，如：(動)賺錢。(名)賺頭兒(猶言贏利)。
②念ㄗㄨㄢˋ，如：(動)賺騙，賺弄，賺人，賺傻子，叫人賺了(以詐術騙人叫賺，此處是被人以詐術所騙之意)。
(例)用賺ㄗㄨㄢˋ人的方法賺ㄓㄨㄢˋ錢，眞無恥。

【禪】①ㄔㄢˊ ②ㄕㄢˋ
①念ㄔㄢˊ，如：(名)禪林(寺院)，禪房，禪堂，禪機，禪師(和尚之尊稱)。
②念ㄕㄢˋ，如：(動)禪讓(謂以君位讓於他人)。
(例)皇帝因頗參ㄘㄢ禪ㄔㄢˊ而禪ㄕㄢˋ位了。

【蟀】①ㄕㄨㄞˋ ②ㄕㄨㄛˋ
①念ㄕㄨㄞˋ，如：(名)蟋蟀。
②念ㄕㄨㄛˋ(讀音)。

【孺】①ㄖㄨˊ　②ㄖㄨˋ

①念ㄖㄨˊ，如：(名)孺子，孺人(1古稱大夫之妻，2妻之通稱，3.夫人)，婦孺。(動)孺慕(謂極誠懇如小兒之慕父母)。

②念ㄖㄨˋ(又讀)。

【縱】①ㄗㄨㄥˋ　②ㄗㄨㄥ　③ㄗㄨㄥˇ

①念ㄗㄨㄥˋ，如：(動)放縱，縱容，縱使，縱姿，操縱。(副)縱談(盡情說)，縱言(見禮記)。(連)縱使，縱令，縱然。

②念ㄗㄨㄥ，如：(名)縱貫，縱橫，縱隊。

③念ㄗㄨㄥˇ，如：(副)縱縱(1急遽趨事貌，見禮記。2衆，如「般縱縱」見漢書)。(動)縱臾(猶慫恿，如「日夜縱臾王謀反事」見漢書)。

(例)把孩子縱ㄗㄨㄥˋ的不學好，受人家縱ㄗㄨㄥˇ臾在縱ㄗㄨㄥ貫線的鐵軌上，擺石頭惹出了車禍。

【臊】①ㄙㄠ　②ㄙㄠˋ

①念ㄙㄠ，如：(形)臊氣(腥臭之氣)，臊聲(醜惡之名聲，如「臊聲布於朝野」見北史)，臊韃子(舊日戲稱蒙古土人)。

②念ㄙㄠˋ，如：(形)害臊(害羞)，臊的臉通紅，臊的慌(可羞)。(名)臊子(肉末)。

(例)罵她臊ㄙㄠ老婆，她都不害臊ㄙㄠˋ。

【縮】①ㄙㄨˋ　②ㄙㄨㄛ

①念ㄙㄨˋ(讀音)，名：(動)縮手(猶言袖手)，縮鼻(譏笑他人之貌)，縮酒(謂漉酒去滓，語見左傳)，縮祭(陪祭)。(名)自反而縮(見孟子，直也)，「縮版以載」以繩約束之，見詩經。

②念ㄙㄨㄛ(語音)，如：(動)收縮，縮小，退縮，縮頭縮腦，縮手縮腳，縮合·ㄏㄜ(收斂縮小之意)。(名)縮尺(比例尺)。縮圖器，畫家用具。

【雖】①ㄙㄨㄟ　②ㄙㄨㄟˊ

①念ㄙㄨㄟ，如：(連)雖然，雖不。

②念ㄙㄨㄟˊ(又讀)。

【斁】①ㄧˋ　②ㄉㄨˋ

①念ㄧˋ，如：(動)「服之無斁」(斁，厭也，見詩經)。(動)「庸鼓有斁」盛也，見詩經。

②念ㄉㄨˋ，如：(動)「彝倫攸斁」敗也，見書經，洪範。

【繇】①ㄧㄡˊ　②ㄧㄠˊ　③ㄓㄡˋ

①念ㄧㄡˊ(通「由」)。

②念ㄧㄠˊ(通「徭」如「省繇賦」見漢書，又與「陶」通，如「咎繇」即「皋陶」)。

③念ㄓㄡˋ卦兆之占辭。

【隱】①ㄧㄣˇ ②ㄧㄣˋ

①念ㄧㄣˇ，如：（名）隱情，民隱，隱語（謎語），隱力，隱士，隱痛。（動）隱藏，隱瞞，隱慝。（形）隱約，惻隱，隱隱。

②念ㄧㄣˋ，如：隱几而臥（見孟子，憑，倚）。

（例）這位隱ㄧㄣˇ士，隱ㄧㄣˋ几而臥。

【應】①ㄧㄥ ②ㄧㄥˋ

①念ㄧㄥ，如：（副）應當，應該，應有盡有，應用。

②念ㄧㄥˋ，如：（動）答應，應付，應對，應變，應酬。（名）姓應。

（例）快反攻了，現在應ㄧㄥ該有應ㄧㄥˋ變的準備。

【檳】①ㄅㄧㄣ ②ㄅㄧㄥ

①念ㄅㄧㄣ，如：（名）檳榔，常綠喬木。

②念ㄅㄧㄥ（又讀）。

【瀑】①ㄆㄨˋ ②ㄅㄠˋ

①念ㄆㄨˋ，如：（名）瀑布。

②念ㄅㄠˋ（疾雨）。

【嚜】①ㄇㄛˋ ②˙ㄇㄜ ③ㄇㄚㄎ

①念ㄇㄛˋ，如：（副）嚜嚜（不自得之意，或通作「嘿嘿」「默默」及「墨墨」）。

②念˙ㄇㄜ，如：（助）我是爛熟了的嚜（見牡丹亭，表決定意之助詞）。

③念ㄇㄚㄎ（Mark）英文「商標」之譯音，粵地有此讀法。

【謬】①ㄇㄧㄡˋ ②ㄋㄧㄡˋ

①念ㄇㄧㄡˋ，如：（形）言論荒謬，謬論，喻語荒唐無據也：謬誤，言錯誤也。

②念ㄋㄧㄡˋ（又讀）。

【壘】①ㄌㄟˇ ②ㄌㄩˋ

①念ㄌㄟˇ，如：（名）堡壘，壘球（類似棒球），壘塊（謂不平，如「胸中壘塊，故須以酒澆之」見世說）。（形）壘壘（塚相次貌）。

②念ㄌㄩˋ，如：（名）神荼鬱壘（門神）。

【藍】①ㄌㄢˊ ②˙ㄌㄚ

①念ㄌㄢˊ，如：（名）藍色，藍本，藍圖，蔚藍，天藍，姓藍。

②念˙ㄌㄚ，如：（名）苤藍。

（例）藍ㄌㄢˊ先生！苤藍˙ㄌㄚ是藍ㄌㄢˊ色的嗎？

【釐】①ㄌㄧˊ ②ㄒㄧ

①念ㄌㄧˊ，如：（名）釐（尺之千分之一，畝之百分之一，兩之千分之一）。（動）釐定（訂），釐正，釐降（謂下嫁，見書經）。

②念ㄒㄧ，如：（名）年齹，新齹（福也）。

【臨】①ㄌㄧㄣˊ ②ㄌㄧㄣˋ

①念ㄌㄧㄣˊ，如：（動）居高臨下，登臨，光臨，駕臨，臨摹，臨帖，臨潁神馳。臨崖勒馬（喻將至危險之境而自制），臨存（省問，見漢書），臨問（親往問候），臨幸（天子親至其地），臨窗（靠窗）。（形）臨時。（副）臨別，臨難，臨了兒（臨末也），臨危，臨渴掘井。（名）臨潼（陝西省縣名），姓臨。

②念ㄌㄧㄣˋ（衆哭曰臨），如：「卜臨於大宮」見左傳，「哀臨三日」見漢書。

【濼】①ㄌㄨㄛˋ ②ㄅㄛˊ ③ㄆㄛˋ

①念ㄌㄨㄛˋ，濼水（發源山東歷城縣西北）。

②念ㄅㄛˊ（同「泊」，湖澤）。

③念ㄆㄛˋ（②之又讀）。

【歸】①ㄍㄨㄟ ②ㄎㄨㄟˋ

①念ㄍㄨㄟ，如：（動）歸家，歸鄉，衣錦榮歸，歸還，于歸，歸寧，歸順，歸附，歸併，歸咎（委過於人），歸著˙ㄓㄨㄛ（安排收拾），歸了包堆ㄗㄨㄟ（總計）。（名）姓歸，歸除（珠算二位以上之除法）。

②念ㄎㄨㄟˋ，1同「饋」，如：「齊人歸女樂」見論語，「歸孔子豚」，饋也，見論語。2同「愧」，如：「面有歸色」見戰國策。

【鎬】①ㄏㄠˋ ②ㄍㄠˇ

①念ㄏㄠˋ，如：（名）鎬京（古地名，今陝西長安縣西，爲周武王建都之地）。酒器。（形）鎬鎬（光明貌，如「故其華表則鎬鎬鑠鑠」見何晏賦）。

②念ㄍㄠˇ，（名）農器似鋤，便於刨土。

【鵠】①ㄏㄨˊ ②ㄍㄨˇ

①念ㄏㄨˊ，如：（名）鴻鵠（鳥名，俗稱天鵝）。（形）鵠髮（猶言白髮）。（副）鵠立，鵠候（敬候），鵠望（喻引頸而望），鵠企，鵠侍（直立於側）。

②念ㄍㄨˇ，如：（名）鵠的，習射的目標。鵠子（即鵠的），失諸正鵠，見中庸。

【穢】①ㄏㄨㄟˋ ②ㄨㄟˋ

①念ㄏㄨㄟˋ，如：（形）汚穢，穢史，穢亂（淫亂），穢德（猶言惡德，如：「穢德彰聞」，見書經），覺我形穢（陋也，見晉書）。（名）蕪穢（田中雜草）。

②念ㄨㄟˋ（又讀）。

【藉】①ㄐㄧㄝˋ ②ㄐㄧˊ

①念ㄐㄧㄝˋ，如：（動）枕藉「相與

枕藉乎舟中」（見蘇軾赤壁賦），藉口，藉端，藉故，藉詞，憑藉，慰藉，醞藉（寬容），藉萋萋之纖草（藉，薦也，臥也）。（連）藉使，藉令。

②念ㄐㄧˊ，如：（形）藉藉，杯盤狼藉（零亂也）。（名）姓，藉偃（晉大夫）。

（例）藉ㄐㄧㄝˋ故給弄的杯盤狼藉ㄐㄧˊ。

【檻】①ㄐㄧㄢˋ　②ㄎㄢˇ

①念ㄐㄧㄢˋ，如：（名）闌檻（軒窗下以板爲闌者），檻車（1.有闌檻而裝載禽獸之車，2.囚禁罪人之車），獸檻。（副）檻檻（車行聲，見詩經）。

②念ㄎㄢˇ，如：（名）門檻。

（例）那囚犯邁出了門檻ㄎㄢˇ就上了檻ㄐㄧㄢˋ車。

【騎】①ㄑㄧˊ　②ㄐㄧˋ

①念ㄑㄧˊ，如：（動）騎馬，騎車，騎馬難下。（名）騎縫，騎牆派。

②念ㄐㄧˋ，如：（名）騎兵，騎士，騎從，單人獨騎，騎刼（戰國時燕大將名）。

（例）騎ㄐㄧˋ兵都騎ㄑㄧˊ著馬。

註：騎兵，俗多誤讀爲ㄑㄧˊ兵。

【翹】①ㄑㄧㄠˊ　②ㄑㄧㄠˋ

①念ㄑㄧㄠˊ，如：（動）翹首，翹企，翹足。（形）翹楚（特出之人才），翹材（高才，長才），翹翹（高貌，衆多貌，危貌，遠貌），翹棱．ㄌㄥ（物不平，如：「這塊板子晒翹棱了」）。（名）鳥尾長毛曰翹。

②念ㄑㄧㄠˋ，如：（動）翹起（突起，高起），翹辮子（俗謂死，此語通行於南方）。

【鎗】①ㄑㄧㄤ　②ㄔㄥ

①念ㄑㄧㄤ，如：（名）手鎗，機關鎗（同槍）。

②念ㄔㄥ鐘聲也，如：（形）「有竊其鐘負而走者，鎗然有聲」見淮南子。「但能紀其鏗鎗鼓舞」樂器聲，見漢書。（名）酒鎗，三足溫酒器，見南史。

【瞿】①ㄑㄩ　②ㄑㄩˊ　③ㄐㄩˋ

①念ㄑㄩ（姓）。

②念ㄑㄩˊ（①之又讀）。

③念ㄐㄩˋ（副）驚視貌，瞿然。

【闕】①ㄑㄩㄝˋ　②ㄑㄩㄝ

①念ㄑㄩㄝˋ，如：（名）宮闕，天闕，闕下（宮闕之下，以代天子之稱，如「上書闕下」見史記），闕里（孔子之故里），伊闕（山名，洛陽縣南）。

②念ㄑㄩㄝ，如：（名）闕失（過失），闕翟ㄉㄧˊ（古祭衣）。（動）闕翦（摧毀之意，見左傳），闕疑（有所疑問而暫置以待解決）。又

通「缺」，如：（形）闕字（謂詩文中脫漏之字），闕如（空缺之謂，如言尙付闕如）。
（例）鈔一遍滿江紅詞，鈔到朝天闕ㄑㄩㄝ，一字不闕ㄑㄩㄝ。

【轉】①ㄓㄨㄢˇ ②ㄓㄨㄢˋ
①念ㄓㄨㄢˇ，如：（動）轉讓，轉業，轉移，轉變，轉運，轉手，轉交，轉學，轉瞬。
②念ㄓㄨㄢˋ，如：（動）轉圈子，團團轉，轉磨（遇困難而失所措之謂），連軸兒轉，轉向（迷失方向，或謂思想傾向之轉變），轉心（變心也）。
（例）一轉ㄓㄨㄢˇ眼，他轉ㄓㄨㄢˋ了仨ㄙㄚ圈兒ㄑㄩㄚㄦ。

【闖】①ㄔㄣˋ ②ㄔㄨㄤˇ ③ㄔㄨㄤˋ
①念ㄔㄣˋ，如：（副）開之則闖然公子陽生也（見公羊傳，出頭貌）。
②念ㄔㄨㄤˇ，如：（動）闖進去（突入），闖鍊（鍊達世事），闖江湖，闖大運，闖光棍（江湖無賴之流，逞強爭勝，稱長其儕，謂之闖光棍）。（名）闖王（明末流寇李自成）。
③念ㄔㄨㄤˋ，如：（動）闖禍（亦讀ㄔㄨㄤˇ），闖喪（斥人無事浪游）。

【儲】①ㄔㄨˊ ②ㄔㄨˇ
①念ㄔㄨˊ，如：（名）姓儲，儲君（太子），儲貳（太子），儲胥（僕婢）。（動）儲蓄，儲藏，儲積。
②念ㄔㄨˇ（又讀）。

【雙】①ㄕㄨㄤ ②ㄕㄨㄤˋ
①念ㄕㄨㄤ，如：（量）一雙。（形）雙方，雙親，雙生，雙重，雙雙對對，雙管齊下。（名）雙十節。
②念ㄕㄨㄤˋ，如：（名）姓雙，雙棒兒（孿生子）。
（例）這雙ㄕㄨㄤ皮鞋是雙ㄕㄨㄤˋ先生的。

【繒】①ㄗㄥ ②ㄗㄥˋ
①念ㄗㄥ（名）姓。絲織物之總稱。（形）繒綾（不平貌，如「崱繒綾面龍鱗」見王延壽賦）。
②念ㄗㄥˋ（動）繒束，緊纏。（副）繒綳ㄅㄥ（擁束堅固貌）。

【藏】①ㄘㄤˊ ②ㄗㄤˋ
①念ㄘㄤˊ，如：（動）收藏，儲藏，埋藏，躲藏，捉迷藏，藏起來。
②念ㄗㄤˋ，如：（名）西藏，寶藏，「寶藏興焉」（中庸），庫藏，藏經，唐三藏，五藏廟。
（例）寶藏ㄗㄤˋ都隱藏ㄘㄤˊ在地下。

【叢】①ㄘㄨㄥˊ ②ㄘㄨㄥ
①念ㄘㄨㄥˊ，如：（名）叢林，禪林也，又叢密之林木也。姓氏。叢書，集錄羣書，或曰叢刊。叢薄（喻草木叢雜之處）。（動）叢集，集

聚各種東西於一起。
②念ㄘㄨㄥ（又讀）。

【曜】①ㄧㄠˋ ②ㄩㄝˋ
①念ㄧㄠˋ，如：（名）曜魄，稱北斗星。曜靈，謂太陽，見楚辭。
②念ㄩㄝˋ（又讀）。

【魏】①ㄨㄟˋ ②ㄨㄟˊ
①念ㄨㄟˋ，如：（名）姓魏，戰國時國名（七雄之一），三國時國名之一，後魏。
②念ㄨㄟˊ（同「巍」），如：（副）魏然而已矣（見莊子，獨立貌），魏魏乎其終則復始也（見莊子，高大貌）。

【簸】①ㄅㄛˋ ②ㄅㄛˇ
①念ㄅㄛˋ，如：（名）簸箕．ㄐㄧ（亦讀ㄅㄛˋ．ㄑㄧ）。
②念ㄅㄛˇ，如：（動）簸米，簸揚，簸弄（猶播弄），簸盪（謂船在波浪中搖動）。
（例）用簸ㄅㄛˋ箕簸ㄅㄛˇ米。

【爆】①ㄅㄠˋ ②ㄅㄛˊ
①念ㄅㄠˋ，如：（名）爆竹，爆肚兒（亦作煲肚兒）。（動）爆發，爆炸，爆裂。
②念ㄅㄛˊ，如：（動）以火逼乾。灼燒。

【瀕】①ㄅㄧㄣ ②ㄆㄧㄣˊ
①念ㄅㄧㄣ，如：（副）瀕死，將死。瀕危，臨終，臨危也。
②念ㄆㄧㄣˊ又讀。

【簿】①ㄅㄨˋ ②ㄅㄛˊ
①念ㄅㄨˋ，如：（名）簿子，簿册，簿歷（履歷），鹵簿（亦作鹵部，謂儀仗）。（動）簿錄（謂查抄財產，見唐書劉晏傳）。
②念ㄅㄛˊ（同「箔」），1簾，2養蠶具，俗稱蠶簾。

【朦】①ㄇㄥˊ ②ㄇㄥ
①念ㄇㄥˊ，如：（形）朦朧（睡前兩眼睏倦狀），朦昧，朦朦（不明），朦瞍（目不明）。
②念ㄇㄥ，如：（動）朦騙，朦事（騙人），朦住（施欺騙之術而令人一時相信），朦著（猜中或徼倖而得之意）。（形）朦朦亮（兒）（天微明）。
（例）他雖兩目朦ㄇㄥˊ昧，可是叫他朦ㄇㄥ著了（無所憑據而猜中ㄓㄨㄥˋ了）。

【靡】①ㄇㄧˇ ②ㄇㄧˊ
①念ㄇㄧˇ，如：（動）披靡（順勢而倒）。（副）靡有（沒有），國難靡止（小也，見詩經）。（形）靡敝（衰敝），靡麗（奢華），淫靡，靡靡之音，靡曼（亦作靡嫚，謂美色或美麗）。
②念ㄇㄧˊ，如：（動）靡費（多餘之

消費），靡爛（卽糜爛）。

【蹲】①ㄉㄨㄣ　②ㄘㄨㄣˊ

①念ㄉㄨㄣ，如：（動）蹲著，蹲下。（名）蹲兒安（曲膝請安）（滿族女人之一種禮法）。

②念ㄘㄨㄣˊ（讀音）路不平，行時不愼，致足部關節疼痛，叫蹲ㄘㄨㄣˊ住了。

【難】①ㄋㄢˊ　②ㄋㄢˋ　③ㄋㄨㄛˊ

①念ㄋㄢˊ，如：（形）困難，難題，難關，難兄難弟。（副）難得，難過，難受，難堪，難說，難爲，難爲情，難免，難看，難聽，難道（反詰副詞）。

②念ㄋㄢˋ，如：（名）災難，國難，難民。（動）留難，責難，問難，難人。

③念ㄋㄨㄛˊ，（盛貌），其葉有難（詩小雅，隰桑）。阿難，柔順貌，見詩小雅，隰桑。

（例）國難ㄋㄢˋ當頭，大家要克難ㄋㄢˊ。

【麗】①ㄌㄧˋ　②ㄌㄧˊ

①念ㄌㄧˋ，如：（形）美麗，華麗，麗質，麗藻。（動）附麗（附著）。（名）姓麗，其麗不億（見易經，數也）。

②念ㄌㄧˊ，如：（名）高麗，麗廔（牆壁窗戶之疎孔），不克開於民之麗（見書經，施也）。

（例）高麗ㄌㄧˊ的女孩子也很美麗ㄌㄧˋ。

【蠃】①ㄌㄨㄛˇ　②ㄌㄨㄛˊ

①念ㄌㄨㄛˇ，如：（名）蜾蠃（蜂名）。

②念ㄌㄨㄛˊ（同「螺」）。

【攏】①ㄌㄨㄥˇ　②ㄌㄨㄥˊ

①念ㄌㄨㄥˇ，如：（動）攏頭（梳髮），合攏，攏來，攏岸（泊船近岸），靠攏，攏共，攏計。（名）攏子（櫛）。

②念ㄌㄨㄥˊ，如：（動）「青蔥指甲輕攏撚」見晏殊詞。輕攏慢撚（琵琶之指法，謂上下以手按，見白居易詩）。

【穫】①ㄏㄨㄛˋ　②ㄏㄨˋ

①念ㄏㄨㄛˋ，如：（動）收穫。

②念ㄏㄨˋ，如：（名）焦穫（湖名，在今陝西省境內）。

（例）焦穫ㄏㄨˋ湖邊種稻子，收穫ㄏㄨㄛˋ甚豐。

【壞】①ㄏㄨㄞˋ　②ㄍㄨㄞˋ

①念ㄏㄨㄞˋ，如：（形）壞人，壞處，壞東西，壞良心，壞著ㄓㄠ兒（狡計），東西壞了。（動）破壞，壞鈔（破費）。

②念ㄍㄨㄞˋ，如：（動）壞大門及寢門而入（見左傳，毀也）。

（例）壞ㄍㄨㄞˋ大門，就是毀壞ㄏㄨㄞˋ

其大門。

【繳】①ㄐㄧㄠˇ ②ㄓㄨㄛˊ

①念ㄐㄧㄠˇ，如：（動）繳費，繳款，繳稅，繳械，繳清，繳納。

②念ㄓㄨㄛˊ，如：（動）繳射（見孟子）。

（例）要參加繳ㄓㄨㄛˊ射遊戲，還要繳ㄐㄧㄠˇ費。

註：繳讀ㄓㄨㄛˊ同繁見玉篇，按廣韻繳說文作繁，集韻繁或作繳。並與玉篇合易遯注矰繳不能及，疏云結繳於矢謂之繒繳。史記楚世家精繳蘭臺注云絲繩繫弋射鳥也並是其義。

【繮】①ㄐㄧㄤ ②ㄍㄤ

①念ㄐㄧㄤ，如：（名）繮繩，繫牛馬之繩。

②念ㄍㄤ（又讀）。

【鯨】①ㄐㄧㄥ ②ㄑㄧㄥˊ

①念ㄐㄧㄥ，如：（名）鯨魚。（副）鯨吞，喻强國併吞弱國。

②念ㄑㄧㄥˊ又讀。

【蹶】①ㄐㄩㄝˊ ②ㄐㄩㄝˇ

①念ㄐㄩㄝˊ，如：（動）一蹶不振，竭蹶（勉强支持）。（副）蹶然而起（驚而疾起之貌，見禮記）。

②念ㄐㄩㄝˇ，如：（動）尥蹶子（牲口揚後腿踢人），蹶窩˙ㄨㄛ（因營養欠佳而發育不足，如「把個孩子都餓蹶窩了」）。

【蹻】①ㄑㄧㄠ ②ㄐㄧㄠˇ ③ㄐㄩㄝ

①念ㄑㄧㄠ（同「蹺」），如：（名）踩高蹻，蹻工。（動）蹻足（舉足欲行，以喻為時極短）。

②念ㄐㄧㄠˇ，如：（形）蹻蹻（勇武貌，驕蹇貌），蹻勇（謂多力，如「以蹻勇聞」見唐書）。

③念ㄐㄩㄝˊ，如：（名）贏縢履蹻（見國策，屐也）。（副）蹻然不固（見呂覽，流行疾速貌）。

【鵲】①ㄑㄩㄝˋ ②ㄑㄧㄠˇ

①念ㄑㄩㄝˋ，如：（名）喜鵲，鳥名。鵲鏡，古鏡背刻鵲故名。鵲踏枝，曲牌名，鵲橋。鵲笑鳩舞，喻喜慶之狀。鵲巢鳩占，喻占據他人地位，見詩經。

②念ㄑㄧㄠˇ又讀。喜鵲，以口語習慣多念ㄒㄧˇ˙ㄑㄧㄠ。

【繫】①ㄒㄧˋ ②ㄐㄧˋ

①念ㄒㄧˋ，如：（名）繫囚（繫於獄中之囚犯）。（動）繫絆，繫戀，繫懷，繫腰，「焉能繫而不食」（懸也，見論語）。（名）籃子繫兒（筐籃之提樑）。

②念ㄐㄧˋ，如：（動）繫扣兒，繫鞋帶兒。

（例）繫ㄒㄧˋ裙腰，是詞牌名，不是把裙子繫ㄐㄧˋ在腰上。

【蟹】①ㄒㄧㄝˋ ②ㄒㄧㄝˇ

①念ㄒㄧㄝˋ，如：（名）螃蟹，蟹螺，喻高地，見荀子。

②念ㄒㄧㄝˇ又讀。

【轍】①ㄔㄜˋ ②ㄓㄜˊ

①念ㄔㄜˋ，如：（名）蘇轍（蘇洵次子，字子由，蘇軾之弟），車轍（車輪之迹），轍迹，重蹈覆轍，轍環天下（謂縱跡遍天下），轍鮒（魚在車轍中，離水必死，引喻人之窮困）。

②念ㄓㄜˊ（語音）。

【識】①ㄕˋ ②ㄓˋ ③·ㄕ ④ㄕˊ

①念ㄕˋ，如：（名）常識。（動）識別，相識，識字，識趣兒，識荆（「生不用封萬戶侯，但願一識韓荆州」見李白與韓荆州書，今人多本此以爲初次識面之敬辭）。

②念ㄓˋ，如：（名）標識（同誌）。

③念·ㄕ，如：（名）見識，知識，認識，熟識。

④念ㄕˊ（又讀）。

（例）認識·ㄕ這種標識ㄓˋ也算一種常識ㄕˊ。

【藥】①ㄧㄠˋ ②ㄩㄝˋ

①念ㄧㄠˋ，如：（名）藥水，藥粉，藥房，藥劑師，上藥。

②念ㄩㄝˋ，如：（名）姓藥。

【蘋】①ㄆㄧㄥˊ ②ㄆㄧㄣˊ

①念ㄆㄧㄥˊ，如：（名）蘋果。

②念ㄆㄧㄣˊ，如：（名）采蘋，青蘋（草名），蘋末（宋玉風賦「夫風生於地，起于青蘋之末」，故以蘋末謂風所起）。

（例）采ㄘㄞˇ蘋ㄆㄧㄣˊ是詩篇名，不是採蘋ㄆㄧㄥˊ果。

【鐓】①ㄉㄨㄟˋ ②ㄉㄨㄟˇ ③ㄉㄨㄣ ④ㄉㄨㄣˇ

①念ㄉㄨㄟˋ（名）戈矛下之銅鐏。公鐓（重量名，即十公石）。

②念ㄉㄨㄟˇ（名）千斤椎。

③念ㄉㄨㄣ（名）公鐓，猶①。

④念ㄉㄨㄣˇ（③之又讀）。

【騰】①ㄊㄥˊ ②ㄊㄥ ③·ㄊㄥ

①念ㄊㄥˊ，如：（動）奔騰，騰雲駕霧，騰躍，飛騰，騰空，騰達（發跡），騰笑（發人笑），騰挪（移動或掉換，每指款項或地位言），騰房子，騰功夫（讓出）。

②念ㄊㄥ，如：（副）騰地（猛然）。

③念·ㄊㄥ，如：翻騰，折騰。

【瀾】①ㄌㄢˊ ②ㄌㄢˋ

①念ㄌㄢˊ，如：（名）狂瀾（大波），瀾翻（喻作文或談話之層出不窮），瀾滄（1.雲南省縣名，2.江名源出西藏，3.山名，在雲南永北縣）。（副）瀾瀾（淚下貌）。

②念ㄌㄢˋ，如：（形）瀾漫（1.放失

，2淋漓貌），瀾汗（水浩大貌）。

②念ㄐㄧㄢˇ，如：（名）劣馬。

【礦】①ㄎㄨㄤˋ ②ㄍㄨㄥˇ

①念ㄎㄨㄤˋ，如：（名）礦物，礦產，礦苗，金礦，煤礦。

②念ㄍㄨㄥˇ（又讀）。

【覺】①ㄐㄩㄝˊ ②ㄐㄧㄠˋ

①念ㄐㄩㄝˊ，如：（名）知覺，視覺，聽覺，先覺（先知之人）。（動）覺悟，發覺，感覺，失覺，覺醒。

②念ㄐㄧㄠˋ，如：（動）睡覺。（例）睡了一覺ㄐㄧㄠˋ，你覺ㄐㄩㄝˊ得怎麼樣？

【騫】①ㄑㄧㄢ ②ㄐㄧㄢˇ

①念ㄑㄧㄢ，如：（動）騫騰（猶言飛騰，多以喻仕進），騫汚（猶言損辱，語見漢書），不騫不崩（虧也，見詩經），又同「搴」，「斬將騫旗」斬敵將拔敵旗，見詩經。（副）騫騫（飛翔貌，輕儇躁進貌）。

②念ㄐㄧㄢˇ，如：（名）劣馬。

【馨】①ㄒㄧㄣ ②ㄒㄧㄥ

①念ㄒㄧㄣ，如：（名）馨香，很遠的就聞到香氣。德馨，喻功德流芳久遠。

②念ㄒㄧㄥ又讀。

【嚷】①ㄖㄤˇ ②ㄖㄤ

①念ㄖㄤˇ，如：（動）嚷道（呼喚），嚷鬧（喧鬧）。

②念ㄖㄤ，如：（動）嚷嚷（謂喧嘩或大聲呼喚）。

【攘】①ㄖㄤˇ ②ㄖㄤˊ

①念ㄖㄤˇ，如：（副）攘攘（紛亂貌，如「天下攘攘，皆爲利往」，見史記，亦作壤壤）。（動）擾攘（擾亂，見漢書）。

②念ㄖㄤˊ，如：（動）攘奪，攘竊「其父攘羊」見論語。攘災（排除災害），攘夷狄（排斥外夷）（見論語）。攘辟（卻避，見禮記），攘場（農人收穫後播揚穀粒於場之謂），攘臂（奮臂而起），攘袂（奮起貌）。「攘之剔之」，除也見詩經。

【蠕】①ㄖㄨㄢˇ ②ㄖㄨˊ

①念ㄖㄨㄢˇ，如：（名）是無骨的軟體動物。（副）蠕動，喻如蟲微動。

②念ㄖㄨˊ又讀。

【鰓】①ㄙㄞ ②ㄒㄧˇ

①念ㄙㄞ，如：（名）魚鰓。

②念ㄒㄧˇ，如：（副）鰓鰓（憂懼貌，見漢書）。

【耀】①ㄧㄠˋ ②ㄩㄝˋ

①念ㄧㄠˋ，如：（動）炫耀，光耀。（名）榮耀。

②念ㄩㄝˋ又讀。

【蠡】①ㄌㄧˇ ②ㄌㄧˊ

①念ㄌㄧˇ，如：（名）蠡木蟲。（動）蟲齧木，謂器物用久剝落若蟲蝕者。

②念ㄌㄧˊ，如：（名）瓢蠡（瓠瓢），以蠡測海（見漢書，喻以淺見揣度）。

【露】①ㄌㄨˋ ②ㄌㄡˋ

①念ㄌㄨˋ，如：（名）露水，果子露，紅露酒。（形）暴露，露骨，露宿，露天，露營。

②念ㄌㄡˋ，如：（動）露出，顯露，露面，露臉，露相，露馬腳，露原形。

（例）大陸上實行「人民公社」，老百姓都得風餐露ㄌㄨˋ宿，毛賊的猙獰面孔，算露ㄌㄡˋ了一半了。

【鶴】①ㄏㄜˋ ②ㄏㄠˊ

①念ㄏㄜˋ，如：（名）仙鶴，鶴唳（鶴鳴），鶴宮（太子所居），鶴尊（酒器），鶴馭（仙人之車），鶴髮（白髮），鶴立雞羣（喻豪傑出衆）。（形）「白鳥鶴鶴」，肥澤貌，見孟子。

②念ㄏㄠˊ語音，如：仙鶴。

【嚼】①ㄐㄩㄝˊ ②ㄐㄧㄠˊ ③ㄐㄧㄠˋ

①念ㄐㄩㄝˊ，如：（動）咀嚼，嚼蠟（謂無味，如「味同嚼蠟」見楞嚴經）。

②念ㄐㄧㄠˊ（①之語音），如：（名）嚼用（家常用費），嚼裹兒（衣食），嚼子（馬勒口）。（動）嚼舌（撥弄是非），嚼舌根（1造謠說謊，2猶嚼舌），嚼蛆（詈胡言亂語者之詞）。

③念ㄐㄧㄠˋ，如：（動）倒ㄉㄠˇ嚼（俗謂動物反芻）。

【攜】①ㄒㄧ ②ㄒㄧㄝˊ

①念ㄒㄧ，如：（動）提攜，攜帶，攜手，攜貳（謂離心），杓攜龍角（連也，見漢書），招攜以禮（離也，見左傳）。

②念ㄒㄧㄝˊ（語音）。

【懾】①ㄓㄜˊ ②ㄕㄜˋ

①念ㄓㄜˊ，如：（動）懾服，恐懼，或威脅。

②念ㄕㄜˋ又讀。

【攝】①ㄕㄜˋ ②ㄋㄧㄝˋ

①念ㄕㄜˋ，如：（動）攝影，攝取，勾攝（捉拿），攝生（養生），攝衞（保養），攝政（代行君權），攝理（代理），攝位（代理君主之位），攝齊（提衣也，見論語），控攝（控制也，見隋書），攝乎大國之間（迫近也，見論語）。

②念ㄋㄧㄝˋ，如：（副）天不攝然，人安其生（安也，見漢書）。

【屬】①ㄕㄨˇ　②ㄓㄨˇ

①念ㄕㄨˇ，如：（名）親屬，部屬，屬員，金屬，屬地，屬國。

②念ㄓㄨˇ，如：（同囑）如：（動）屬託。

（例）這事可屬ㄓㄨˇ託我的親屬ㄕㄨˇ去辦。

【讀】①ㄉㄨˊ　②ㄉㄡˋ

①念ㄉㄨˊ，如：（動）讀書，讀報，閱讀。

②念ㄉㄡˋ（一句語詞中間的停頓處），如：（名）句讀。

（例）讀ㄉㄨˊ書時，句讀ㄉㄡˋ要讀ㄉㄨˊ得清楚。

【聽】①ㄊㄧㄥ　②ㄊㄧㄥˋ

①念ㄊㄧㄥ耳受聲也，如：（動）聽話，聽收音機，打聽，探聽，聽見˙ㄐㄧㄢ了。（名）聽差的（僕人），聽覺。

②念ㄊㄧㄥˋ，如：（動）聽便，聽憑，聽命（1從命，2聽天由命）。聽其自然，聽政（處理政事），聽訟（審理訟案），聽使（1聽候使喚，2謂合用，使用）。聽熒（ㄧㄥˊ）（疑惑不明貌）。

（例）你說：「聽ㄊㄧㄥˋ其自然」，這話是聽ㄊㄧㄥ誰說的？

【囉】①ㄌㄨㄛˊ　②ㄌㄨㄛ

①念ㄌㄨㄛˊ，如：（名）嘍囉（盜匪之部下）。（動）囉唣ㄗㄠˋ（吵鬧）。

②念ㄌㄨㄛ，如：（形）囉唆，囉哩囉嗦，囉囉嗦嗦，皆指多言或麻煩之意。

【籠】①ㄌㄨㄥˊ　②ㄌㄨㄥˇ

①念ㄌㄨㄥˊ，如：（名）蒸籠，籠屜（即蒸籠），鳥籠。（動）籠括，籠統（包括一切，不加分析），籠絆（猶羈絆）。

②念ㄌㄨㄥˇ，如：（名）籠子（演雜技者置樂器等之器）。（又籠括，籠統之又讀）。

【癬】①ㄒㄧㄢˇ　②ㄒㄩㄢˇ

①念ㄒㄧㄢˇ，如：（名）癬疥，頭癬，牛皮癬。

②念ㄒㄩㄢˇ（語音）

【顫】①ㄓㄢˋ　②ㄔㄢˋ

①念ㄓㄢˋ，如：（動）顫抖，顫動（振動），顫筆（筆勢如顫動），顫聲（聲浪顫動）。

②念ㄔㄢˋ，如：（動）顫悠˙ㄧㄡ（顫動）。（形）顫悠悠（顫動貌，如言顫悠悠的花影）。（副）顫巍˙ㄨㄟ（顫動貌搖曳貌），顫顫巍巍（同上）。

【穰】①ㄖㄤˊ　②ㄖㄤˇ

①念ㄖㄤˊ，如：（名）姓穰，禾莖。（副）穰穰（禾實豐盛貌，引申凡

物豐盛之意，如「降福穰穰」，見詩經）。（動）穰田（爲田祈福之謂，見史記）。

②念ㄖㄤˇ，如：（形）浩穰（盛，人多，見漢書），心穰（紛亂），穰穰（衆多貌，紛亂貌）。

【攢】①ㄗㄢˇ　②ㄘㄨㄢˊ

①念ㄗㄢˇ，如：（動）攢錢（儲蓄金錢），積攢。

②念ㄘㄨㄢˊ，如：（動）攢毆（聚衆毆打），攢簇（聚在一起），攢錢（各人各出錢而聚合之），攢眉（眉蹙而不舒），攢盤兒（卽拼盤兒）。

（例）我們把積攢ㄗㄢˇ的錢，全都攢ㄘㄨㄢˊ起來勞軍。

【鬻】①ㄩˋ　②ㄓㄨˋ

①念ㄩˋ，如：（動）鬻文（爲人撰文而受酬），鬻獄（謂因訟得賄，見左傳）。（名）鬻子之閔斯（鬻子，稚子也，見詩經，又亦言商人，語見墨子）。姓。（副）沇ㄧㄢ溶淫鬻（水流溪谷間，見漢書）。

②念ㄓㄨˋ（同「粥」米和水煮成之糜飯）。

【攪】①ㄐㄧㄠˇ　②ㄍㄠˇ

①念ㄐㄧㄠˇ，如：（動）攪亂，攪局（攪亂其事），攪和．ㄏㄜ，攪混。

②念ㄍㄠˇ，如：（動）胡攪，瞎攪（作爲，或作「稿」）。

【髒】①ㄗㄤ　②ㄗㄤˇ

①念ㄗㄤ，如：（形）髒東西。（名）髒淨，髒心（存心不良）。

②念ㄗㄤˇ，如：（形）骯ㄎㄤˇ髒（1.體肥胖，2.高亢婞直貌，3.俗謂不潔）。

【蠹】①ㄉㄠˋ　②ㄉㄨˊ

①念ㄉㄠˋ，如：（名）大蠹，軍中大旗。

②念ㄉㄨˊ又讀。

【贛】①ㄍㄢˋ　②ㄍㄨㄥˋ

①念ㄍㄢˋ，如：（名）贛縣（江西省縣名），贛江（水名，入鄱陽湖），江西省之別名，浙贛鐵路。

②念ㄍㄨㄥˋ（同「貢」），賜也）。

【觀】①ㄍㄨㄢ　②ㄍㄨㄢˋ

①念ㄍㄨㄢ，如：（動）觀看，觀察，觀光，參觀，觀摩。（形）壯觀，美觀，客觀，樂觀，觀止（盡善盡美，無以復加）。（名）人生觀，觀念，觀點，觀音大士。

②念ㄍㄨㄢˋ，如：（名）山東觀城，寺觀，白雲觀（寺廟名，在北平西便門外）。

（例）到白雲觀ㄍㄨㄢˋ去參觀ㄍㄨㄢ。

【鑰】①ㄩㄝˋ　②ㄧㄠˋ

①念ㄩㄝˋ(讀音)。
②念ㄧㄠˋ(語音)，如：(名)鑰匙˙ㄕ。

【鑽】 ①ㄗㄨㄢ ②ㄗㄨㄢˇ ③ㄗㄨㄢˋ

①念ㄗㄨㄢ，如：(動)鑽營，鑽研，鑽謀，鑽出來，鑽牛犄角，鑽狗洞，鑽仰(謂深求其理而信仰之，語本論語「仰之彌高，鑽之彌堅」)。
②念ㄗㄨㄢˇ，如：(動)鑽孔，鑽眼兒，鑽木取火。
③念ㄗㄨㄢˋ，如：(名)鑽子(鑽物成孔之工具)，鑽頭，金鋼鑽。(例)拿鑽ㄗㄨㄢˋ子鑽ㄗㄨㄢˇ個洞，他就鑽ㄗㄨㄢ進去了。

【纜】 ①ㄌㄢˋ ②ㄌㄢˇ

①念ㄌㄢˋ，如：(名)船纜，繫船的繩索。
②念ㄌㄢˇ又讀。

【鑿】 ①ㄗㄨㄛˋ ②ㄗㄠˊ

①念ㄗㄨㄛˋ，如：(形)確鑿，言之鑿鑿，鑿枘ㄖㄨㄟˋ(謂方鑿與圓枘，喻不相入之意)。(動)鑿空(穿鑿，見朱子全書)，鑿坯(穿牆)，為其鑿也(不求合義理，見孟子)。(名)鑿楮，紙錢也。鑿木鳥，即啄木鳥。
①念ㄗㄠ(語音)，如：(名)鑿子。(動)鑿孔，鑿井。(形)鑿氣˙ㄑㄧ(謂固執)。

【戇】 ①ㄓㄨㄤˋ ②ㄍㄤˋ

①念ㄓㄨㄤˋ，如：(形)悍戇好鬥(愚而剛直，見荀子)。
②念ㄍㄤˋ(吳語語音)。(完)

詞類	定義	分類	界說	詞例	例句	備註
名詞	用來表示事物的名稱。	①特有名詞	某人、某事、某物專有的名稱；凡是人名、地名、朝代名、書名都屬於這一類。	孔子 同盟會 南京 戰國 中華民國 三國志	孔子是至聖先師。 國父召集革命同志在日本東京成立同盟會。 國民政府建都在南京。 墨子名翟，戰國初年人。 中華民國萬歲！ 三國志是二十四史裏的一本書。	
		②普通名詞	普通名詞，就是同類事物的名稱，凡是同類的事物都可以通用，換句話說，跟他種事物有分別。	鳥 茶杯 布 樹木	鳥有翅膀。 把咖啡倒在茶杯裏。 我們用布做窗戶簾兒。 這裏的樹木很茂盛。	「樹木」的「樹」也可以當動詞用，例如：「十年樹木，百年樹人。」第一個「樹」是「植樹」，第二個「樹」是「樹立」。

③抽象名詞	凡是無形可指，無數可數的事物，都叫做抽象名詞。	道德 聰明 習慣	講道德、說仁義的人，都是君子。 聰明和愚笨完全相反。 抽煙是不良的習慣。
代名詞	用來代替名詞。		
①人稱代名詞	代替人類的名稱。	我 我們 你 你們 他 他們 大家 自己	人人爲我，我爲人人。 我們都是國家的棟樑。 你講的國語很標準。 你們是國家未來的主人翁。 他也沒來。 他們對國家都有貢獻。 大家都很努力。 讀書靠自己。
②指示代名詞	代替說話人所指的人或事物。	這 這裏 這樣 那 那樣 那裏	這才對呀！ 這裏很安靜。 他知道這樣不對。 那就錯了。 那樣更好。 姐姐說：那裏暖和。

類別	說明	細類	細類說明	詞例	例句	附註
				誰 有的 有些	他們倆，誰也不肯讓誰。 有的會，有的不會。 有些是同學，有些是同事。	
		③疑問代名詞	代替不知道的人或事物。	誰 那個 甚麼 那裏	誰能說？誰也不能說。 你說那個才對？ 這裏有甚麼？ 他在那裏？	第一個「誰」是疑問代名詞，第二個「誰」，指示代名詞。
		④聯接代名詞	代替附有形容語句的事物。	的 所	注重的是功課。 所作所為都要記下來。	「所」字倒置在外動詞前面，原是古語的殘留。
動詞	用來敘述事物的動作或功用。	①外動詞	一個動作影響到另外事物的是外動詞。	吃 聽 送 請 稱 改 贊成	小明吃香蕉。 小華聽故事。 我送你一本書。 你請我吃飯。 我稱他老師。 老師改作文。 我贊成投他一票。	外動詞又稱「及物動詞」。

②內動詞	一個動作不影響其他事物，只凝集在動詞的本身，就是內動詞。	飛 走 到 變 哭 在	鳥飛。 客人走。 老師到。 事情變了。 小弟弟哭了。 事在，人情在。	內動詞又稱「不及物動詞」。
③同動詞	這種動詞不具內外兩種動詞的性質，而在句中的用法和動詞相同，所以叫做同動詞。	是 就是 不是 有 好像 如同	他是外國人。 不說謊就是好學生。 他不是（非）外人。 教室裏有學生。 貓好像老虎。 散步如同運動。	
④助動詞	在句子裏輔助說明人、事、物的動作的詞。	可以 能夠 打算 願意 應該 須要	你可以走了。 你能夠跑嗎？ 我打算坐車。 他不願意說故事。 人人應該爲國效忠。 這件事須要再考慮考慮。	

			詞例	例句
			一定	今天一定下雨。
			不得不	我不得不（必須）去。
			恐怕	我恐怕辦錯嘍，才跟他商量。
			被	他被（挨）老師打了。
			來	我們來唱歌吧。
			去	我們唱歌去吧。
			得	我們得（該）起床了。
			了	我吃了。
			著	我吃著呢？
形容詞 用來區別事物的形態、性質、數量、地位，常附加在名詞的上面。	①性狀形容詞	表示事物的性質、狀態，或程度。	新	新年到了，人人穿新衣。
			高	高山上站著一個人。
			紅	院子裏開滿了紅花。
			老	我們應該幫助老人。
	②數量形容詞	表示區別事物的數目或分量。	四萬萬	中國大約有四萬萬人。
			第二	第二個兒子很聰明。
			二	二月有二十八天。
			八分	此地的人口，八分之一是小孩兒。
			千千萬萬	今天大陸上的同胞，千千萬萬的人沒飯吃。
			無數	人體內有無數的細菌。

詞類	說明	詞	例句	附註
③指示形容詞	指示事物的所在或範圍。	這 這些 那 那些 他 有些 某 一切 各 旁的 其餘	這個小孩眞聰明！ 這些地方都是觀光勝地。 那位先生是我們學校的老師。。 那些人又來了。 他處沒什麼好看的。 有些人很有學問。 某數加某數等於某數。 他一切功課都很好。 各人有各人的長處。 旁的人都走了。 書都拿來了，其餘的，沒動。	獨立使用時是指示代名詞，它們下面附著名詞時，是指示形容詞。
④疑問形容詞	疑問代名詞的一部分，下面附著名詞，就是疑問形容詞。	甚麼 那 多少	甚麼功課還沒做呢？ 那（哪）位是黃先生？ 這班有多少人？	
副詞	用來區別或限制事物已			
①時間副詞	表明某種動作或情況的時間，或緩急，或久暫。	從前 早就 本來	我從前到過香港。 你早就成家立業了。 我本來身體很結實。	

有的動作、形態、性質等，常附加在動詞、形容詞或其他副詞的上面。

已經	飯已經做好了。
剛纔	剛纔鐘響的時候你到那兒去了？
現在	現在讀書呢。
至今	我建的房子，至今存在。
正在	他正在打字呢。
就	中午他就走了。
將	我寫的書，將出版了。
後來	那位老先生，後來就走了。
從此	我說他一句，他從此不理我了。
終究	這件事，終究辦完了。
常常	這地方常常下雨。
永遠	我建的房眞結實，永遠不壞。
一會兒	他的話，一會兒說完了。
即刻	我沒事，即刻就走。
臨時	我們臨時在這兒辦公。
暫且	這裏的活兒暫且停一停。
快快地	快快地走，不然下起雨來了。
慢慢地	你慢慢地做，不忙。
忽然	我們說著話，忽然老張來了。
偶然	他偶然一提，我才想起來。

②地位副詞	表示動作的方位，或遠近，或高下。	東	旭日東昇。
		西	夕陽西照。
		左	你向左看。
		右	自行車右轉彎。
		這裏	我們在這裏種樹吧。
		那邊	他們那邊休息呢。
		遠遠地	最好遠遠地站。
		高高地	飛機高高地飛行。
③性態副詞	描寫或擬度一切動作、或某種情況的性質、狀態的副詞。	清楚	別忙，看清楚再走。
		晶晶	小星星，亮晶晶。
		林	此地工廠林立。
		實在	他作的文章實在好。
		的確	此地的空氣的確新鮮。
		自然	好學生自然是好學生，不用誇獎。
		只好	他唱完了，我們只好走了。
		果然	果然不出所料，小偷光顧了。
		纔好	你要想病好，找個醫生纔好。
		如此	早知如此，何必當初呢！
		索性	你索性吃了飯再去吧。
		特地	我特地來看你。
		幸虧	幸虧老師在此，否則你把我問倒了。

		偏偏	他偏偏不在家。
		仍舊	他仍舊不聽我的勸告。
④數量副詞	表示一切動作的次數、範圍或某種情況的程度。	一次	他一次也沒來。
		再	他說了一次，再說一次。
		再三	我再三叮囑他不要走，他還是走了。
		幾乎	我幾乎不認得他了。
		多半	那些人，多半不認識。
		一般	一般打拍子，不用手。
		更加	他的病情，更加嚴重了。
		一點兒	您說的話，一點兒不錯。
		比較地	這裏物價比較地提高。
		越發	我說他幾句，越發暴躁起來。
		最	你最愛抽煙。
		很	他很努力。
		太	今天天氣太熱了。
		僅僅	我今天僅僅吃一碗飯。
		兩下裏	他兩下裏跑，太累了。
		互相	我們互相幫忙。
		一起	我們一起拍手。

詞類	種類	定義	詞例	例句	附註
			都	我們都是學生。	
	⑤否定副詞	否定敘述或禁戒的副詞。	沒有 莫	天沒有下雨。 機會莫錯過。	
	⑥然否副詞	專附在動詞、形容詞及副詞本身以外的詞。	是的 不錯 不是 不對	是的；可是實際上我沒有。 不錯；這杯子是我打碎的。 這是你的鉛筆嗎？不是。 這道題對不對？不對。	
	⑦疑問副詞	詢問關於動作或情況的時間、數量、原因等的副詞。	幾時 好久 多少 怎麼 怎樣 難道	你幾時到臺北？ 你好久看一次電影？ 多少能知道一點兒了吧？ 你怎麼不到我這兒來玩？ 我們怎樣研究科學？ 難道你不懂我的意思？	「多少」人或「多少」時候的「多少」，是疑問形容詞。
介詞 用來介紹名詞、代名詞給動詞	①時地介詞	把時間或地方名詞或語句介紹給動詞。	在 從 經過 向	你在哪兒讀書呢？ 你從哪兒上車？ 你到臺北去經過竹北嗎？ 從此再向東走就到了。	

詞、形容詞、或另外的名詞、代名詞，以表時間、地位、原因、方法、及領屬等關係。

		對於 到 給	他對於這件事一點兒也不知道。 從南到北一共六十里。 我現在就給你買東西。	
②原因介詞	介紹人或事物等語詞或語句給動詞，表明它的原因或動機。	因爲 替 由	因爲你不吃藥，所以病沒好。 我替他辦事。 這件事由你辦。	
③方法介詞	介紹詞語或語句給動詞，用來表明它所需所依等等方法和相與相較等等關係。	把 靠 除非 和 比	把書放在桌子上。 你靠牆站好。 除非把牙拔掉，否則疼痛難忍。 我的手和棉花一樣柔軟。 我跑得比他快。	我和你的「和」，是平列連詞。
④領攝介詞	介紹詞語或語句或某事物的領有者、統攝者、或孕育者。	的 底	太陽的光很強。 黃河上底鐵橋，是以前平漢鐵路局底工人修造的。	附在純粹的形容詞之後，是形容詞語，用「的」。介紹實體詞作統攝性的

連詞	用來連結詞和詞、語和語、句和句、節和節，以表示他互相聯絡的關係。			
	①平列連詞	連接平列的詞或語句的。	以及	我說的話，以及他說的話都記下來。
			並且	我的字沒寫好，並且我的畫也沒畫好。
			既…又	我既沒讀書，又沒寫字。
			尚且…何況	他連五線譜尚且沒學過，何況彈鋼琴呢。
	②選擇連詞	分舉兩種以上的事理，以待商酌。	或者…或者	這件事或者你辦，或者我辦都可以。
		舉出兩種不相容的事理，表示不是這一種，就是那一種，兩者必居其一。	非…即	此事非你辦，即我辦。
	③承接連詞	依時間或事勢的順序連接。	於是	我走了以後，於是他就離開了。
			然後	你先吃這個，然後再吃那個。
		依事理的接近或相	至於	你我兄弟無話不談，至於他嘍，我要考慮考慮。

領位，用「底」。				

	反，連帶說到旁的事理。			
	承接上文而加以解釋，或證明推論或判斷。	例如	連接詞有很多類，**例如**：平列連詞、選擇連詞、承接連詞……	
		可見	他的精力很充沛，飯量很大，**可見**他的身體不錯。	
④轉折連詞	反對上文，表示全部相反的觀念與事故。	然而	我說了半天的話；**然而**他一句也不聽。	
	限制上文，表示部分相反。	不過	我說的不少；**不過**他只能聽懂一兩句。	
	打消前文，表示出乎意外，和無可奈何的心理。	不料	我沒打算他能給我錢，**不料**他竟拿出一百塊來。	
⑤時間連詞	借用表時間的介詞。	正當 等到 以前 以後	**正當**我吃飯的時候，他來了。 **等到**新年到了，人人才穿新衣裳。 我找他**以前**，他就釣魚去了。 吃飯**以後**，我們散散心去。	一定用在主從複句中的從句的前面。

⑥因果連詞	借用表因果的介詞。	由於 因此 何以	他作作文常出錯，由於不懂文法。 人人都出去了，因此他一個看家。 對於這個問題，他何以不表示意見？	必定用在表因果關係的主從複句中，有時用個連詞互相呼應。
⑦假設連詞	表示假設的語氣	若是（要是） 如果	你若是（要是）不懂就來問我吧。 如果人人都不懂，那就糟了。	
⑧範圍連詞	表示積極條件、消極條件、或無條件的範圍。	只要 除非 不論	只要你答應，我就辦。 除非他走了，我才走呢。 不論是誰，我都不答應。	
⑨讓步連詞	表事實上的容認或心理上的推宕。	雖然 那怕	他雖然窮，可是很有學問。 那怕他走了，我們還有三弟在。	
⑩比較連詞	表平比、差比，或就差比的兩端再從主觀的意見上加一番審察決定。	好比 賽過 不如 與其…寧可	這支曲子唱得好比鳥叫一般好聽。 他唱的平劇賽過梅蘭芳。 他既然不歡迎，不如走了。 我與其跟他假裝親近，寧可當面拒絕。	

助詞			
用來幫助詞和語句，以表示說話時的神情、態度、語氣。			
①決定助詞	助判定事理的完結語氣。	了 啦 罷了 的 哩	雨下完了。 好了，別打架啦。 就剩下一碗，吃了罷了。 你是幾時來的？ 做夢到有些準哩！
②商権助詞	揣度事理、自己裁量或向人商請。	吧 罷	快走吧，不早了。 不會成事罷？
③疑問助詞	疑而詢問或疑而反詰。	麼（嗎） 呢	現在走，可以麼（嗎）？ 你能呢，還是我能呢？
④驚歎助詞	表驚歎的情態。	啊 呀 喲 哇 哪	啊！是你呀！ 喲！你眞能啊！ 你快跑哇！ 你們都是死人哪！

歎詞		
用來表示說話時一種表情的聲音。		
①表驚訝或讚歎	啊 咦 哦	●啊！天啊！ ●咦！好了！ ●哦！我錯了。
②表傷感或痛惜	唉 哎喲	●唉！發愁也沒用。 ●哎喲！疼死我了。
③表歡笑或譏嘲	哈哈 呵呵	●哈哈！胖子來了。 ●呵呵！眞好！
④表憤怒或鄙斥	呸 哼	●呸！不要臉！ ●哼！你再來。
⑤表呼問或應諾	喂 嗳	●喂！誰呀？ ●嗳！哪裏！不費事！

國語文文法圖解

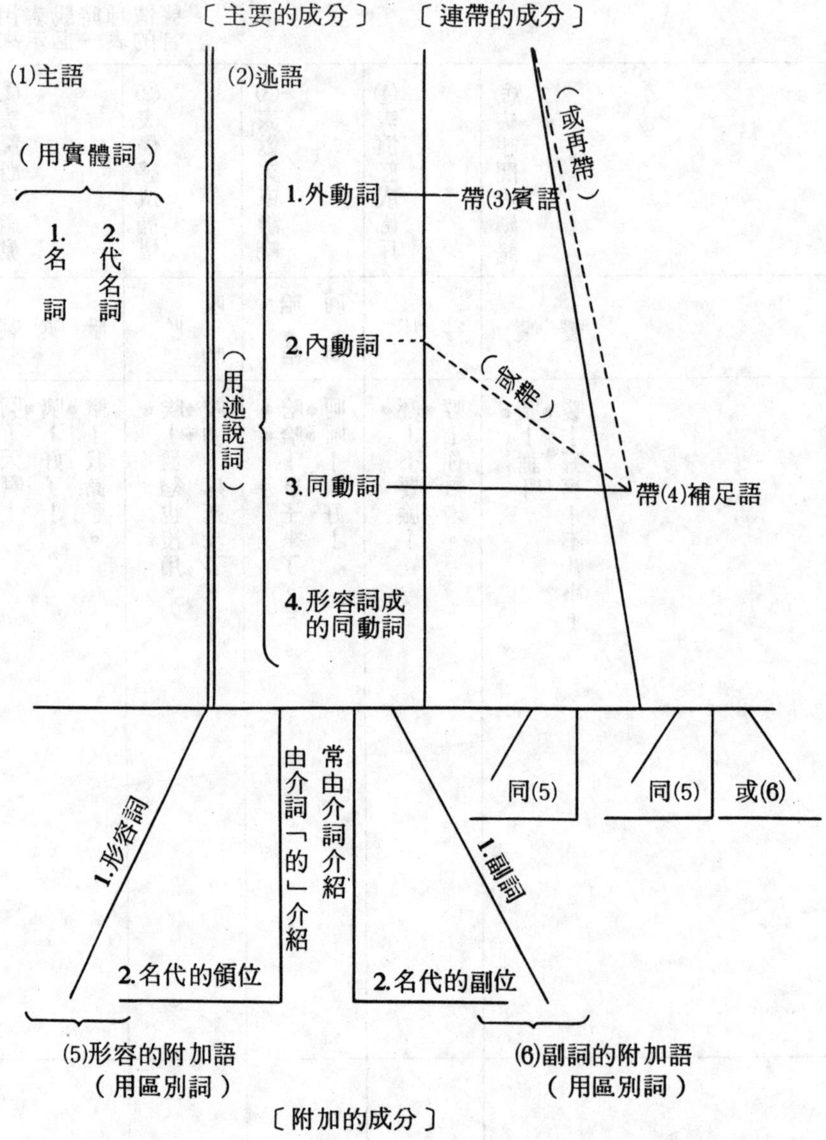
〔主要的成分〕
〔連帶的成分〕
(1)主語
(用實體詞)
1.名詞
2.代名詞
(2)述語
(用述說詞)
1.外動詞
帶(3)賓語
(或再帶)
2.內動詞
(或帶)
3.同動詞
帶(4)補足語
4.形容詞成的同動詞
1.形容詞
2.名代的領位
由介詞「的」介紹
常由介詞介紹
2.名代的副位
1.副詞
同(5)
同(5)
或(6)
(5)形容的附加語
(用區別詞)
(6)副詞的附加語
(用區別詞)
〔附加的成分〕

詞性標註破音字集解四角號碼檢字表

0 字頭	0060 啻 ： 114	0823 於 ： 51	1033 惡 ： 118
0011 疙 ： 42	0060 畜 ： 80	0824 放 ： 38	1040 于 ： 4
0011 瑭: ： 149	0061 誰 ： 154	0828 旋 ： 95	1040 要 ： 68
0012 疴 ： 83	0069 諒 ： 150	0844 敦 ： 105	1044 弄 ： 27
0015 癬 ： 181	0071 亡 ： 4	0861 詐 ： 113	1050 更 ： 28
0016 瘩 ： 148	0073 衣 ： 22	0861 說 ： 143	1060 石 ： 15
0019 麻 ： 122	0073 衰 ： 81	0862 診 ： 113	1060 百 ： 16
0019 療 ： 166	0080 六 ： 7	0862 論 ： 150	1060 否 ： 25
0020 亨 ： 29	0090 稟 ： 119	0863 謙 ： 168	1060 吾 ： 34
0021 雍 ： 132	0090 京 ： 44	0864 許 ： 94	1062 可 ： 13
0021 亮 ： 58	0118 顫 ： 181	0865 誨 ： 138	1062 磅 ： 146
0021 靡 ： 175	0121 龍 ： 159	0963 謎 ： 165	1068 礦 ： 179
0021 贏 ： 176	0128 頬 ： 150	**1 字頭**	1071 瓦 ： 16
0022 廁 ： 116	0161 誣 ： 144	1000 一 ： 1	1080 頁 ： 63
0022 齊 ： 139	0166 語 ： 144	1010 三 ： 4	1080 買 ： 125
0022 旁 ： 71	0220 刻 ： 43	1010 王 ： 10	1090 不 ： 5
0022 庸 ： 102	0262 訢 ： 94	1010 正 ： 15	1090 票 ： 85
0022 肓 ： 137	0264 譊 ： 162	1010 亙 ： 18	1111 北 ： 11
0023 應 ： 171	0361 誼 ： 155	1010 亞 ： 50	1111 玩 ： 51
0023 麼 ： 134	0363 談 ： 140	1010 巫 ： 34	1111 非 ： 38
0024 庭 ： 73	0365 識 ： 178	1010 歪 ： 69	1113 蜚 ： 135
0024 底 ： 39	0433 熟 ： 154	1010 亟 ： 60	1118 頭 ： 158
0024 度 ： 56	0468 讀 ： 181	1011 疏 ： 97	1118 頸 ： 160
0024 廈 ： 128	0562 請 ： 151	1016 露 ： 180	1121 疆 ： 161
0025 摩 ： 147	0691 親 ： 161	1017 雪 ： 95	1121 麗 ： 176
0025 庫 ： 75	0733 戀 ： 183	1020 丁 ： 1	1122 脊 ： 76
0026 磨 ： 157	0748 贛 ： 182	1020 零 ： 102	1122 背 ： 53
0029 廉 ： 165	0761 諷 ： 157	1020 歹 ： 6	1123 張 ： 95
0033 忘 ： 35	0762 調 ： 148	1022 兩 ： 41	1142 孺 ： 170
0040 文 ： 10	0762 謬 ： 171	1022 雨 ： 52	1164 研 ： 101
0040 卒 ： 49	0768 畝 ： 72	1022 万 ： 4	1168 碩 ： 142
0040 率 ： 97	0774 氓 ： 37	1022 需 ： 140	1171 琶 ： 103
0060 言 ： 34	0821 施 ： 65	1024 夏 ： 77	1220 引 ： 9
0060 音 ： 68	0821 旂 ： 72	1030 零 ： 122	1249 孫 ： 82

4 字頭

5101 排：84	5304 拚：36	5612 蝎：152	6001 啦：87
5102 打：11	5311 蛇：97	5701 攪：182	6002 哼：75
5102 擄：159	5311 蜿：144	5701 把：23	6003 嚷：179
5103 振：78	5312 蝙：146	5702 扔：15	6004 咬：68
5104 攝：180	5315 蛾：132	5702 拘：44	6004 啐：99
5106 拓：40	5320 盛：115	5702 掃：100	6004 唆：97
5106 拈：40	5320 感：123	5703 輾：169	6008 咳：59
5106 擂：158	5320 戚：91	5706 招：47	6010 日：9
5106 指：64	5401 拋：24	5706 据：91	6010 呈：32
5109 摽：133	5401 撓：148	5706 摺：141	6010 量：108
5111 虹：60	5402 拗：52	5706 擔：158	6010 壘：171
5112 螞：157	5403 挾：77	5709 探：86	6011 雖：170
5112 蠕：179	5403 摸：134	5711 蛆：92	6013 暴：145
5178 頓：121	5404 披：36	5714 蝦：152	6021 晃：76
5201 扎：8	5408 攢：182	5743 契：62	6021 見：30
5201 軋：50	5409 撩：149	5790 繫：177	6021 罷：145
5201 挑：57	5412 蛹：149	5791 耙：71	6033 思：67
5202 折：31	5413 蟆：165	5800 扒：10	6033 黑：109
5202 撕：155	5416 蜡：140	5802 揄：118	6050 甲：13
5202 攜：180	5500 拽：64	5802 輪：150	6050 暈：132
5203 拆：47	5502 拂：38	5803 捻：87	6060 冒：54
5203 抓：32	5504 摟：136	5804 撤：146	6060 署：142
5204 抵：39	5504 轉：174	5804 轍：178	6071 囤：26
5204 捋：57	5506 軸：113	5806 拾：65	6071 圈：93
5205 掙：96	5509 抹：37	5806 搶：128	6080 只：14
5206 括：58	5510 蚌：71	5811 蛻：129	6080 足：33
5207 拙：47	5560 曲：19	5816 蛤：108	6080 員：83
5210 劃：138	5580 費：104	5821 釐：171	6090 呆：35
5250 剗：79	5590 耕：74	5824 敖：84	6090 罘：55
5260 暫：153	5600 拍：36	5833 熬：145	6090 累：88
5290 刺：57	5602 揭：110	5844 數：154	6090 景：110
5301 挖：69	5604 揖：117	5902 捎：80	6101 啞：100
5302 捕：71	5604 擇：163	5902 撈：149	6101 嘔：145
5302 擰：166	5605 押：50	5906 擋：158	6101 噓：152
5302 摻：142	5608 提：106	**6 字頭**	6102 呵：43
5303 挨：84	5609 操：163	6001 唯：101	6102 啊：102

7724 段 : 61	7922 騰 : 178	8312 鋪 : 147	9104 懾 : 180
7724 骰 : 142	7925 胖 : 54	8315 錢 : 151	9196 粘 : 87
7724 履 : 150	**8 字頭**	8365 餓 : 139	9220 剙 : 63
7724 屎 : 114	8000 八 : 1	8372 舖 : 156	9280 剡 : 83
7725 降 : 61	8000 入 : 2	8416 錯 : 163	9399 粽 : 143
7726 居 : 44	8010 盆 : 82	8418 鑽 : 183	9401 慌 : 125
7726 屠 : 106	8012 鎬 : 172	8490 斜 : 94	9403 怯 : 45
7727 陷 : 94	8021 差 : 79	8640 知 : 46	9404 悖 : 70
7729 屎 : 66	8022 分 : 6	8716 鉛 : 127	9481 燒 : 162
7732 闞 : 174	8022 弟 : 25	8716 鋸 : 160	9489 燎 : 159
7733 悶 : 103	8022 兪 : 69	8718 歃 : 161	9502 佛 : 38
7740 聞 : 144	8030 令 : 12	8778 飲 : 131	9509 悚 : 82
7740 叟 : 82	8033 怎 : 67	8788 歉 : 167	9601 惺 : 112
7740 學 : 162	8040 父 : 6	8812 鑰 : 182	9602 愒 : 111
7743 奥 : 52	8040 午 : 9	8814 鐵 : 178	9602 愣 : :107
7744 册 : 16	8050 羊 : 22	8814 簿 : 175	9680 烟 : 83
7748 闗 : 173	8060 合 : 18	8816 鎗 : 173	9683 爆 : 175
7760 閣 : 137	8060 谷 : 28	8821 竿 : 98	9701 忸 : 27
7760 間 : 110	8060 舍 : 49	8821 籠 : 181	9702 恫 : 57
7772 卯 : 27	8060 含 : 28	8822 筒 : 107	9709 恪 : 59
7777 凸 : 12	8060 首 : 66	8822 箐 : 139	9721 耀 : 179
7777 凹 : 16	8060 會 : 125	8860 答 : 104	9781 炮 : 54
7778 歐 : 156	8060 曾 : 116	8884 簸 : 175	9782 燗 : 157
7780 興 : 162	8060 着 : 114	8890 繁 : 165	9786 烙 : 74
7780 尺 : 8	8062 命 : 37	8912 鈔 : 114	9787 焰 : 101
7780 與 : 131	8071 乞 : 3	**9 字頭**	9788 炊 : 48
7780 賢 : 161	8073 養 : 155	9003 慷 : 137	9788 歘 : 109
7780 貿 : 103	8073 衾 : 77	9020 少 : 9	9792 糊 : 150
7810 監 : 138	8073 食 : 65	9021 雀 : 93	9881 炸 : 64
7821 脫 : 87	8077 舍 : 32	9060 省 : 66	9884 燦 : 158
7821 隘 : 132	8090 余 : 35	9060 當 : 120	9902 惆 : 86
7822 隙 : 118	8112 釘 : 73	9071 卷 : 44	9923 榮 : 140
7823 陰 : 101	8178 頌 : 131	9073 裳 : 142	9942 勞 : 107
7876 臨 : 162	8211 銚 : 143	9101 慨 : 137	
7922 勝 : 115	8260 創 : 115	9101 怔 : 47